Friedrich Nietzsche

Jenseits von Gut und Böse

Klassiker Auslegen

Herausgegeben von
Otfried Höffe
Band 48

Otfried Höffe ist Leiter der Forschungsstelle Politische Philosophie an der Universität Tübingen.

Friedrich Nietzsche

Jenseits von Gut und Böse

Herausgegeben von
Marcus Andreas Born

DE GRUYTER

Titelbild: Nietzsche187c.jpg, Public Domain {PD-1923}
(http://en.wikipedia.org/wiki/File:Nietzsche187c.jpg; Abruf 3.9.2014)

ISBN 978-3-05-005674-6
e-ISBN (PDF) 978-3-05-006344-7
e-ISBN (EPUB) 978-3-11-037997-6

Library of Congress Cataloging-in-Publication Data
A CIP catalog record for this book has been applied for at the Library of Congress.

Bibliografische Information der Deutschen Nationalbibliothek
Die Deutsche Nationalbibliothek verzeichnet diese Publikation in der Deutschen Nationalbibliografie; detaillierte bibliografische Daten sind im Internet über http://dnb.dnb.de abrufbar.

Ein Unternehmen von Walter de Gruyter GmbH, Berlin/Boston

∞ Gedruckt auf säurefreiem Papier
Printed in Germany

MIX
Papier aus verantwortungsvollen Quellen
FSC® C016439
FSC www.fsc.org

Inhalt

Siglenverzeichnis

Nietzsches Schriften werden unter Verwendung der Kritischen Studienausgabe (KSA) zitiert. Hierbei werden zunächst Sigle und Nummer des jeweiligen Texts und danach die zugehörige Band- und Seitenzahl in der KSA angegeben. Bei Zitaten aus dem Nachlass folgen auf die Angabe von Jahreszahl und Nummer des Notats Band- und Seitenzahl oder – bei Verwendung der diplomatischen Transkription des späten Nachlasses (KGW IX) – die Angabe der Bandnummer sowie die Sigle des verwendeten Heftes und Seitenangabe. Für ein detaillierteres Siglenverzeichnis siehe www.degruyter.com/staticfiles/content/dbsup/Nietzsche_05_Siglen.pdf

AC Der Antichrist
EH Ecce homo
FW Die fröhliche Wissenschaft
GD Götzen-Dämmerung
GM Zur Genealogie der Moral
GT Die Geburt der Tragödie
JGB Jenseits von Gut und Böse
M Morgenröthe
MA I Menschliches, Allzumenschliches (erster Band)
MA II Menschliches, Allzumenschliches (zweiter Band)
NL Nachlass: Aufzeichnungen und Notate
NW Nietzsche contra Wagner
PHG Die Philosophie im tragischen Zeitalter der Griechen
UB Unzeitgemässe Betrachtungen
VM Vermischte Meinungen und Sprüche (1. Teil von MA II)
WA Der Fall Wagner
WL Ueber Wahrheit und Lüge im aussermoralischen Sinne
WS Der Wanderer und sein Schatten (2. Teil von MA II)
Za Also sprach Zarathustra

1

Marcus Andreas Born

Perspektiven auf eine Philosophie der Zukunft in *Jenseits von Gut und Böse*

– Hypocrite lecteur, – mon semblable, – mon frère!
Charles Baudelaire: *Les Fleurs du Mal*

„You! hypocrite lecteur! – mon semblable, – mon frère!"
T. S. Eliot: *The Waste Land*

1.1 Rhetoriken eines Denkens jenseits von Gut und Böse:[1]

Wenn es ein Buch gibt, das gemeinhin als Nietzsches „klassisches" Werk bezeichnet wird, ist dies *Also sprach Zarathustra*, dessen „Lehren" des Willens zur Macht und der ewigen Wiederkunft ihre Wirkung ebenso gezeitigt haben wie der nachdrücklich angepriesene Übermensch. Nietzsches überschwängliches Lob dieses Werks findet sich nicht nur in seinen Briefen, sondern erstreckt sich bis in seine letzten Texte (vgl. EH Vorwort und EH Bücher). Doch dienten die stilistischen Eigenheiten des *Zarathustra* oftmals als Anlass dafür, dessen Autor entweder aus der Riege der ernstzunehmenden Philosophen auszuschließen oder ihn auf dem weiten Feld – um nicht zu sagen: im Niemandsland – zwischen Philosophie und Literatur zu verorten. Seine bildliche Sprache, die überpräsente Metaphorik und die an biblische Gleichnisse erinnernden Reden boten und bieten immer noch Anreiz und zugleich Erschwernis für die Lektüre. Schon früh zeigte sich die Ten-

1 Ich danke Axel Pichler und Jakob Dellinger für die zahlreichen Anregungen bei der Arbeit am vorliegenden Band, während der ich von der Deutschen Forschungsgemeinschaft im Rahmen eines Projektes (BO 3183/3) zur Erforschung von JGB unterstützt wurde. Mein Dank geht auch an Jørgen Sneis für die Hilfe bei den Korrekturen der Beiträge.

denz, dieses Werk (und andere Werke Nietzsches) über seinen Autor und dessen Leben zu erklären und mittels biographischer Informationen aufzuschlüsseln. Hierin drückte sich nicht zuletzt die Hoffnung aus, den Boden wiederzugewinnen, den das schwer verständliche Werk seinen Lesern immer wieder unter den Füßen wegzieht. Es wurde jedoch nicht nur wiederholt darauf hingewiesen, wie problematisch es ist, das, was Zarathustra sagt, mit dem, was Nietzsche meint, gleichzusetzen, sondern es konnte weitergehend dargelegt werden, dass die sogenannten „Lehren" nicht einmal einen unvermittelten Ausdruck der Position Zarathustras darstellen. Stattdessen bietet es sich an, sie als „Anti-Lehren" zu begreifen (vgl. Stegmaier 2000), sich dem „ästhetischen Kalkül" zuzuwenden, mit dem sie parodiert und gebrochen werden (vgl. Zittel 2000) und zu fragen, inwiefern die Lehren Widerspruch im Sinne einer wortwörtlich aufzufassenden „Feindesliebe" provozieren (vgl. Born 2011). Diese Zugänge zeigen auf, zu welchen Ergebnissen eine Interpretation gelangen kann, welche die besonderen sprachlichen Eigenheiten von Nietzsches Werk berücksichtigt. Zugleich wird offenbar, wie problematisch ist, ausgehend vom *Zarathustra* allgemeine Thesen der Art aufzustellen, gegen die dessen Autor zeit seines Schaffens angeschrieben hat.

Sich Nietzsches philosophischen Schreibweisen zuzuwenden geht über die bloße Aussage hinaus, der Autor habe sich darum bemüht, seine Gedanken auf eine besondere Art und Weise einzukleiden. Rhetorisch-stilistische Eigenheiten wie die Selbstbezüglichkeit, das aphoristische Schreiben oder die Ironie haben ein entschiedenes Gewicht für die vorgebrachten Gedanken, deren Präsentation sich von der in der philosophischen Tradition präferierten Darstellung unterscheidet. Auch bei einer Lektüre des 1886 publizierten *Jenseits von Gut und Böse* fällt die kunstvolle sprachliche Verdichtung des Texts ins Auge. Obwohl diese hintergründiger bleibt als im *Zarathustra* ist die Präsentationsform des Gedachten nicht weniger entscheidend für das Verständnis dessen, was in der Vorrede und den neun Hauptstücken „gesagt" wird: Sorgfältig inszenierte Paradoxien, schillernde Auseinandersetzungen mit anderen philosophischen Positionen und eine kunstvolle Aphoristik geben einander die Hand und lassen nicht wenige Leser, die Antworten auf philosophische Fragen suchen, ratlos zurück. Der Titel des Werks signalisiert deutlich, dass in diesem das Problem der Moral angegangen wird. Dieses wird in der auf *Jenseits von Gut und Böse* folgenden *Genealogie der Moral* enger fokussiert, die – nicht zuletzt wegen der französischen Nietzscherezeption – bereits einige Aufmerksamkeit erhalten hat. Wenn das rhetorischpolemische Element in den Abhandlungen der *Genealogie* nicht derart präsent zu sein scheint, wie z. B. im später verfassten *Antichrist* oder in *Ecce homo*, in denen das Spiel mit der sprachlichen Vermittlung philosophischer Erkenntnisse auf die Spitze getrieben wird, ist sie auch in diesem Werk nicht zu übersehen.

Nietzsche legt eine enge Verbindung zwischen dem *Zarathustra*, der *Genealogie* und *Jenseits von Gut und Böse* nahe, wenn er letzteres im Nachlass als „eine Art vorläufiges Glossarium“ (NL 1886/1887 6[4]; KSA 12, 234) zum *Zarathustra* bezeichnet und betont, die *Genealogie* sei „[d]em letztveröffentlichten ‚Jenseits von Gut und Böse‘ zur Ergänzung und Verdeutlichung beigegeben“ (vgl. KSA 14, 377) worden. Derartige Lektürevorgaben klingen verbindlich und werden von einigen Lesern gerne als bare Münze gehandelt – weiß doch der Autor eines Werks für gewöhnlich selbst am besten, was er mit seinen Texten vermitteln will. Und gerade bei Nietzsche ist das Bewusstsein für die von ihm verwendete Sprache ausgeprägt wie bei kaum einem anderen Denker. Doch konnte für den behaupteten Zusammenhang zwischen *Jenseits von Gut und Böse* und dem *Zarathustra* plausibel nachgewiesen werden, dass „Nietzsches Selbstzeugnisse [...] als autoritative Auskünfte über die jeweiligen Werke notorisch unzuverlässig [sind], da sie jeweils von sehr spezifischen Interessen geleitet wurden, die jenseits des Interesses einer möglichst authentischen Werkinterpretation lagen“ (Sommer 2013, 74). Ähnliches lässt sich für die Vorreden zu den neuen Auflagen früherer Werke Nietzsches geltend machen, die er 1886 dem Verleger Ernst Wilhelm Fritzsch in Aussicht stellt und in Angriff nimmt. Diese Vorreden akzentuieren die *„fortlaufende Entwicklung“* (KSB 7, 225) der Werke, wobei die Interpretation bereits verfasster Texte jedoch post festum strategisch gelenkt wird, und bestimmte Aspekte von ihnen fokussiert und andere ausgeblendet werden. Das mühevoll gewebte rhetorische Geflecht von Nietzsches Werken dehnt sich auf seine weiteren Schriften aus, die es schwerlich erlauben, sein Philosophieren zu fixieren. Aus diesem Grunde bietet es sich an, weder in der Biographie des Autors, noch in anderen Werken oder gar dem Nachlass den Ausgangspunkt zu suchen, um ein einzelnes Werk zu interpretieren. Stattdessen sollte der Fokus auf diesen Text selbst gelegt werden, wie es im vorliegenden kooperativen Kommentar angestrebt wird, der sich den einzelnen Hauptstücken, der Vorrede und dem abschließenden Gedicht zuwendet, um sie vertiefend zu interpretieren.

1.2 Fragwürdige Fragen zu Struktur und Titel von *Jenseits von Gut und Böse*

Nicht nur für die Deutung von *Also sprach Zarathustra* und der Vorreden, sondern ebenso für *Jenseits von Gut und Böse* sind die rhetorischen Inszenierungsstrategien und die stilistischen Eigenheiten entscheidend. Der gesamte Text wird von Elementen dominiert, mit denen eine Dynamik des Denkens inszeniert wird, die weit über das Herausstellen von einfachen Thesen hinausgeht und nicht davor Halt macht, als plausibel herausgestellte Gedanken wieder zu unterminieren. Es würde deshalb zu kurz greifen, den *Zarathustra* dem poetisch-literarischen Feld zuzuschlagen und *Jenseits von Gut und Böse* ein analytisch-wissenschaftliches Vorgehen zuzusprechen. Dessen Unterteilung in neun Hauptstücke, in denen zahlreiche Thesen oftmals sehr entschieden vorgebracht werden, könnte zwar nahe legen, dass sich Nietzsche darum bemüht hat, „verständlicher" zu sein als im *Zarathustra*, doch stoßen Versuche, eine logisch-hierarchische Grundstruktur des Texts aufzuzeigen, schnell an ihre Grenzen. So wurde vorgeschlagen, die ersten drei Hauptstücke mittels der eigentümlichen „Sprüche und Zwischenspiele" des vierten Hauptstücks von den weiteren Stücken abzutrennen. Dies erweist sich als problematisch, wenn letzteren eine geringere philosophische Valenz zugesprochen wird als ersteren (vgl. Strauss 1983, 176). Zwar bringt das erste Hauptstück eine ausführliche Kritik an philosophischen Positionen, doch gelingt es Nietzsche mit dieser, eine Reflexion auf die unbewusste Verstrickung des Denkens in die eigene Moral anzustoßen, die auch für die in *Jenseits von Gut und Böse* ausgedrückten Positionen geltend gemacht wird. Dies verdeutlicht das anschließende zweite Hauptstück, das zwar den „freien Geist" im Titel trägt, sich aber ausführlich mit dessen Dilemma befasst, sich endgültig von seinen Einflüssen zu lösen. Obwohl sich die Kritik am „religiösen Wesen" unschwer als eines der entscheidenden Probleme von Nietzsches Denken identifizieren lässt, sind die späteren Hauptstücke für philosophische Fragestellungen ebenso relevant wie die ersten.

Nietzsches Einstieg mit den „Vorurtheilen der Philosophen" ist nicht zufällig gewählt, sondern markiert als den Ausgangspunkt, von dem aus das Werk anhebt, eine Reflexion (und Kritik) der bisherigen Philosophien. Derjenige, der sich hier scharf von anderen Philosophen abhebt, weiß sehr gut, dass er selbst einiges von ihnen gelernt hat. Werden andere Philosophen dafür angegriffen, ihre eigene Moral als gegeben anzunehmen und sie nicht zu problematisieren, lädt *Jenseits von Gut und Böse* dazu ein, selbst auf moralische Antriebe befragt zu werden (vgl. van Tongeren 1989). Vom dritten Hauptstück „das religiöse Wesen" über weitere Stücke wie „unsere Tugenden" bis zur Frage „was ist vornehm?" des letzten Hauptstücks erweist sich die moralische Verstrickung des Denkens als entscheidend. Obwohl es schwer fallen wird, die Abfolge der Hauptstücke in eine „logische" Struktur zu bringen, zeigt sich, das rätselhafte vierte Hauptstück ausgenommen, dass deren Titel Schwerpunkte benennen, denen sich die jeweiligen Stücke widmen.

Nietzsches Schreib- und Arbeitsprozess ist aufschlussreich für die Frage nach der Struktur von *Jenseits von Gut und Böse*. Dieser Prozess lässt sich am Druckmanuskript des Werks nachvollziehen, das aus Blättern besteht, die von intensiven Veränderungen zeugen: So wurden nicht nur einzelne Aphorismen mehrmals verschoben oder umgeschrieben, sondern sogar vor Drucklegung die Anzahl der Hauptstücke geändert, über deren Abfolge nicht zuletzt der Zeitpunkt der Publikation entschied. Dies konnte bereits eindrucksvoll an der Rekonstruktion einer vorangehenden Fassung von *Jenseits von Gut und Böse* mittels des Druckmanuskripts demonstriert werden (vgl. Röllin 2013). In dieser Fassung existierte ein zehntes Hauptstück mit dem Titel „Masken", das von Nietzsche aufgelöst wurde und dessen Aphorismen auf die anderen Hauptstücke verteilt wurden. Hätte Nietzsche vorher einen Verleger für sein Werk gefunden, hätte dieses in seiner endgültigen Fassung vermutlich zehn Hauptstücke gehabt (vgl. Röllin 2013, 55).

Das Arrangement der Aphorismen in den Hauptstücken zeigt, dass *Jenseits von Gut und Böse* nicht daraufhin angelegt ist, durch lineare Argumentationen zu überzeugen. Vielmehr werden Themen angesprochen, die zuweilen in direkt aufeinander folgenden Aphorismen, zuweilen erst an späterer Stelle wieder aufgegriffen werden, so dass es angemessen ist, hier von Themenfeldern oder – mit Werner Stegmaier – von Aphorismenketten und -geflechten zu sprechen (vgl. Stegmaier 2012, 466). Diese Eigenheit macht einen entscheidenden Aspekt von *Jenseits von Gut und Böse* aus, dessen Aphorismen selbst dann, wenn sie aneinander anzuknüpfen scheinen, den Leser in eine Spannung versetzen, in der er selbst nicht mehr endgültig entscheiden kann, ob die „aufgedeckten" Zusammenhänge in oder zwischen Aphorismen vom Autor oder von ihm selbst in diese hineingelegt wurden. Somit bestätigt sich, was Nietzsche dem Freund Heinrich Köselitz im März 1886 über *Jenseits von Gut und Böse* schreibt, für die Leser, denen es mit der Deutung der Aphorismen nicht einfach gemacht wird: „Diesen Winter habe ich benutzt, etwas zu schreiben, das Schwierigkeiten in Hülle und Fülle hat, so daß mein Muth, es herauszugeben, hier und da wackelt und zittert" (KSB 7, 166). Dass das nach längerer Verlagssuche endlich publizierte Werk tatsächlich Schwierigkeiten birgt, zeigen die vorliegenden Analysen von *Jenseits von Gut und Böse*, deren Unterschiede nicht nur augenfällig sind, was ihren Fokus angeht, der sich von einem einzelnen Aphorismus (Loukidelis 2013) über das erste Hauptstück (Clark/Dudrick 2012) bis zum gesamten Buch (z. B. Lampert 2001 und Burnham 2007) erstreckt. Auch der jeweilige methodische Zugang variiert deutlich vom Versuch, die Denkbewegung von *Jenseits von Gut und Böse* als einem der verständlichsten Werke Nietzsches nachzuzeichnen (vgl. Burnham 2007, ix), bis zu „esoterischen" Interpretationen, mit denen der Text in die philosophische Tradition eingespannt und als eine bewusste Fortführung von Kants Denken ausgelegt wird (vgl. Clark/Dudrick 2012). Die Differenz zwischen den Deutungen zu *Jenseits von Gut und Böse* lässt sich nicht auf eine interpretatorische Willkür der jeweiligen Interpreten reduzieren, sondern ist ebenso der Konstitution des Textes geschuldet, der sich dagegen sperrt, interpretativ festgelegt zu werden.

Vor diesem Hintergrund drängen sich einige „fragwürdige[ ] Fragen" (JGB 1; KSA 5, 15) auf: Welcher Stellenwert kann den ästhetischen Eigenheiten von *Jenseits von Gut und Böse* in dessen Deutung eingeräumt werden? Erlauben diese Eigenheiten ähnlich wie bei *Also sprach Zarathustra* einen Zugang zum Werk, der das jeweilige Ich des Textes nicht vorschnell mit dessen Autor identifiziert? Daran anschließend stellt sich eine weitere, für die Interpretation des Werks nicht unwesentliche Frage: Inwiefern beansprucht *Jenseits von Gut und Böse*, selbst eine Philosophie der Zukunft vorzustellen? Damit rückt die Bedeutung des Werktitels in den Vordergrund. Der von Nietzsche geprägte Ausdruck „jenseits von Gut und Böse" ist zum geflügelten Wort geworden, mit dem jemand bezeichnet wird, der sich außerhalb von moralischen Grenzen aufhält. Als Werktitel erweist sich diese Formulierung als abgründig-reflexiv, wenn in ihm die Spannung zwischen der Forderung an ein Denken, sich nicht mit vordergründigen und beruhigenden Antworten zufrieden zu geben und der Begrenzung, die es hierbei erfährt, markiert wird. Nietzsches Schriften scheinen zahlreiche Ansatzpunkte für eine Deutung des Werktitels zu bieten. Bereits vor *Jenseits von Gut und Böse* taucht seine berühmte Wendung auf, wenn er in *Also sprach Zarathustra* z. B. schreibt „Denn alle Dinge sind getauft am Borne der Ewigkeit und jenseits von Gut und Böse" (Za Sonnen; KSA 4, 209) oder „Und deine übergrosse Redlichkeit wird dich auch noch jenseits von Gut und Böse wegführen!" (Za Ausser Dienst; KSA 4, 325). Das Ziel einer eigentlichen Philosophie kann demnach nur erreicht werden, wenn der durch die scheinbar opponierenden Begriffe „Gut" und „Böse" abgesteckte Bereich verlassen wurde. Dass sich der Denker von den dominierenden Moralen befreien muss, formuliert Nietzsche im 1886 veröffentlichten fünften Buch der *Fröhlichen Wissenschaft* sehr prägnant: „‚Gedanken über moralische Vorurtheile', falls sie nicht Vorurtheile über Vorurtheile sein sollen, setzen eine Stellung ausserhalb der Moral voraus, irgend ein Jenseits von Gut und Böse zu dem man steigen, klettern, fliegen muss" (FW 380; KSA 3, 633).

Die erste Abhandlung der *Genealogie der Moral* trägt den Titel „*Gut und Böse*", „*Gut und Schlecht*". Von den beiden im Zentrum stehenden Wertpaaren hat sich Nietzsche zufolge das erste über das von Sokrates und Platon herkommende Denken und das Christentum als dominierend erwiesen. In ihm drückt sich vornehmlich die Abwertung von Feinden als „böse" aus (vgl. GM I 14), die auf die „Sklavenmoral" zurückgeführt wird (vgl. ausführlicher Höffe 2004, 8ff.). Gegenüber dieser Wertung wird die Wertung „gut und schlecht" stark gemacht, was auf den Titel des vorangehenden Werks bezogen wird: „‚*Jenseits von Gut und Böse*'... Dies heisst zum mindesten nicht ‚Jenseits von Gut und Schlecht.' – –" (GM I 17; KSA 5, 288). Dieser Titel reflektiert nicht nur moralische Probleme, sondern markiert zudem, dass die „Forderung an den Philosophen, sich *jenseits* von Gut und Böse zu stellen, – die Illusion des moralischen Urtheils unter sich zu haben" (GD „Verbesserer" 1; KSA 6, 98) paradox anmutet: Nietzsche konterkariert den Anspruch, aus einer endlichen Perspektive heraus zu philosophieren, wenn er das Konzept von einem zu erreichenden „Jenseits" eben jenem platonisch-christlichen Horizont entnimmt, der verlassen werden soll. *Jenseits von Gut und Böse* wird von dem Ringen um einen Standpunkt außerhalb der herrschenden Moral(en) getragen, verschweigt aber nicht die Begrenzungen des eigenen Unterfangens. Diese werden nicht nur thetisch aufgezeigt, sondern textuell umgesetzt, indem philosophische Perspektiven exponiert und problematisiert werden.

Dieser kollagierende Zugang, bei dem unterschiedliche Werke daraufhin befragt werden, was sie zur Klärung des Titels „Jenseits von Gut und Böse" beitragen können, birgt jedoch ein Problem: Es ist nicht gesichert, auf welche Weise das, was in den anderen Werken zum Ausdruck kommt, auch für das untersuchte

Werk zutrifft. Aus diesem Grund sollte sich die Klärung der Frage nach dessen Titel zunächst an *Jenseits von Gut und Böse* selbst halten.

1.3 Die Vielfalt der Perspektiven in *Jenseits von Gut und Böse*

Auf die Frage, inwiefern es möglich ist, die kritisierte Moral zu überschreiten, obwohl derjenige, der den Versuch hierzu unternimmt, selbst von ihr geprägt ist, bietet *Jenseits von Gut und Böse* weniger eindeutige Lösungen an als dass es seine Leser programmatisch verunsichert. Nietzsches „Perspektivismus" ist ein sehr populär gewordener Aspekt seines Denkens und spiegelt sich nicht nur in der These wider, Erkenntnisse als solche seien an eine Position gebunden; einen besonderen Reiz insbesondere der späteren Werke Nietzsches stellt es dar, dass der Perspektivismus über die Schreibweisen eingeholt wird (vgl. Bräutigam 1977). Deshalb bietet es sich für das Folgende an, nicht eine Theorie des Perspektivismus' vorzubringen, sondern die Präsenz von sich in *Jenseits von Gut und Böse* explizit und implizit ausdrückenden Perspektiven zu fokussieren. Die Perspektiven, die in diesem Werk eingenommen werden, bieten sich als Zugang zum fragwürdigen Titel desselben an, da sie nicht nur als Beispiele dafür fungieren, wie intensiv Schreiben und Denken bei Nietzsche miteinander verwoben sind. Darüber hinaus erlauben sie es, der Frage nachzugehen, inwiefern sich *Jenseits von Gut und Böse* als eine Philosophie der Zukunft präsentiert oder diese „bloß" in Aussicht stellt. Nietzsches Meisterschaft, nicht nur eine Philosophie vorzubringen, sondern Leserinnen und Leser rhetorisch in den Bann seines Denkens zu ziehen, drückt sich nicht zuletzt in den philosophierenden Perspektiven aus, die immer wieder als solche exponiert werden.

Zahlreiche Metaphern des Werks vermitteln einen Eindruck von dem Anspruch, den eigenen Blickwinkel zu verändern und den gewohnten (moralischen) Horizont zu überschreiten, um nicht bloß in einer elaborierten Formulierung von allgemeinen Vorurteilen zu verharren. So wird am Anfang des ersten Hauptstücks gefragt: „Was Wunder, wenn wir endlich einmal misstrauisch werden, die Geduld verlieren, uns ungeduldig umdrehn?" (JGB 1; KSA 5, 15), während das zweite Hauptstück mit der neuen Einsicht in die „Vereinfachung und Fälschung" anhebt, die man erfährt, „wenn man sich erst einmal die Augen für dies Wunder eingesetzt hat" (JGB 24; KSA 5, 42). Auch spielt Nietzsche mit der Umstellung von Perspektiven, wenn am Anfang des dritten Hauptstücks zunächst der Mangel von „einige[n] hundert Jagdgehülfen und feine[n] gelehrte[n] Spürhunden" (JGB 45; KSA 5, 65) beklagt – und eine Erd- bzw. bodennahe Perspektive gefordert – wird, zu der später noch ein Blick aus der Distanz hinzukommt: „– und dann bedürfte es immer noch jenes ausgespannten Himmels von heller, boshafter Geistigkeit, welcher von Oben herab dies Gewimmel von gefährlichen und schmerzlichen Erlebnissen zu übersehn, zu ordnen, in Formeln zu zwingen vermöchte. –" (JGB 45; KSA 5, 66).

Weit stärker als die Metaphorik von *Jenseits von Gut und Böse* wurden die einschlägigen Passagen Nietzsches zur Perspektivität in diesem Werk beachtet. Bereits die Vorrede benennt „das *Perspektivische*" als „Grundbedingung alles Lebens" (JGB Vorrede; KSA 5, 12), was später vertieft wird: „Man gestehe sich doch so viel ein: es bestünde gar kein Leben, wenn nicht auf dem Grunde perspektivischer Schätzungen und Scheinbarkeiten" (JGB 34; KSA 5, 53). Wenn behauptet wird, die „Natur" in der Moral lehre die „*Verengerung der Perspektive*, und also in gewissem Sinne die Dummheit, als eine Lebens- und Wachsthums-Bedingung" (JGB 188; KSA 5, 110), so wird dem Leben die Fähigkeit zugesprochen, Perspektiven einzunehmen und die Welt den eigenen Bedürfnissen entsprechend zu ordnen. Das erste Hauptstück „von den Vorurtheilen der Philosophen" verdeutlicht, dass diese Perspektiven keine kühl-rationalen Standpunkte sind, die man willentlich einnehmen kann: Der Mensch ist eingebettet in für ihn undurchschaubare Vorurteile, die ihn nicht nur von der Geschichte, sondern auch von der Grammatik seiner Sprache und seiner Leiblichkeit her prägen (vgl. z. B. JGB 20). Nietzsche kritisiert andere Philosophen dafür, sich noch mehr in ihre Vorurteile zu verstricken, wenn sie glauben, diese überwunden zu haben und die Triebe als unwirksam erklären, die sie weiterhin bis in ihr Denken hinein bestimmen. Die Forderung an die unterschiedlichen Denker ist folglich, den eigenen Standpunkt mit in die philosophische Reflexion hineinzunehmen.

Über die Passagen zur Perspektivität hinaus fällt die Präsenz von philosophierenden Perspektiven in einigen Aphorismen auf, wobei Thesen oftmals mittels direkter Rede an Sprecherpositionen gebunden werden. Die Hypothese vom Willen zur Macht kann hier als ein Paradebeispiel gelten, wenn diese nicht als letzter Erkenntnisgrund vorgebracht wird, sondern in ihrem thetischen Anspruch changiert und auf denjenigen verweist, der sie vorbringt. Zwar lässt die Verwendung des Konzepts „Wille zur Macht“ in JGB 211 und 259 an metaphysische Grundbegriffe denken und auch im fünften Hauptstück ist die Rede von „einer Welt, deren Essenz Wille zur Macht ist“ (JGB 187; KSA 5, 107). Doch steht dem eine Passage im ersten Hauptstück entgegen, in dem dieser Wille von Konjunktiven gerahmt und als „*mein* Satz“ an den menschlich-perspektivischen Erkenntnisprozess angebunden wird (vgl. van Tongeren 2000, 155ff. und zuletzt Dellinger 2013): „Die Welt von innen gesehen, die Welt auf ihren ‚intelligiblen Charakter‘ hin bestimmt und bezeichnet – sie wäre eben ‚Wille zur Macht‘ und nichts ausserdem. –“ (JGB 36; KSA 5, 55).

Der Wille zur Macht ist nicht das einzige Element in *Jenseits von Gut und Böse*, das auf der einen Seite entschieden vorgebracht wird und mit dessen Artikulation auf der anderen Seite auf die jeweilige philosophierende Perspektive verwiesen wird. So bieten JGB 231 bis 239 etliche starke Aussagen zu Mann und Weib, wobei die „*Sieben Weibs-Sprüchlein*“ aus JGB 237 mit Sätzen wie „Schwarz Gewand und Schweigsamkeit kleidet jeglich Weib – gescheidt“ oder „Jung: beblümtes Höhlenhaus. Alt: ein Drache fährt heraus“ eine Reihe von Perlen dessen darstellen, was sich in Nietzsches Werken zum Weib findet.[2] Ein häufig zitierter Passus aus dem Aphorismus 231 scheint das, was hier vorgebracht wird, entschieden zu unterstreichen: „Bei jedem kardinalen Probleme redet ein unwandelbares ‚das bin ich‘; über Mann und Weib zum Beispiel kann ein Denker nicht umlernen, sondern nur auslernen, – nur zu Ende entdecken, was darüber bei ihm ‚feststeht‘“ (170). Dies lässt sich als Ausdruck eines Autors lesen, der sich aus bestimmten Gründen – z. B. weil er bei Lou von Salomé nicht den erwünschten Erfolg erzielen konnte – in misogynen Anwandlungen ergeht. Doch stellen sich diese „Weibs-Sprüchlein“ ebenso wie die aus JGB 231 herausgeschnittene Passage in einem anderen Licht dar, wenn deren unmittelbare Fortsetzung mit in die Interpretation hinein genommen wird: „Man findet bei Zeiten gewisse Lösungen von Problemen, die gerade *uns* starken Glauben machen [...]. Spä-

2 Dieser an JGB 231 bis 239 skizzierte Aspekt konnte bereits ausführlicher untersucht werden, wobei auf die allgemeine Frage der Perspektiven des Textes und auf die Perspektivierung der Thesen zum Judentum in JGB 250 und 251 eingegangen wurde (vgl. Born/Pichler 2013, 30–43). Paul van Tongeren hat ausgehend von JGB 231 hervorgehoben: „True knowledge has, according to Nietzsche, both characteristics at the same time: it is absolute and apodictic on the one hand and it relativizes itself as only an interpretation on the other“ (van Tongeren 2000, 167). Vgl. van Tongerens Beitrag im vorliegenden Band und Nehamas 1988, 62ff.

ter – sieht man in ihnen nur Fusstapfen zur Selbsterkenntniss, Wegweiser zum Probleme, das wir *sind*, – richtiger, zur grossen Dummheit, die wir sind, zu unserem geistigen Fatum, zum *Unbelehrbaren* ganz ‚da unten'" (ebd.). Somit bietet diese Passage nicht letzte Wahrheiten über Mann und Weib an, sondern dient dazu, diese Wahrheiten an eine Perspektive zu binden, von der aus sie als wahr erscheinen. Dabei wird nicht abstrakt darauf verwiesen, dass dies allgemein für Erkenntnisse gilt, sondern konkret auf das zuvor Präsentierte Bezug genommen: „– Auf diese reichliche Artigkeit hin, wie ich sie eben gegen mich selbst begangen habe, wird es mir vielleicht eher schon gestattet sein, über das ‚Weib an sich' einige Wahrheiten herauszusagen: gesetzt, dass man es von vornherein nunmehr weiss, wie sehr es eben nur – *meine* Wahrheiten sind" (ebd.)

Was bedeutet es nun, wenn ein philosophischer Text derart auf seine eigenen blinden Flecken hinweist? Zwar wird der Allgemeinheitsanspruch vorgebrachter Thesen durchkreuzt, doch müssen diese für denjenigen, der sie vorbringt, nicht weniger plausibel erscheinen. Die Wahrheiten des Texts werden mit Nachdruck vorgebracht und als Ergebnis einer intensiven Auseinandersetzung mit philosophischen Problemen präsentiert. Im Text drückt sich ein unentwegtes Streben nach Erkenntnis aus, das die eigene Verstrickung in die vorgebrachten Thesen eingesteht.

Diese und weitere Passagen lassen sich unmittelbar mit dem verbinden, was im ersten Hauptstück über eine „jede grosse Philosophie bisher" behauptet wird, „nämlich das Selbstbekenntnis ihres Urhebers und eine Art ungewollter und unvermerkter mémoires" (JGB 6; KSA 5, 19) zu sein. Einen nicht unwesentlichen Aspekt von *Jenseits von Gut und Böse* macht dessen Autoreflexivität aus. Obwohl die Gefahr, eigenen moralischen Vorurteilen aufzusitzen, mit der Feststellung, dass dies möglich ist, nicht gebannt wird, kann der Text seine Leser dahingehend sensibilisieren, die vorgebrachten Thesen als perspektivisch fundiert aufzufassen, was eine Reflexion auf das anstößt, was im Text als Wahrheit angeboten wird. Die rhetorische Präsentation erlaubt es, das im Text Vorgebrachte für Leser zur Disposition zu stellen, die es daraufhin prüfen können, ob das Behauptete aus der eigenen Perspektive heraus plausibel ist (vgl. Nehamas 1988, 63). Dieser Appell zur Kritik kann dazu führen, dass Leser zu Interpretationen kommen, die den Text da weiterführen, wo der Autor ihn „abgeschlossen" hat.

1.4 Zum Vorspiel einer Philosophie der Zukunft

Behauptet *Jenseits von Gut und Böse*, die kritisierten philosophischen Vorurteile bereits suspendiert zu haben und einen Standpunkt außerhalb der oftmals scharf angegriffenen Moral zu bestreiten? Die Frage, ob die sich im Werk ausdrückenden Perspektiven selbst jenseits von Gut und Böse stehen, führt auf den Untertitel zurück, der das Werk als „Vorspiel einer Philosophie der Zukunft" markiert. Erwartungsgemäß weichen die Ansichten, ob *Jenseits von Gut und Böse* selbst die angekündigte Philosophie der Zukunft darstellt, deutlich voneinander ab. Das Wort „Vorspiel" kann ebenso im „erotisch-sexuellen Sinne" wie im Modus eines „Simulierens und Fingierens, Vorgebens und Vorgaukelns" (vgl. Dellinger 2013, 167) verstanden werden. Im ersten Fall wird mit dem Vorspiel das eigentliche Spiel in Aussicht gestellt, im zweiten bestünde die Möglichkeit, das „Als-ob" des Vorspielens zu durchschauen. Weitaus bestimmter behauptete zuvor schon Leo Strauss ohne größere Umschweife, „the book is meant to be a specimen of the philosophy of the future" (Strauss 1983, 175), während Alexander Nehamas diese These in eine facettenreiche Komplexität übersetzt und zu dem Schluss kommt, dass *Jenseits von Gut und Böse* sich zwar vordergründig nicht als eine Philosophie der Zukunft präsentiert, aber den Lesern anheim stellt, selbst zu dem Schluss zu kommen, das Werk stelle eine solche dar, da es „the major themes and motifs of one philosophy of that kind" (Nehamas 1988, 59) anklingen lässt.

Der folgende Exkurs zeigt mit Rückgriff auf den Nachlass eine Alternative zu dieser These auf, die es erlaubt, die Bezeichnung des Werks als „Vorspiel" in dem Sinne beim Wort zu nehmen, dass es selbst noch *nicht* die Philosophie der Zukunft darstellt, die es ankündigt. Die letzten Aphorismen des zweiten Hauptstücks geben sowohl Aufschluss über die „Philosophen der Zukunft" als auch über die „freien Geister". In JGB 42 wird eine „neue Gattung von Philosophen" auf den Namen „Versucher" getauft (vgl. ausführlicher: Greiner 1972, 30ff.), wobei diese Taufe nicht geradeheraus formuliert wird: „So, wie ich sie errathe, so wie sie sich errathen lassen – denn es gehört zu ihrer Art, irgend worin Räthsel bleiben zu *wollen* –, möchten diese Philosophen der Zukunft ein Recht, vielleicht ein Unrecht darauf haben, als *Versucher* bezeichnet zu werden" (JGB 42; KSA 5, 59). Derjenige, der die neuen Philosophen vorstellt, scheint deren Eigenschaften nicht festlegen zu wollen bzw. können, sondern mutmaßt über diese. Eine

Vorstufe von JGB 42 im Nachlass zeigt entscheidende Veränderungen, die Nietzsche vor dessen Publikation vorgenommen hat. Dort heißt es: „Sowie ich sie kenne, sowie ich mich selber kenne – denn ich gehöre zu diesen Kommenden – werden diese Philosophen der Zukunft [...] damit zufrieden sein, als *Versucher* bezeichnet zu werden“ (KGW IX 4; W I 6, 3). Wie in JGB 42 ist die Perspektive des Erkennenden im Notat deutlich als Ausgangspunkt markiert: Derjenige, der hier spricht, kann sich aufgrund eigener Erfahrungen über die Philosophen der Zukunft äußern. Doch wird die unbescheidene Selbstbeschreibung des Notats („denn ich gehöre zu diesen Kommenden“) vollständig zurückgenommen und es ist nicht mehr von einer Kenntnis, sondern von einem Erraten der Philosophen der Zukunft die Rede. Derjenige, der sich in JGB 42 ausspricht, wird nicht mehr unter die Philosophen der Zukunft gezählt, was der anschließende Aphorismus 43 unterstreicht: „Sind es neue Freunde der ‚Wahrheit‘, diese kommenden Philosophen? Wahrscheinlich genug: denn alle Philosophen liebten bisher ihre Wahrheiten. Sicherlich aber werden es keine Dogmatiker sein“ (60). In der Vorstufe zu dieser Passage wurde der Satz „Wir sind keine Dogmatiker“ geändert zu „Auch wir lieben ‚die Wahrheit‘: alle Philosophen liebten bisher ihre Wahrheiten – trotzdem sind wir keine Dogmatiker“ (KGW IX 4; W I 6, 3). Wiederum findet eine Verschiebung von der ersten in die dritte Person statt, ebenso eine weitgehende Zurückhaltung, was Versuche angeht, die Kommenden festzulegen, obwohl betont wird, dass sie keine Dogmatiker sein werden. Mit der Wendung gegen den Dogmatismus wird das Motiv des freien Geistes aufgegriffen, das JGB 44 als den letzten Aphorismus des zweiten Hauptstücks trägt. In diesem wird das Vorangehende weitergeführt und die Philosophen der Zukunft explizit von den freien Geistern abgesetzt, wobei einige Gemeinsamkeiten mit diesen angenommen werden: Sie sollen „freie, *sehr* freie Geister sein [...], diese Philosophen der Zukunft, – so gewiss sie auch nicht bloss freie Geister sein werden, sondern etwas Mehreres, Höheres, Grösseres und Gründlich-Anderes“ (60). Zeigte sich jemand als freier Geist, weil er seine Einsamkeit ertrug und sich von Bindungen lösen konnte, so sollen die Philosophen der Zukunft dazu in der Lage sein, sich sogar hierin von den freien Geistern abzugrenzen. Letztere stehen nicht außerhalb der moralischen Bande, sondern „am *andern* Ende aller modernen Ideologie und Heerden-Wünschbarkeit: als deren Antipoden vielleicht? Was Wunder, dass wir ‚freien Geister‘ nicht gerade die mittheilsamsten Geister sind? dass wir nicht in jedem Betrachte zu verrathen wünschen, *wovon* ein Geist sich frei machen kann und *wohin* er dann vielleicht getrieben wird?“ (62). Der freie Geist ist selbst in der Befreiung von seinen Banden auf diese bezogen, ist als Antipode noch verstrickt und getrieben.

Nach einer deutlichen Abgrenzung von den „Freidenkern“ werden facettenreiche Annäherungen an den freien Geist versucht. Diejenigen, die als freie Geister präsentiert werden, sind unter anderem „haushälterisch im Lernen und Vergessen, erfinderisch in Schematen, mitunter stolz auf Kategorien-Tafeln“ (JGB 44; KSA 5, 63), was mit Blick auf das erste Hauptstück irritiert, da mit letzterem auf Kant verwiesen wird, der in JGB 11 wegen einer solchen Tafel verspottet wurde. Die Aufzählung und das zweite Hauptstück schließen mit einer für den Zusammenhang von freiem Geist und Philosophie der Zukunft entscheidenden Frage: „– eine solche Art Menschen sind wir, wir freien Geister! und vielleicht seid auch *ihr* etwas davon, ihr Kommenden? ihr *neuen* Philosophen? –“ (JGB 44; KSA 5, 63). Diese Adresse *an* die Philosophen der Zukunft überrascht, wenn man bedenkt, dass am Anfang von JGB 44 noch in der dritten Person *über* sie geschrieben wird, „dass auch sie freie, *sehr* freie Geister sein werden, diese Philosophen der Zukunft“ (60). Wenn diesen Philosophen die freien Geister gegenübergestellt werden, reiht sich der Erzähler in Letztere ein: „die wir ihre Herolde und Vorläufer sind, wir freien Geister“ (ebd.). Nach dem, was die Leser bereits erfahren haben, besteht nun für sie die Option, sich in die Reihe der freien Geister aufgenommen zu fühlen. Das „wir“ ist in diesem Sinne einladend und einschließend. Diese Wirkung verstärkt sich durch die kontrastierende Abgrenzung von den Freidenkern, die „in Hinsicht auf jene heraufkommenden *neuen* Philosophen erst recht zugemachte Fenster und verriegelte Thüren sein müssen“ (61). Neben das „Wir“ des Textes, das dem Leser bis zu den letzten Zeilen zur Identifikation angeboten wird, tritt am Ende des Textes das „Ihr“. Überraschend ist nicht, dass die Leser direkt angesprochen werden – dieses rhetorische Mittel findet sich in einigen Aphorismen – sondern dass diese direkte Adresse explizit an die Philosophen der Zukunft gerichtet wird. Wenn sich der Leser oder die Leserin hierbei geschmeichelt als Philosoph(in) der Zukunft angesprochen fühlt, ist dies nicht zufällig: Die vorgebrachte Perspektive fordert zu ihrer eigenen Überwindung durch die Nachwelt auf. Somit kann die derart interpretierte Anrede als (Über-)Forderung an Leser verstanden werden, sich der unabschließbaren

Aufgabe einer Philosophie der Zukunft zuzuwenden – und sie nicht als bereits gelöst zu betrachten.

1.5 Ästhetische Irritationen eindeutiger Interpretationen

Klassisch gewordene Werke haben oftmals die Gefahr hinter sich gelassen, zu irritieren, wenn sie kanonisiert wurden, so dass man über sie als über einen „Bestand" verfügen kann. Eine Möglichkeit, mit Texten wie Platons *Politeia*, Descartes' *Meditationen über die erste Philosophie* oder Kants *Kritik der praktischen Vernunft* umzugehen, ist, ihr verstörendes Potential interpretativ zu beruhigen und sie auf Schlagworte, Thesen, oder Lehren wie die „Ideenlehre", das „Ich denke, also bin ich" oder den „kategorischen Imperativ" zu reduzieren, ohne die Denkbewegung des Textes mitzugehen. Die ästhetischen Strategien von Nietzsches *Jenseits von Gut und Böse* reflektieren die Gefahr einer Sinnsedimentierung durch spätere Interpretationen und steuern etwaigen Fixierungen entgegen, indem das Verständnis des Textes dadurch erschwert wird, dass sich dieser gegen eindeutige Interpretationen sperrt. Stattdessen wird das Potential, vielzählige Interpretationen anzustiften, ausgereizt und exponiert. Dabei werden auch Leerstellen und die Begrenztheit der eigenen Erkenntnis der philosophierenden Perspektive(n) als solche inszeniert. Hierdurch fordert der Text seine Leser nicht nur zu Sinnbildungen auf, sondern kann für die sinnbildende Tätigkeit des Interpretierens sensibilisieren. Darüber hinaus wird dem möglichen Eindruck entgegengewirkt, der Autor des Werks verfüge souverän über endgültige philosophische Erkenntnisse, die er an verständige Leser weitergibt (vgl. Greiner 1972, 12 und 271f.). Stattdessen wird der Text zu einem Sprungbrett dazu, bewusst offen gelassene Leerstellen in unentwegter Auseinandersetzung interpretativ neu zu besetzen. *Jenseits von Gut und Böse* behauptet nicht nur eine Perspektivenvielzahl in der Erkenntnis, sondern führt darüber hinaus einige philosophierende Perspektiven vor, wobei die Leser dazu eingeladen werden, sich auf die Thesen des Textes einzulassen, sich eingehend mit ihnen zu beschäftigen – und sich gegebenenfalls ebenso entschieden von ihnen zu verabschieden, wie sie vorgebracht werden.

Literatur

Born, Marcus Andreas 2011: „Liebet eure Feinde! Also sprach Zarathustra“, in: R. Reschke (Hrsg.): Nietzscheforschung Bd. 18, Berlin, 167–177

Born, Marcus Andreas/Pichler, Axel 2013: Text, Autor, Perspektive. Zur philosophischen Bedeutung von Textualität und literarischen Inszenierungen in *Jenseits von Gut und Böse*, in: dies. (Hrsg.): Texturen des Denkens, Berlin/Boston, 15–46

Bräutigam, Bernd 1977: Verwegene Kunststücke. Nietzsches ironischer Perspektivismus als schriftstellerisches Verfahren, in: Nietzsche-Studien 6, 45–63

Burnham, Douglas 2007: Reading Nietzsche. An Analysis of *Beyond Good and Evil*, Stocksfield

Clark, Maudemarie/Dudrick, David 2012: The Soul of Nietzsche's *Beyond Good and Evil*, Cambridge

Dellinger, Jakob 2013: Vorspiel, Subversion und Schleife. Nietzsches Inszenierung des „Willens zur Macht“ in *Jenseits von Gut und Böse*, in: M. A. Born/A. Pichler (Hrsg.): Texturen des Denkens, Berlin/Boston, 165–187

Greiner, Bernhard 1972: Friedrich Nietzsche: Versuch und Versuchung in seinen Aphorismen, München

Höffe, Otfried (Hrsg.) 2004: Einführung in Nietzsches *Genealogie der Moral*, in: ders.: Klassiker Auslegen: *Zur Genealogie der Moral*, Berlin, 1–14

Lampert, Laurence 2001: Nietzsche's Task. An Interpretation of *Beyond Good and Evil*, New Haven/London

Loukidelis, Nikolaos 2013: *„Es denkt“*. Ein Kommentar zum Aphorismus 17 aus *Jenseits von Gut und Böse*, Würzburg

Nehamas, Alexander 1988: Who are „The Philosophers of the Future“?: A Reading of *Beyond Good and Evil*, in: Robert C. Solomon/Kathleen M. Higgins (Hrsg.): Reading Nietzsche, New York/Oxford, 46–67

Röllin, Beat 2013: Ein Fädchen um's Druckmanuskript und fertig? Zur Werkgenese von *Jenseits von Gut und Böse*, in: M. A. Born/A. Pichler (Hrsg.): Texturen des Denkens, Berlin/Boston, 47–67

Sommer, Andreas Urs 2013: „Glossarium“, „Commentar“ oder „Dynamit“? Zu Charakter, Konzeption und Kontext von *Jenseits von Gut und Böse*, in: M. A. Born/A. Pichler (Hrsg.): Texturen des Denkens, Berlin/Boston, 69–86

Stegmaier, Werner 2000: Anti-Lehren. Szene und Lehre in Nietzsches *Also sprach Zarathustra*, in: V. Gerhardt (Hrsg.): Klassiker Auslegen: *Also sprach Zarathustra*, Berlin, 2. Aufl. 2012, 143–167

Stegmaier, Werner 2012: Nietzsches Befreiung der Philosophie. Kontextuelle Interpretation des V. Buchs der *Fröhlichen Wissenschaft*, Berlin/Boston

Strauss, Leo 1983: Note on the Plan of Nietzsche's *Beyond Good and Evil*, in: ders: Studies in Platonic Political Philosophy, Chicago, 174–191

van Tongeren, Paul 1989: Die Moral von Nietzsches Moralkritik. Studie zu *Jenseits von Gut und Böse*, Bonn

van Tongeren, Paul 2000: Reinterpreting Modern Culture: An Introduction to Friedrich Nietzsche's Philosophy, West Lafayette

Zittel, Claus 2000: Das ästhetische Kalkül von Friedrich Nietzsches *Also sprach Zarathustra*, 2. Aufl. 2011, Würzburg

2

Annemarie Pieper

Annäherungsversuche an die Wahrheit

Die Vorrede von *Jenseits von Gut und Böse*

Jenseits von Gut und Böse steht zwischen *Also sprach Zarathustra* und der *Genealogie der Moral*. In allen drei Schriften ist die Moral als Ensemble von Wertüberzeugungen Nietzsches zentrales Thema. Seine Kritik gilt den metaphysisch-christlichen, in der Idee eines an sich Guten sowie in der Vorstellung eines persönlichen Gottes verwurzelten Prinzipien der abendländischen Moral, welcher er den Entwurf einer Moral der Zukunft entgegengesetzt: das Ethos des Übermenschen, des freien Geistes, des seine eigenen Werte schaffenden Individuums. Während im *Zarathustra* die Lebensform eines solchen Individuums am Beispiel der Lehrerfigur Zarathustra konkret-praktisch entwickelt wird, setzen sich JGB und die *Genealogie der Moral* in theoretisch-analytischer Absicht vorwiegend mit Themen der traditionellen Ethik – gut-böse/schlecht, Tugend, Schuld, Ideal, Askese – auseinander.

Im ersten Satz der Vorrede von JGB fragt Nietzsche nach der Konsequenz, die sich aus der provokanten Annahme ergäbe, dass die Wahrheit – personifiziert vorgestellt – eine Frau ist. Ein Jahr später greift Nietzsche in der Vorrede zur zweiten Auflage der FW die Frage erneut auf. Dort heißt es: „Vielleicht ist die Wahrheit ein Weib, das Gründe hat, ihre Gründe nicht sehen zu lassen? Vielleicht ist ihr Name, griechisch zu reden, Baubo?" (FW Vorrede 4; KSA 3, 352). Baubo heiterte dem Mythos zufolge die Fruchtbarkeitsgöttin Demeter auf, als diese um ihre von Hades in die Unterwelt entführte Tochter Persephone trauerte. Baubo pflegte – wie es ihr Name „Schoß" oder „Vulva" andeutet – ihren

Unterleib zu entblößen, begleitet von derben Scherzen. Die Wahrheit, personifiziert durch Baubo, lässt demnach etwas sehen, das den Anstrich des Obszönen hat und damit gleichzeitig etwas verbirgt, das nicht gesehen werden soll. Offen zur Schau gestellte Genitalien sind ein Lockmittel, das davon ablenkt, dass es beim Geschlechtsakt eigentlich um Zeugung und Fortpflanzung geht, wobei die Lust nur Anreiz und Begleitmoment ist. Analog bietet sich die Wahrheit in einem sinnlichen Gewand an, um die nach Wissen Gierenden dazu zu verführen, sich auf geistige Abenteuer einzulassen, deren eigentlicher Zweck jedoch das Eindringen in die „Erde" ist, um den „Sinn der Erde" zu erzeugen, von dem Zarathustra spricht (Za I Vorrede 3; KSA 4, 14f.) – jenen Sinn, der mit der Geburt des neuen Menschen, des Übermenschen entsteht.

In der Vorrede zu JGB geht Nietzsche in seinem Vergleich der Wahrheit mit einem „Weib" von einer stärkeren hypothetischen Annahme aus: „Vorausgesetzt, dass die Wahrheit ein Weib ist" (JGB Vorrede; KSA 5, 11). Wenn dies so ist, dann hatten die Philosophen, obwohl traditionell als Liebhaber der Weisheit bezeichnet und damit als kompetente Wahrheitsforscher angesehen, schlechte Karten, „sofern sie Dogmatiker waren" (ebd.). Dass die (weibliche) Wahrheit dem Liebeswerben der Dogmatiker nichts abgewinnen kann, liegt an deren „schauerliche[m] Ernst" und ihrer „linkische[n] Zudringlichkeit" (ebd.). Der dem Typus des dogmatischen Philosophen eigentümliche Ernst hat mit dessen Selbsteinschätzung zu tun: Er versteht sich nämlich als Konstrukteur von „erhabenen und unbedingten Philosophen-Bauwerken" (ebd.). Der Dogmatiker ist demnach ein Systemdenker, fest davon überzeugt, die absolute Wahrheit auf ein unerschütterliches Fundament gründen zu können, dessen kategorische Prämissen unbedingte Gültigkeit haben.

Von Platon über Descartes bis hin zu Kant und Hegel reicht der Stammbaum der Dogmatiker, denen Nietzsche unterstellt, der von ihnen für ihr System verwendete Grundstein sei keineswegs eine durch nichts zu erschütternde, unbezweifelbare Voraussetzung. Vielmehr hätten sie sich entweder (a) von einem alten „Volks-Aberglaube[n]" (ebd.) inspirieren lassen, der ihnen die Annahme einer Seele, eines Ichs oder eines Subjekts als Prinzip allen Wissens suggerierte. Oder (b) sie hätten sich durch die Sprache, die zur Substantivierung von Verben und Adjektiven verführt, zu der Hypothese verleiten lassen, es gäbe ein Sein des Seienden oder das Gute an sich. Oder (c) sie neigten wie die meisten Menschen dazu, persönliche, individuelle Erfahrungen vorschnell zu verallgemeinern und als unwiderlegliche Tatsachen auszugeben. Nietzsche hält alle drei Voraus-Setzungen für fehlerhaft, so dass das jeweilige System auf einem zweifelhaften Apriori beruht, dessen unbedingter Anspruch auf Wahrheit nicht gerechtfertigt ist.

Die „linkische Zudringlichkeit" der Dogmatiker charakterisiert diese überdies als nicht nur ungeschickte, sondern auch als unschickliche Liebhaber. Sie wollen die Dinge nackt sehen und entkleiden sie im Zuge ihrer Abstraktionsverfahren, bis der Kern der Sache bzw. ihr Wesen frei liegt. Dass dieses Vorgehen respektlos ist und das Schamgefühl verletzt, moniert Nietzsche ein Jahr später in der Vorrede zur zweiten Auflage der *Fröhlichen Wissenschaft*: „Wir glauben nicht mehr daran, dass Wahrheit noch Wahrheit bleibt, wenn man ihr die Schleier abzieht [...]. Heute gilt es uns als eine Sache der Schicklichkeit, dass man nicht Alles nackt sehn, nicht bei Allem dabei sein, nicht Alles verstehn und ‚wissen' wolle" (FW Vorrede 4; KSA 3, 352).

Was die „weibliche" Wahrheit an den Dogmatikern abstößt, ist das uneinsichtige, unbeirrbare Vor-Urteil, mit dem diese allem was ist, ihr Wahrheitsverständnis gewaltsam aufzupfropfen versuchen. Der dogmatische Blick fixiert das Wesen der Dinge unter Ausblendung des Stofflich-Fleischlichen. Baubo mag sich noch so sehr entblößen, um darauf hinzuweisen, dass unter ihren Kleidern nicht ihr Wesen, sondern ihr Geschlecht steckt – der Dogmatiker ignoriert die Sinneseindrücke, da sie sein starres, abstraktes Wahrheitskonzept nicht bestätigen, und versucht dieses mit dem Gestus schwergewichtigen Ernstes und feierlicher Erhabenheit allen Verhüllungen zum Trotz durchzusetzen. Die Baubo-Wahrheit hingegen braucht die Heiterkeit einer fröhlichen Wissenschaft, deren Interesse nicht einer statischen, für alle Zeiten feststehenden Wahrheit gilt, sondern der Lust an der Produktion ständig neuer Wahrheiten, die sich mit jedem Orts-, Zeit- und Blickwechsel einstellen. Die Baubo-Wahrheit trägt dem Werden der Dinge Rechnung, ihrer Veränderlichkeit und Geschichtlichkeit. Dadurch öffnet sie den Blick für Zukünftiges. Sie lehrt die Ausrichtung des Blicks auf die Zukunft, um „fern zu sehn" (EH JGB 2, KSA 6, 350f.).

Nietzsche spricht jedoch dem Dogmatismus der traditionellen Philosophie nicht jeglichen Wert ab. Immerhin habe er die Menschen angespornt, ihre Kräfte für die Herbeiführung eines Idealzustands einzusetzen und dadurch die Kluft zwischen dem, was ist, und dem, was gemäß dem normativen Vorentwurf des Zukünftigen sein soll, zu verringern. Nietzsche vergleicht die dogmatische Philosophie mit der Astrologie, deren Zukunftsprognosen die Menschen in Asien und Ägypten motiviert hätten, monumentale Bauten für die Ewigkeit zu errichten – als Garanten für den Fortbestand der unsterblichen Seelen ansonsten vergänglicher Wesen. Allerdings beklagt Nietzsche, dass sämtliche dogmatischen Ideologien „erst als ungeheure und furchteinflössende Fratzen über die Erde hinwandeln müssen" (JGB Vorrede; KSA 5, 12), da offenbar nur die Inszenierung eines gewaltigen Droh- und Abschreckungspotentials die Menschen empfänglich macht für unbedingte Geltungsansprüche. Erst der unter Druck erzeugte Sinn für das Ewige vermag aus dogmatischer Sicht moralisches Verhalten zu initiieren und die Einsatzbereitschaft für das Streben nach dem Absoluten zu fördern.

Als Beispiele für „Fratzen"-Ideologien führt Nietzsche die Vedanta-Lehre in Asien und den Platonismus in Europa an. Mit indischer Philosophie hat Nietzsche sich kaum selbst beschäftigt, vielmehr ist er in seiner Schopenhauer-Lektüre auf die Veda-Lehre gestoßen, an der ihn vor allem die These der Wiedergeburten interessiert hat (vgl. Schopenhauer 1968, 772–813). Fratzenhaft ist für ihn nicht der Wiedergeburtsgedanke als solcher – der ja eine gewisse Nähe zu Nietzsches eigenem Konzept der ewigen Wiederkehr des Gleichen aufweist –, sondern die Entwertung des Lebens, die damit verknüpft wurde. Die Wiedergeburt hat den Charakter einer Strafe für ein vorangegangenes verfehltes Leben. Man muss so lange wiederkommen, bis man es geschafft hat, ein durch und durch tugendhaftes Leben zu führen. Erst dann – und dies verbindet die indische mit der platonischen Lehre – ist man vom irdischen Dasein als der schlechtesten Existenzweise ein für alle Mal erlöst: Die Wiedervereinigung mit dem „Brahm" (Schopenhauer 1968, 779) bzw. die Niederlassung auf der „wahren Erde" (vgl. Platons *Phaidon*, 110a1) sind Hinweise darauf, dass der Mensch endgültig an sein Ziel gekommen ist und sich – zur Belohnung für ein Leben gemäß den Prinzipien der Moral – an einem paradiesischen Ort aufhalten darf, den er nie mehr verlassen muss.

Der Platonismus stellt sich aus Nietzsches Sicht als „der schlimmste, langwierigste und gefährlichste [...] Dogmatiker-Irrthum" dar (JGB Vorrede; KSA 5, 12). Es ist Platons Ideenlehre, gegen die Nietzsche als „Erfindung vom reinen Geiste und Guten an sich" (ebd.) polemisiert, weil sie eine spekulative Gegenwelt als die bessere Wirklichkeit vorgaukelt, verglichen mit der die hiesige Lebenswelt wie ein finsteres Loch erscheint, in welchem die Menschen ein intransparentes Höhlendasein fristen. Abgeschnitten von der ewigen Wahrheit, die außerhalb der Höhle durch die Licht spendende Sonne symbolisiert ist, vermögen die Höhlenmenschen ihre Umwelt nur schattenhaft wahrzunehmen, während die Erkenntnis der echten, den Sinn des Lebens garantierenden Werte für sie unzugänglich bleibt.[1]

Dieser „Alpdruck" (ebd.) weicht laut Nietzsche allmählich von den Europäern, nachdem es den Kämpfern gegen den Dogmatismus als den neuen Wächtern und Hütern der Wahrheit durch die von ihnen betriebene Aufklärung gelungen ist, den Irrtum des Platonismus aufzudecken und die Menschen wachzurütteln. Die Zweiweltenlehre ist das Übel, das beseitigt werden muss, insbesondere die damit verbundene Bewertung. Es gibt nicht auf der einen Seite die schlechte, wahrheitsferne irdische Welt und auf der anderen Seite eine überirdische Welt, in der das Wahre, Gute und Schöne an sich beheimatet ist. Aber man kann auch nicht das Wahre, Gute und Schöne einfach ersatzlos streichen und die empirische Welt gleichsam schönreden. Streichen muss man lediglich das „an sich", dann zeigt sich, dass wir es nur mit einer einzigen Wirklichkeit zu tun haben, die sich je nachdem aus welcher Perspektive wir sie betrachten, unterschiedlich darstellt. Betrachten wir die Welt unter empirischem Gesichtspunkt erscheint sie uns als ein faktisches Gebilde, dessen Herkunft sich rückwärts gewandt genealogisch-historisch rekonstruieren lässt. Betrachten wir die Welt unter normativem Aspekt, können Weichen für die Zukunft gestellt und Ziele angesteuert werden, die eine erwünschte Korrektur des Bestehenden versprechen.

Nietzsche macht sich lustig über Platon, dessen Erfindung einer unabhängigen Ideenwelt er als eine Art Geisteskrankheit diagnostiziert, die Platon sich möglicherweise unter dem Einfluss seines Lehrers Sokrates zugezogen habe. Der Sog der sokratischen Verführungskraft könnte Nietzsches Vermutung zufolge Platon dazu bewogen haben, „das *Perspektivische*, die Grundbedingung alles Lebens" (JGB Vorrede; KSA 5, 12), nicht nur zu verkennen, sondern geradezu zu verleugnen, also wider besseres Wissen das Normative zu ontologisieren und ihm über seinen unbedingten Geltungsanspruch hinausgehend eine absolute Seinsweise zu attestieren. Nietzsche meint mit einem ironischen Seitenhieb, dass das Todesurteil gegen Sokrates vielleicht doch nicht ganz unberechtigt war, wenn dieser die Köpfe seiner Schüler tatsächlich mit dem Dogmatiker-Virus infiziert

1 Vgl. Platons Höhlengleichnis in: *Der Staat* (514a–517a).

und sie damit untauglich gemacht hätte, der Wahrheit unideologisch auf den Grund zu gehen.

Die größte Herausforderung sieht Nietzsche jedoch nicht im griechischen Platonismus, sondern im Christentum, das er als „Platonismus für's ‚Volk'" bezeichnet (ebd.). Das „Volk" tut sich schwer mit abstrakten Ideen des Wahren, Guten und Schönen als Repräsentanten des Unbedingten. Deshalb haben die Erfinder des Christentums das Absolute für den Common Sense personifiziert und in einem Gott objektiviert, dessen unermessliche Machtfülle seinen irdischen Stellvertretern weitreichende Befugnisse zur Ausübung von Druck auf das menschliche Verhalten mittels Geboten und Verboten einräumte. Während dieser Druck vom durchschnittlichen „europäische[n] Mensch[en]" (13) zunehmend als unerträgliche Belastung empfunden wird, potenziert er Nietzsches Bedürfnis nach Erzeugung eines immer stärkeren polemischen Gegendrucks. Anstatt nach Möglichkeiten zu suchen, sich Erleichterung durch Druckabspannung zu verschaffen, möchte er im Gegenteil wie beim Bogenschießen die Spannung bis zum Äußersten steigern, um den Pfeil seiner Wünsche und Sehnsüchte so weit wie möglich in die Zukunft zu schießen und utopisch anmutende Ziele zu erreichen.

Die entgegengesetzte Strategie, den Bogen zur Verringerung des Drucks abzuspannen, lehnt Nietzsche ab, weil sie den Blick auf das Hier und Jetzt fokussiert und die Zukunft ausblendet. Nietzsche führt den „Jesuitismus" und die „demokratische Aufklärung" (ebd.) als prominente Beispiele für Bemühungen um Erschlaffung des Geistes an. Bereits in *Menschliches, Allzumenschliches* verweist er unter dem Stichwort „Subordination" auf „die geschlossene Taktik der Jesuiten", die darin bestehe, das hierarchische Gefüge des Systems durch den Zwang zum Zusammenhalt des Ganzen mittels Unterwerfungsritualen zu stabilisieren, nachdem „der Glaube an die unbedingte Autorität, an die endgültige Wahrheit" ins Wanken gekommen sei (MA I 441; KSA 2, 287f.). Im sechsten Hauptstück von JGB warnt Nietzsche vor dem Jesuitismus als einer Religion des Mitleidens, die die Mittelmäßigkeit des Durchschnittsmenschen im Visier hat und deshalb „an der Vernichtung des ungewöhnlichen Menschen instinktiv arbeitet und jeden gespannten Bogen zu brechen oder – noch lieber! – abzuspannen sucht" (JGB 206; KSA 5, 134).

Inwiefern die „demokratische Aufklärung" zur Entspannung beiträgt, erschließt sich durch Nietzsches Hinweis auf die Pressefreiheit und das Zeitunglesen. Nietzsche hat nie viel von den Journalisten gehalten: „sie erbrechen ihre Galle und nennen es Zeitung", heißt es im *Zarathustra* (Za I Götzen; KSA 4, 62). Unter dem Deckmantel objektiver Berichterstattung lassen die Presseleute ihrer Verbitterung und ihren Ressentiments gegenüber der wahrhaft aufgeklärten geistigen Elite freien Lauf. Auch sie suchen wie die „Jesuiten" den Beifall der breiten Masse, indem sie deren Bedürfnis nach anspruchsloser Unterhaltung befriedigen und damit das „Volk" von der Anstrengung, nach etwas Unbedingtem auszulangen, entlasten.

Dass die Deutschen das Schießpulver erfunden haben, muss jemanden, der sich selbst später als „Dynamit" bezeichnete (EH Schicksal 1, KSA 6, 365), natürlich beeindrucken. Immerhin enthält das Pulver ebenso wie der kritische Geist eine hoch explosive Spannung, die sich entladen und durch Zerstörung der alten repressiven Strukturen Raum für Neues schaffen kann. Die Erfindung der Presse hingegen hatte aus Nietzsches Sicht den gegenteiligen Effekt: Sie verhinderte geistige Anstrengungen, indem sie den Common Sense bediente und den Vertretern der christlichen Metaphysik Autoritäten aus der politischen Szene sowie der Unterhaltungs- und Vergnügungsindustrie beigesellte, wodurch sich der Unbedingtheitsanspruch des Druck erzeugenden Normengefüges relativierte. Das „Demokratische" der Presse besteht darin, dass sie jedermann das Recht auf eine eigene Meinung und ein Mitspracherecht bei allen Problemen einräumt – auch und gerade bei solchen, die der Sache nach nur von einer geistigen Elite zu bewältigen sind.

Nietzsche will sich weder als Jesuit noch als Demokrat noch als Deutscher etikettiert wissen, sondern als guter Europäer und „sehr freier" Geist. Damit dehnt er einerseits geographisch, andererseits kulturell die engen Grenzen aus, die einem in der abendländischen Tradition stehenden deutschen Philosophen gezogen sind. Er möchte den für alle Ewigkeit erhobenen Wahrheitsanspruch des „Platonismus" aufsprengen, um Raum für eine andere Zukunft zu gewinnen – eine Zukunft, in welcher die individuelle Freiheit ihre schöpferische Kraft entfalten kann. Das Bild des gespannten Bogens am Ende der Vorrede noch einmal aufgreifend, beschreibt Nietzsche den freien Geist als einen Not-Wender: Diesen sieht er als Bogen, der sich unter dem Druck der platonistischen Unterwerfungsforderung krümmt, die daraus resultierende Spannung der Sehne jedoch selbst in die Hand nimmt, um den Pfeil abzuschießen. Dieser Pfeil, der das Verlangen nach einer eigenen, selbst bestimmten Wahrheit – jenseits der traditionellen Definitionen von Gut und Böse – repräsentiert, wird in die Zukunft geschossen, nicht auf eine bereits vorhandene Zielscheibe, sondern in den unendlichen Horizont hinein, in dem sich der Pfeil gleichsam selbst das Ziel als das Ende seines Fluges sucht.

Der Pfeil ist demnach zugleich Weg und Ziel, beide nicht vorher festgelegt, doch eingebunden in jene Bewegung, von welcher in der Formel „Werde der du bist!" die Rede ist. Da der Selbstverwirklichungsprozess und die damit einhergehende Identitätsbildung individuell sind, kann es keine Rezepte oder Verhaltensregeln für sie geben. Daher lässt Nietzsche es offen, wie es dem freien Geist gelingt, sich von den Fesseln des Platonismus zu befreien und damit seine durch den Dogmatismus verursachte Not zu wenden. Zwar lassen sich die Etappen der individuellen Autonomwerdung generell beschreiben, wie Zarathustra dies in der Rede „Von den drei Verwandlungen" vorführt (Za I Verwandlungen; KSA 4, 29–31), indem er die Entwicklungsphasen durch die Metaphern Kamel, Löwe und Kind charakterisiert – Unterwürfigkeit/bedingungsloser Gehorsam gegenüber dem Geltenden, Verneinung des absoluten Geltungsanspruchs überlieferter Werte, selbstschöpferische Generierung eigener Werte –, aber wie und als was das „Kind" sich selbst gebiert, muss offen gehalten werden als die Lücke der Freiheit und des Zufalls. Diese Lücke ist nicht berechenbar wie die Wahrheit einer Gleichung, deren Ist-Zeichen einen statischen, konstanten, also immer geltenden Wert anzeigt. Vielmehr signalisiert sie die Unabschließbarkeit eines Lebens, das seinen Wert, seinen Sinn und damit seine Wahrheit prozesshaft, von Augenblick zu Augenblick in wechselnden Konstellationen erzeugt.

Diese stets neu und immer wieder anders zu füllende Lücke versuchten Dogmatiker jeglicher Couleur ein für alle Mal zu schließen, indem sie eine absolute Instanz hineinschoben und damit den Fluss selbstbestimmten Lebens anhielten. Die Zukunft schrumpfte auf immer schon Gewesenes zusammen, da eine ewige Wahrheit nicht in jedem Augenblick neu erfunden wird, sondern als seit jeher feststehende nur der erneuten Bestätigung bedarf. Nietzsches Plädoyer für den freien Geist und guten Europäer zielt auf einen Menschentypus, der keineswegs auf ein Unbedingtes und damit auf Erzeugung von Wahrheit verzichtet, seinen Geltungsanspruch jedoch im Sinn persönlicher Wahrhaftigkeit ad hoc, unter Berücksichtigung der gegebenen Umstände, konkretisiert und umzusetzen trachtet. So füllt er die Lücke der Freiheit je und je durch eigene, im Hinblick auf die veränderlichen Erfordernisse neu zu gestaltende Werte.

Die (weibliche) Baubo-Wahrheit ist empfänglich für die Aufforderung zu ständiger Selbsterneuerung. Ihre Fruchtbarkeit deutet auf Weiterentwicklung und Zukunft. Die (männliche) Dogmatiker-Wahrheit hingegen ist steril. Erstarrt in einem ungeschichtlichen, überzeitlich präsenten Substrat, unterbindet sie jeglichen Fortschritt und verhindert damit Zukunft. Aus diesem unfruchtbaren Zustand muss die Wahrheit erlöst werden: durch „Verweiblichung". Das starre dogmatische Wahrheitsverständnis muss sich öffnen für eine Sicht der Dinge, die nicht dem Sein, sondern dem Werden den Vorzug gibt. Anstatt ihren Unbedingtheitsanspruch in einem Absoluten zu verdinglichen, muss sich die Wahrheit flexibel in die Wechselfälle des Lebens einbringen, Begegnungen mit dem Zufall einkalkulieren und die Ereignisse so verarbeiten, dass sie durchgängig als ein sinnvolles, in sich wertvolles Geschehen wahrgenommen werden können.

Literatur

Schopenhauer, Arthur 1968: Die Welt als Wille und Vorstellung, in: Sämtliche Werke, Bd. II, hrsg. von Wolfgang Frhr. v. Löhneysen, Darmstadt

3

Helmut Heit

Erkenntniskritik und experimentelle Anthropologie

Das erste Hauptstück: „von den Vorurtheilen der Philosophen“

„Dein Rätselwesen ist der Mensch“, sagt Ödipus zur Sphinx, „denn der Mensch geht morgens auf vier, mittags auf zwei und abends auf drei Beinen“. Schon mancher Unglückliche oder Wagemutige war zuvor an den rätselhaften Fragen gescheitert und der Sphinx zum Opfer gefallen, aber Ödipus besiegt durch seine gewitzte Antwort das anziehend-abstoßende Wesen, halb Mensch, halb Tier – ein Gestalt gewordener Gegensatz. Nicht zufällig begegnet uns mit der Sphinx zum Auftakt des ersten Hauptstücks wieder eine Frauenfigur, die ein männliches Gegenüber herausfordert. Allerdings ist hier nicht mehr „die Wahrheit ein Weib“ (JGB Vorrede; KSA 5, 11), das von zudringlichen Dogmatikern erfolglos umgarnt wird, sondern die Sphinx bezeichnet eher die Relation zwischen beiden, ein Dazwischen und ein Streben, ein „Wille zur Wahrheit“ (JGB 1; KSA 5, 15). Sie ist eine Kraft, die fragt und von der wir letztlich im Prozess einer selbstreflexiven Radikalisierung des Problematisierens „auch unsererseits das Fragen lernen“ (ebd.). So konfrontiert die Sphinx nicht nur mit der Frage nach dem Menschen, sondern auch mit der Frage nach dem Willen zur Wahrheit. Das Wechselspiel von Ödipus und Sphinx ist jedoch keine einfache Erfolgsgeschichte, vielmehr verbindet beide eine tragische Beziehung, an der sich die Ambivalenzen der emanzipierenden Wahrheitssuche zeigen. Ähnlich wie die Begegnung des Odysseus mit den Sirenen bei Horkheimer und Adorno fungiert der Ödipus-Mythos bei Nietzsche als „ahnungsvolle Allegorie auf die Dialektik der Aufklärung“ (Horkheimer/Adorno 1988, 58).

Ödipus hat die Sphinx besiegt durch seine Kunst zu antworten, sein Scharfsinn hat die Stadt gerettet und ihm die Liebe der Königin und den Thron von Theben errungen. Aber die Vergangenheit holt ihn ein, als eine neue Frage ins Zentrum rückt: Wer ist der Mörder des Laios? Nur widerwillig begreift Ödipus, dass er nicht nur seinen Vater unwissend in Notwehr getötet hat, sondern auch in einem inzestuösen Verhältnis mit seiner Mutter lebt. Erst der blinde Seher eröffnet ihm nach einigem Zögern diese Wahrheiten, und Ödipus zeigt sich ungewöhnlich begriffsstutzig:

> *Oedipus*: Wie dunkel alles was du sagst, wie rätselhaft
> *Teiresias*: Nun, wärst Du das zu lösen nicht der Tüchtigste?
> *Oedipus*: Verhöhne nur worin Du groß mich finden kannst
> *Teiresias*: Doch dieses glückliche Gelingen eben war dein Untergang
> *Oedipus*: Hab ich gerettet diese Stadt, sei's immerhin
> (Sophokles: Ödipus, Vs. 440–443)

Der Spott bleibt dem berühmten Rätsellöser nicht erspart, der nicht einmal ahnt, wer er selbst ist und was er tat. Gleichwohl ist auch sein Trotz gerechtfertigt, denn tatsächlich hat seine Kunst die Stadt einmal gerettet. Glückliches Gelingen und Untergang sind hier untrennbar verwoben, gerade darin zeigt sich das Tragische. Ödipus hat sich selbst durch seinen Willen zur Wahrheit in diese Lage gebracht. Weil er wissen wollte, wer er ist und woher er stammt, hat er das Haus seiner Pflegeeltern verlassen und so die Folge der Ereignisse fortgeschrieben. Er ist sich selbst ein Rätsel, und folglich begegnen sich an dem einsamen Felsen bei Theben zwei, die einander würdig sind. Das hatte schon Richard Wagner betont: „Wie bedeutsam ist es nun, daß gerade dieser Oidipus das Räthsel der *Sphinx* gelöst hatte! Er sprach im voraus seine Rechtfertigung und seine Verdammung zugleich selbst aus, da er als den Kern dieses Räthsels *den Menschen* bezeichnete" (Wagner 1852, 72). Der unvermeidliche Untergang auch des Ödipus ist daher eng mit der noch immer wesentlich unbeantworteten Frage nach dem Menschen verbunden. „Als er sich die leuchtenden Augen ausstach, die einem despotischen Beleidiger Zorn zugeflammt und einem edlen Weibe Liebe zugestrahlt hatten, ohne zu ersehen, daß jener sein Vater und diese seine Mutter war, da stürzte er sich zu der zerschmetterten Sphinx hinab, deren Rätsel er nun als noch ungelöst erkennen mußte. –" (ebd.).[1]

„Der Mensch" ist nicht die Antwort, sondern selbst wieder nur die Frage. Folglich beschäftigt unser Dasein nicht nur den Mythos, sondern auch die Philosophie, darunter vor allem die beiden Hauptgegner in Nietzsches Agon: Platon und Kant. In dem Dialog *Phaidros* beklagt Sokrates: „ich kann noch immer nicht nach dem Delphischen Spruch mich selbst erkennen. Lächerlich also kommt es mir vor, solange ich hierin noch unwissend bin, an andere Dinge zu denken" (Platon Phdr., 229e). Die Frage nach dem Wesen des Menschen ist allen anderen Problemen vorgelagert. In der Neuzeit rückt vor allem Kant diese Einsicht ins Zentrum, wenn er das Feld der Philosophie in vier Fragen zusammenfasst: „1) Was kann ich wissen? 2) Was soll ich tun? 3) Was darf ich hoffen? 4) Was ist der Mensch? Die erste Frage beantwortet die Metaphysik, die zweite die Moral, die dritte die Religion und die vierte die Anthropologie. Im Grunde könnte man aber alles dieses zur Anthropologie rechnen, weil sich die drei ersten Fragen auf die letzte beziehen" (Kant 1800, A26). Nimmt man diese Bestimmung der Probe halber beim Wort, so lässt sich feststellen, dass JGB tatsächlich mit all den genannten Fragen und ihren verwickelten Wechselverhältnissen befasst ist. Das Problem der Moral ist offenbar zentraler Gegenstand einer Schrift, die „gut" und „böse" im Titel führt, nicht zuletzt auch als *Moral von Nietzsches Moralkritik* (vgl. van Tongeren 1989). Mit dem transzendierenden „Jenseits" klingt das im Untertitel betonte *Vorspiel* einer Philosophie der *Zukunft* und damit die Frage an, was wir hoffen dürfen. Was Kant als Aufgaben der Metaphysik – heute würde man eher Erkenntnistheorie sagen – und der Anthropologie bestimmt, sind die hauptsächlichen Themen des ersten Hauptstücks: Was kann ich wissen, was hat es mit unserem Fragen, unserer Fragwürdigkeit und Wahrheitssuche auf sich? Und was ist der Mensch, wer ist dieses rätselhafte, Rätsel fragende und Rätsel lösende Wesen?

Hinsichtlich dieses thematischen Schwerpunkts lässt sich daher mit gewissem Recht sagen, dass JGB quasi aus zwei Büchern besteht, „two books of unequal size, one concerned with ‚theoretical' philosophy, the other with ‚practical' philosophy, ‚ethics' in the very broadest sense of the word. The first is largely, but

1 Nietzsche besaß die hier zitierte Ausgabe der Schriften Wagners, sie befindet sich noch heute in seiner Bibliothek. Da sich auf den entsprechenden Seiten keine Lesespuren finden, lässt sich jedoch nicht mit Bestimmtheit sagen, ob er diesen Gedanken Wagners kannte.

by no means exclusively, to be found in Part I, the second in the remaining eight parts" (Young 2010, 411). Diese Einschätzung unterstreicht zugleich den enormen gedanklichen Reichtum der ersten dreiundzwanzig Abschnitte. Ohne weiteres kann man ein ganzes Buch allein der Deutung des ersten Hauptstücks (Clark/ Dudrick 2012, 10) oder sogar einem einzelnen Aphorismus widmen (Loukidelis 2013). Hinzu kommt, dass der Text in seiner literarischen Form und seiner undurchsichtigen Komposition einer klassischen Auslegung besondere Schwierigkeiten bereitet. „In a very elementary sense, we still do not know how to read this book. We simply do not understand its structure, its narrative line. Indeed, we do not know whether it has any narrative line at all" (Nehamas 1988, 46). Man ist daher versucht, selbst eine narrative Linie an den Text heranzutragen. Dabei empfiehlt sich aber, JGB weder als lineares Argument noch als bloße Aphorismensammlung zu lesen, sondern vielmehr als einen „long, sustained, sometimes rambling and disorganized but ultimately coherent, monologue" (a. a. O., 51). Ein Monolog eröffnet die Möglichkeit, Gedanken anzusprechen und wieder fallen zu lassen, um sie vielleicht andernorts in veränderter Form aufzugreifen. Er muss seine Themen nicht linear abarbeiten, sondern kann eine Komposition von Präludien, Leitmotiven und Kontrapunkten, von Arrangements, Repetitionen und Tempus-Variationen gestalten. Eine solche komponierte Dynamik wird wesentlich durch den Autor zusammengehalten, sie ist „das Selbstbekenntnis ihres Urhebers" (JGB 6; KSA 5, 19). Es lohnt daher stets zu fragen, worauf Nietzsche hinaus will. Allerdings beruht die Wirkung eines Monologes nicht allein auf der suggestiven Rhetorik des Erzählers, sondern zielt auf verstehende Zustimmung. Der Leser kann jederzeit den Kopf schütteln oder die Lektüre abbrechen.

Wenn indes die vorliegende Auslegung bei der fortgesetzten Nietzsche-Lektüre behilflich sein soll, kann sie nicht selbst ein solcher Monolog sein. Daher orientiere ich mich zwar an der von Nietzsche fixierten Anordnung der Abschnitte, konzentriere mich dabei aber auf thematische „*Ketten von Aphorismen*", die mitunter von der numerischen Reihung abweichen und „so die Einheit seiner Philosophie in einem Geflecht, nicht in einem System deutlich" machen (Stegmaier 2012, 86). Nimmt man die kantische Differenzierung von Erkenntnistheorie und Anthropologie ernst, so kann man die Passagen des ersten Hauptstücks in vier Gruppen aufteilen: nach einer Exposition des Themas in JGB 1–2 fragen die Abschnitte 3–8, 12–13 und 18–19 vornehmlich nach dem Menschen und die Abschnitte 9–11, 14–17 und 20–22 vornehmlich nach dem Wissen, während Aphorismus 23 einen programmatischen Ausblick bildet. Natürlich ist diese Aufteilung selten trennscharf. Nietzsche untergräbt immer wieder die von Kant säuberlich gestalteten disziplinären Grenzen und verbindet die Fragen nach dem Wissen, Sollen, Hoffen und Sein des Menschen. Insbesondere sind nach Nietzsches Dafürhalten Moral und Erkenntnis viel enger verwoben, als es jemandem wie Kant lieb sein mag. Wenn das erste Hauptstück daher anhand dieser thematischen Systematisierung besprochen wird, so geschieht das in der Annahme, zentrale kompositorische Aspekte gut zu erfassen, doch zugleich auch aus der Notwendigkeit, dem Text eine Deutung beigeben zu wollen. „Nietzsche-Interpreten müssen ihrer Interpretationen nicht nur einigermaßen sicher sein, sie müssen [...] auch in begrenzter Zeit mit ihnen ‚fertig' werden. Es ist ihre ‚Not', sich in ihren Interpretationen zumindest vorläufig festlegen zu müssen" (Stegmaier 2007, 86).[2] Immerhin besteht Hoffnung, dass diese experimentelle Ordnung einen heuristischen Wert entfaltet.

3.1 „jene berühmte Wahrhaftigkeit" – Was soll ich tun?

Die Form, in der sich Nietzsche seinen Themen zuwendet, ist ein seit Aristoteles übliches Verfahren: Er unterzieht die Tradition einer kritischen Würdigung und grenzt sich in einer bestimmten Negation „von den Vorurtheilen der Philosophen" ab. Durch diese Vorgehensweise situiert sich Nietzsche in einem theoriegeschichtlichen Kontext, auch wenn er ihn zugleich als *Unzeitgemäßer* zu überschreiten sucht und das Augenmerk auf neue Probleme richtet. Quellengenetische und kontextuelle Kenntnisse sind daher zum Verständnis von JGB I noch weniger verzichtbar als sonst bei Nietzsche. Zugleich lässt sich durch die Kenntnis der Adressaten auch prüfen, ob es sich vielleicht mitunter eher um ein Missverständnis Nietzsches als um ein Vorurteil des kritisierten

2 Andere Interpreten lösen ihre Not mit dem ersten Hauptstück auf ihre Weise. Acampora/Ansell-Pearson (2011, 29–52) orientieren sich an thematischen Schwerpunkten, ohne explizit auf eine etwaige Ordnung der Abschitte zu achten. Letztlich gehen auch Clark/Dudrick (2012) vor allem im zweiten Teil ihrer Studie so vor. Lampert (2001, 18–60) gliedert seine Darstellung recht detailliert nach dem Muster JGB 1, 2–6, 7–9, 10–15, 16–17, 18–21 und 22–33, während Mauch (2010, 167f.) zufolge JGB 1-9 der Exposition dient, JGB 10–15 der Unterscheidung von wirklicher und scheinbarer Welt und JGB 16–23 der Subjektproblematik. Selbst Burnham (2007, 9–44), der alle Abschnitte einzeln in numerischer Reihe bespricht, kommt nicht um Schwerpunktsetzungen und Zuspitzungen herum.

Philosophen handelt. Es ist daher zu fragen, von welchen Vorurteilen und von welchen Philosophen überhaupt die Rede ist. Während aber die attackierten Vorurteile recht gut deutlich werden, macht Nietzsche die Träger dieser Dogmen und Überzeugungen nur gelegentlich *ad personam* dingfest. Bereits in der Vorrede hatte er Platon als wichtigen Gegner erwähnt. In JGB 2 wecken das „Ding an sich" und „de omnibus debutandum" Assoziationen zu kantischer und cartesischer Philosophie, aber erst in JGB 5 werden Kant und Spinoza namentlich genannt. Es folgen Platon und Epikur (JGB 7), Kant und Schelling (JGB 11), Spinoza (JGB 13), Platon (JGB 14), Schopenhauer (JGB 19) und Locke (JGB 20); lobend erwähnt werden Boscovich und Kopernikus (JGB 12). Daneben finden sich allgemeine Verweise z. B. auf Positivisten, Darwinisten und Logiker oder auf Sensualismus, Stoa und deutsche Philosophie. Obwohl diese Bezüge nicht immer eindeutig sind, zeigen sie doch, dass Nietzsche nicht ins Blaue hinein polemisiert und dass er nicht allein die Vorurteile von Platonikern und Idealisten im Visier hat. Adressat seiner Kritik ist die abendländische Philosophie, repräsentiert durch ihre prominentesten Vertreter.

Die Aphorismen JGB 1 und 2 eröffnen das Themenspektrum des ersten Hauptstücks und machen die Leserin mit Nietzsches Vorgehensweisen bekannt; in diesem Sinne stellen sie eine Exposition dar und ein „statement about methodology" (Burnham 2007, 11). Dabei ist im Auge zu behalten, dass Nietzsche seine neuen Fragen selbst als Philosoph stellt und sie als konsequenten Ausdruck der klassischen philosophischen Ambition begreift. Es ist derselbe alte „Wille zur Wahrheit, der uns noch zu manchem Wagnisse verführen wird, jene berühmte Wahrhaftigkeit, von der alle Philosophen bisher mit Ehrerbietung geredet haben" (JGB 1; KSA 5, 15). Versteht man „Philosophie" dem Begriffe nach als „Liebe zur Weisheit", so gehört das Begehrliche, Fragende, Wissen-Wollende spätestens seit Platons *Symposion* wesentlich zu ihr. „Dass *wir* von dieser Sphinx auch unsererseits das Fragen lernen" (ebd.), ist also genau wie der in diesen Fragen enthaltene Skeptizismus das konsequente Resultat eines aufrichtigen Willens zur Wahrheit. Indem Philosophie kritisch nach ihren eigenen Antrieben und ihrer Berechtigung fragt, hört sie nicht etwa auf, sondern wird selbstreflexiv.

Das selbstreflexive Wagnis der Philosophie entwickelt Nietzsche zunächst in JGB 1 anhand von zwei neuen Fragen an diesen dogmatisch unhinterfragen Willen zur Wahrheit. Die erste „Frage nach der Ursache dieses Willens" (ebd.) ist genealogischer Natur: Woher stammt dieser Wille, aus welchen Konstellationen erwächst er? Diese Frage wird allerdings übertroffen durch die zweite, evaluative und „noch grundsätzlichere Frage [...] nach dem *Werth* dieses Willens" (ebd.). Nietzsche problematisiert sowohl die (synchrone oder diachrone) Genesis wie auch die Geltung des Willens zur Wahrheit. Indem er diese beiden Fragen als verbunden, aber als nicht identisch begreift, vermeidet er die Gefahr eines genealogischen Fehlschlusses. Bei Nietzsche zieht nicht eine psycho-physiologische Genealogie des Willens zur Wahrheit seine Entwertung nach sich, sondern umgekehrt macht gerade der zweifelhafte Wert dieses Willens die Frage nach seiner Herkunft so interessant. Die subtile Verbindung von Genesis und Geltung zeigt sich auch in der Weise, wie Nietzsche das zweite große Vorurteil in JGB 2 angeht. In einem fingierten Zitat lässt er den dogmatischen Metaphysiker rhetorisch fragen: „Wie *könnte* etwas aus seinem Gegensatz entstehn?" (JGB 2; KSA 5, 16). Eine Genesis aus dem Gegensatz ist diesem Vorurteil zufolge unmöglich, weil zwischen Gegensätzen eine fundamentale qualitative Differenz besteht; die kategorial verschiedene Geltung erlaubt eine solche Entstehung nicht. Deshalb wechselt die Sprache dieses Metaphysikers von der deskriptiven Unmöglichkeitsbehauptung zum normativen Postulat: „die Dinge höchsten Werthes müssen einen anderen, eigenen Ursprung haben" (ebd.). Der Glaube an die Existenz von Gegensätzen ist somit vor allem Ausdruck und Konsequenz eines qualitativen Werturteils, und aus diesem Grund argumentiert Nietzsche: „Der Grundglaube der Metaphysiker ist *der Glaube an die Gegensätze der Werthe*" (ebd.).

Nietzsche verwechselt also nicht normative mit deskriptiven Urteilen, sondern konstatiert ihre subkutane Verbindung in der bisherigen Philosophie. Demgegenüber bezweifelt er explizit auf der deskriptiven Ebene „erstens, ob es Gegensätze überhaupt giebt" (ebd.). Sowenig Ödipus der Gegensatz der Sphinx ist, sowenig ist „gut" der absolute Gegensatz von „böse" oder „wahr" der von „falsch". An die Stelle der exklusiven Disjunktionen und binären Logik der parmenideischen Tradition (Sein oder Nicht-Sein) rückt eine kontinuierliche graduelle Differenz. Nietzsche interessiert dabei neben der Idee eines „jenseits von Gut und Böse" (JGB 4; KSA 5, 18) vor allem die Überwindungen der falschen Alternative von Wahrheit und Falschheit. Darin hängen das erste und das zweite Vorurteil der Philosophen zusammen. Das wird besonders zum Auftakt des zweiten Hauptstücks deutlich, wo Nietzsche den Willen zum Wissen nicht als Gegensatz des Willens zum Nicht-Wissen bestimmt, „sondern – als seine Verfeinerung!", denn auch das Wissen ist dem Unwissen nicht fundamental entgegengesetzt, sondern nur durch „Grade und mancherlei Feinheit der Stufen" (JGB 24; KSA 5, 41). Unwissenheit ist daher „unavoidable and admits of a variety of senses and degrees" (Acampora/Ansell-Pearson 2011, 31). Menschliches Wissen ist immer nur ein beschränktes Wissen über selektive Aspekte ausgewählter Phänomene und es existiert nur unter der Voraussetzung einer unendlich umfassenderen Ignoranz. Selbst unser reinster Wille zum Wissen fokussiert immer nur in gradueller Intensität, was *uns* aus bestimmten Gründen als wissens-wert erscheint. Da Wissen selektiv sein muss, kann es nicht wertfrei sein. Jeder bestimmte Wille zu einer bestimmten Art von Wissen erweist sich selbst als Ausdruck eines Werturteils. Dementsprechend fragt Nietzsche normativ mit Blick auf die Güte dieser Werturteile „zweitens, ob jene volksthümlichen Werthschätzungen [...] vielleicht nur Vordergrunds-Schätzungen sind, nur vorläufige Perspektiven" (JGB 2; KSA 5, 16).

Nietzsche versucht demnach einerseits, das Denken in Gegensätzen auch inhaltlich zu überwinden. Andererseits problematisiert er den unbezweifelten, unkritischen und letztlich normativ begründeten Glauben bisheriger Philosophen an die Existenz von Gegensätzen: „Diese Art zu urteilen macht das typische Vorurteil aus, an dem sich die Metaphysiker aller Zeiten wieder erkennen lassen; diese Art von Wertschätzungen steht im Hintergrund aller ihrer logischen Prozeduren" (ebd.). Anders als Lampert (2001, 18) impliziert, gehört damit zum Begriff des Vorurteils nicht so sehr, dass es subjektiv, perspektivisch und somit falsch ist. Vor-Urteile sind solche Urteile, die *vor* jeder rechtfertigenden Begründung zustande kommen, oft existiert nicht einmal ein Bewusstsein davon, dass es hier etwas zu rechtfertigen und begründen gäbe. Für ein Vorurteil ist nicht entscheidend, ob es richtig oder falsch ist. „Die Falschheit eines Urtheils ist uns noch kein Einwand gegen ein Urtheil" (JGB 4; KSA 5, 18). Entscheidend ist vielmehr, dass es der gedankenlose und unreflektierte Ausdruck eines verborgenen Werturteils ist. Zu kritisieren ist an den Dogmatikern weniger, dass sie sich irren, als vielmehr, „dass es bei ihnen nicht redlich genug zugeht" (JGB 5; KSA 5, 18), sie sind „verschmitzte Fürsprecher ihrer Vorurtheile, die sie ‚Wahrheiten' taufen – und sehr ferne von der Tapferkeit des Gewissens, das sich dies, eben dies eingesteht" (19). Indem Nietzsche von einer tapferen intellektuellen Redlichkeit erwartet, *eben dies einzugestehen*, wird deutlich, dass für ihn das Gegenteil eines Vor-Urteils nicht ein wahres Urteil, sondern ein aufrichtiges und selbstreflexives Urteil ist. Von den „neuen Philosophen" (JGB 2; KSA 5, 17), die Nietzsche kommen sieht – auch wenn er uns nicht verrät, wo – erhofft er sich eine solche Tapferkeit des Gewissens.

3.2 „Gesellschaftsbau der Triebe" – Was ist der Mensch?

Nachdem Nietzsche in der Exposition dem Willen zur Wahrheit und dem Denken in Gegensätzen ein Fragezeichen anfügte, widmet er sich nun dem genealogischen Woher und dem evaluativen Wozu dieser mutlosen Vorurteile. Dazu schaut er „den Philosophen zwischen die Zeilen und auf die Finger" (JGB 3; KSA 5, 17). Die Lehre, die er aus diesem Studium zieht, lautet: „man muss noch den grössten Theil des bewussten Denkens unter die Instinkt-Thätigkeiten rechnen" (ebd.). Das „meiste bewusste Denken eines Philosophen", wird von Nietzsche in einem ersten Schritt auf „Werthschätzungen" bezogen und dann in einem zweiten, „deutlicher gesprochen", auf „physiologische Forderungen einer bestimmten Art von Leben" (ebd.). Zu diesen Wertschätzungen gehören Bestimmtheit und Wahrheit (vgl. JGB 3) ebenso wie die „logischen Fiktionen" der Messbarkeit, Unbedingtheit, Identität und Mathematisierbarkeit (vgl. JGB 4). Während die „Falschheit" dieser Urteile hier nur postuliert wird, kommt es Nietzsche zunächst auf ihre Funktionalität an. Lebewesen unserer Art können nur in einem dergestalt geordneten Kosmos leben, weshalb das „Verzichtleisten auf falsche Urtheile ein Verzichtleisten auf Leben, eine Verneinung des Lebens wäre" (JGB 4; KSA 5, 18). Die Vorurteile der Philosophen sind so eine Mischung aus normativen Idiosynkrasien und Lebens-Notwendigkeiten. Das illustriert Nietzsche (wenn auch wenig detailliert) am Beispiel von Kant und Spinoza (vgl. JGB 5) sowie dann von Epikur (vgl. JGB 7). Wo diese das Ergebnis philosophischer Erwägungen präsentieren, wird Nietzsche zufolge vielmehr „ein abstrakt gemachter und durchgesiebter Herzenswunsch von ihnen mit hinterher gesuchten Gründen vertheidigt" (JGB 5; KSA 5, 19). Die doppelte Rückführung von Denken auf Werte und von Werten auf Lebensbedingungen, stellt sich in umgekehrter Richtung als Prozess einer (intellektuell unredlichen) Rationalisierung dar. In diesem Sinne ist die bisherige große Philosophie ein „Selbstbekenntnis ihrer Urheber" und ein Zeugnis des Autors darüber, „*wer er ist* – das heisst, in welcher Rangordnung die innersten Triebe seiner Natur zu einander gestellt sind" (JGB 6; KSA 5, 20; vgl. Heit 2013).

In JGB 6 erreicht die Gedankenführung so einen ersten Höhepunkt, den Nietzsche durch die ermäßigte Dichte der folgenden beiden Abschnitte markiert. Diese Variation des Rhythmus „wirkt einerseits als retardierendes Moment wie eine besondere Betonung eines vorläufigen Höhepunkts, andererseits hat sie als Zwischenspiel und Intermezzo auch eine auflockernde Wirkung" (Mauch 2010, 174). In Aphorismus 9–11 wendet Nietzsche seine entlarvende Heuristik auf die Vorurteile einiger Philosophen an. Dabei konfrontiert er die Leser eher beiläufig mit der These, dass Philosophie unweigerlich der „tyrannische Trieb" zur Schaffung einer Welt nach ihrem Bilde sei, „der geistigste Wille zur Macht" (JGB 9; KSA 5, 22). Es hat seine guten rhetorischen Gründe, dass Nietzsche dieses Wort zunächst auf sich beruhen lässt, bevor er nach zwei äußerst gehaltvollen Abschnitten auf die Frage nach dem „Urheber" einer Philosophie zurückkommt. JGB 12, in der Komposition des Monologs zunächst mit den vorangehenden Ausführungen zur Rolle des Augenscheins verbunden, knüpft an die Bestimmung des Menschen als innerer Rangordnung der Affekte an. An die Stelle des alten Gegensatzes von Geist und Materie rückt Nietzsche die Idee einer graduellen Kontinuität: „der Weg zu neuen Fassungen und Verfeinerungen der Seelen-Hypothese steht offen; und Begriffe wie ‚sterbliche Seele' und ‚Seele als Subjekts-Vielheit' und ‚Seele als Gesellschaftsbau der Triebe und Affekte' wollen fürderhin in der Wissenschaft Bürgerrecht haben" (JGB 12; KSA 5, 27). Nietzsche vermeidet die falsche Alternative von metaphysisch-dualistischen oder naturalistisch-reduktiven Modellen, indem er die „*Seelen-Atomistik*" eines autonomen *res cogitans* ebenso ablehnt wie das „Ungeschick der Naturalisten [...], welche, kaum das sie an ‚die Seele' rühren, sie auch verlieren" (ebd.). Stattdessen verfolgt er mit dem Konzept eines organischen Kontinuums „eine Naturalisierung jenseits der Dichotomie von transzendenter Metaphysik und reduktionistischem Physikalismus" (Abel 2001, 7).

Nietzsches Modell einer dynamischen „Leib-Organisation" (Abel 2001, 31) ist nicht unwesentlich beeinflusst von seiner Beschäftigung mit Wilhelm Rouxs Studie *Der Kampf der Theile im Organismus* (vgl. Müller-Lauter 1978). Roux geht es um eine ergänzende Revision der Evolutionstheorie durch eine Erklärung der „feineren, inneren Zweckmäßigkeiten der thierischen Organismen" (Roux 1881, iv). Diese Zweckmäßigkeiten realisierten sich durch die Konkurrenz unterschiedlicher Bestandteile innerhalb eines Organismus. Nietzsche übernimmt die Auffassung von Leben als einer dynamischen und labilen Balance widerstreitender Elemente und notiert zustimmend: „Der Kampf wird zu einem *regulirenden Princip*" (NL 1883, 7[190]; KSA 10, 302f.). Um seine These zu verdeutlichen, nutzt auch Roux politische Metaphern, wonach ein Staat sich nicht „ohne diesen Wettkampf der Einzelnen blos durch den Kampf mit den Nachbarstaaten entwickeln" würde (Roux 1881, 110). Hinsichtlich des „Gesellschaftsbau[s] der Triebe" (JGB 12; KSA 5, 27) sollte man daher nicht an eine pyramidale Hierarchie denken, sondern an eine agonale aristokratische Ordnung. Das Vorbild ist nicht die Statik von Hobbes *Leviathan*, sondern eher die dynamische Gesellschaft der homerischen Helden vor Troja. Jeder ist bemüht, mit seinen Mitteln Ehren und Anerkennung zu gewinnen. Agamemnon ist dabei der *anax andrōn*, „der Herr der Männer" (Homer Il. I,7), aber er hat keine Erzwingungsgewalt über sie, wie der berühmte Zorn des Achilles zeigt. Anders als Freud entwickelt Nietzsche auch keine Topologie des Unbewussten (vgl. Gödde 2002). Die Rangordnung der Triebe bleibt ein unbestimmbares dynamisches Gleichgewicht, in dem die unterschiedlichsten Ambitionen zur Herrschaft gelangen können. Dieses dynamisch-agonale Modell empfiehlt Nietzsche im nächsten Absatz den Physiologen anstelle eines unnötig postulierten Selbsterhaltungstriebs und gibt ihm *seinen* Namen: „Leben selbst ist Wille zur Macht" (JGB 13; KSA 5, 27).

Im Grunde scheint so die Frage nach dem Menschen erneut beantwortet zu sein. An die Stelle der alten Gegensätze von Leib und Seele und von Vernunft und Natur tritt ein Kontinuum gradueller Differenzen und agonaler Rangordnungen: der Mensch ist Wille zur Macht. Tatsächlich wechselt Nietzsche wieder das Thema und widmet sich dezidiert erkenntnistheoretischen Problemen. Allerdings greift er die Anthropologie nach der hier vorgeschlagenen Lesart in JGB 18–19 noch einmal auf, vor allem um seine Auffassung des Willens zu präzisieren. Der Hinweis auf die „hundertfach widerlegte Theorie vom ‚freien Willen'" (JGB 18; KSA 5, 31) klingt, als sei der Mensch auch bei Nietzsche in eine tragische Notwendigkeit eingebunden – zwar nicht durch den undurchdringlichen Ratschluss der Götter, aber durch die natürlich gegebene Rangordnung seines Charakters. Demgegenüber präzisiert Nietzsche seine Position im längsten Abschnitt des ersten Hauptstücks mit Hilfe einer Abgrenzung von Schopenhauer. Dem früheren Vorbild wirft er vor, mit seinem zentralen Begriff des Willens nur „ein *Volks-Vorurtheil* übernommen und übertrieben“ zu haben (JGB 19; KSA 5, 32). Nietzsche hingegen erscheint das Wollen vor allem als „etwas *Complicirtes*“, das zumindest aus drei Komponenten besteht: aus einer Vielzahl unterschiedlicher Gefühle, aus Gedanken und aus Affekten, vor allem dem „Affekt des Commando's“ (ebd.). „Wille“ ist demnach eine facettenreiche Komposition, während der simple Begriff „an diesem vielfachen Dinge“ vor allem kaschiert, dass wollende Menschen „zugleich die Befehlenden und Gehorchenden sind“ (32f.). Diese Gleichzeitigkeit ist nicht nur die Ursache von Missverständnissen, sondern erhellt auch Nietzsches Alternative zum klassischen Gegensatz von Freiheit und Determinismus. Indem Nietzsche die Metapher des „Gesellschaftsbaus“ wieder aufgreift (33), macht er deutlich, dass „Etwas zu wollen“ das Ergebnis eines natürlichen, nicht aber eines vorhersagbaren und einseitig determinierten Prozesses ist. So wenig das Ergebnis eines politischen Kampfes selbst für einen kompetenten Beobachter von vorneherein berechenbar ist, so wenig ist es frei von den Bedingungen, Allianzen und Aktivitäten der beteiligten Akteure. In diesem Sinne wird der Mensch und seine Moral „als Lehre von den Herrschafts-Verhältnissen verstanden, unter denen das Phänomen ‚Leben‘ entsteht“ (34).

3.3 „Perspektiven-Optik des Lebens“ – Was kann ich wissen?

Nimmt man die vorstehenden Ausführungen beim Wort, so stellt sich die Frage nach dem epistemischen Status von Nietzsches „Physio-Psychologie“ (JGB 23; KSA 5, 38). Teilt uns die Kritik der Tradition am Leitfaden des Leibes endlich objektive Wahrheiten mit, während sich die Philosophen bisher nur in Vorurteilen ergingen? Haben wir mit dem Willen zur Macht die Antwort auf die Frage nach dem Menschen? Diese Probleme sollen durch eine Deutung bislang vernachlässigter Aphorismen adressiert werden, indem die erkenntnistheoretische Kette nun mit der anthropologischen verwoben wird. Diese Kette beginnt mit JGB 9, indem Nietzsche unvermittelt eine Maxime aus Senecas *De Otio* aufs Korn nimmt: Was heißt es, gemäß der Natur leben zu wollen? Denkt man sich die Natur als mannigfaltig, als maßlos, absichtslos und indifferent, so fordert man Unmögliches, denn Leben besteht im Gegenteil gerade darin, eine funktionale Ordnung aufrecht zu erhalten. Fordert man hingegen, gemäß dem Leben zu leben, so formuliert man eine leere Redundanz. Stattdessen errät Nietzsche hier einen umgekehrten Mechanismus. Die Übereinstimmung mit der Natur wird postuliert, um die Allgemeingültigkeit der eigenen Moral zu behaupten: „‚der Stoa gemäss'" soll man die Natur denken (JGB 9; KSA 5, 22). Statt die Moral der Natur anzupassen, wird das Naturbild der Moral angepasst. Dieses ideologische Verfahren, bei dem Werturteile und soziale Praktiken als naturgemäß und damit als alternativlos ausgegeben werden, „begiebt sich noch heute, sobald nur eine Philosophie anfängt, an sich zu glauben" (ebd.). Diese Warnung Nietzsches gilt es im Sinn zu behalten, wenn man den Geltungsanspruch seiner eigenen Auffassungen zu Natur und Moral beurteilt, insbesondere wenn man den anschließenden Satz bedenkt: Philosophie „schafft immer die Welt nach ihrem Bilde, sie kann nicht anders; Philosophie ist dieser tyrannische Trieb selbst, der geistigste Wille zur Macht, zur ‚Schaffung der Welt', zur causa prima" (ebd.). Es wäre allzu dumm, wenn Nietzsche sich selbst davon ausnehmen wollte.

Die nächsten erkenntnistheoretischen Abschnitte wenden sich in wechselnden Konstellationen der Alternative von Sensualismus und Idealismus zu. JGB 10 ist dabei wohl der beziehungsreichste Aphorismus des ersten Hauptstücks, auch wenn das Vexierspiel von „Erkenntniss-Mikroskopikern" und „Wirklichkeits-Philosophaster[n]" nicht leicht zu durchschauen ist. Ein Blick in Nietzsches Notate dokumentiert zudem, dass er absichtlich darauf verzichtet, Ross und Reiter zu nennen. In einer früheren Fassung werden die „Anti-Wirklichen" noch präzisiert als „Kant und Schelling, Hegel und Schopenhauer und was aus ihnen nachgewachsen ist" (KSA 14, 349), aber bei einer Redaktion des Druckmanuskripts ersetzt Nietzsche diese disparate Liste durch ein wenig erhellendes „ihr" (JGB 10; KSA 5, 24). Es ist wohl angemessen, hinsichtlich der „Nachgewachsenen" an Lange, Spir und an Teichmüller zu denken, den Nietzsche von 1883 bis 1887 immer wieder gelesen hat und auf dessen Buch *Von der wirklichen und der scheinbaren Welt* (1881) er zu Beginn von JGB 10 explizit Bezug nimmt. Auch der Hochmut gegen das Perspektivische verweist deutlich auf Teichmüller (vgl. Small 2001, 41–58). Hinter der „Jahrmarkts-Buntheit und Lappenhaftigkeit" (JGB 10; KSA 5, 23) des Positivismus verbergen sich Denker wie Dühring, Mach und Avenarius (vgl. Brobjer 2008, 95). Nietzsche widmet beiden Lagern weitere Aphorismen, die von einer wechselseitigen und abwägenden Kritik geprägt sind.

Die Auseinandersetzung mit Kant und dem deutschen Idealismus in JGB 11 gehört zum Amüsantesten, was je zu diesem Thema geschrieben worden ist, wenn es auch vielleicht teilweise ungerecht ist (vgl. Burnham 2007, 27 und Acampora/Ansell-Pearson 2011, 33). Allerdings macht Nietzsche die „jungen Theologen des Tübinger Stifts" (JGB 11; KSA 5, 25) nicht nur lächerlich, sondern greift eine zentrale Denkfigur der kritischen Philosophie Kants direkt an: „Wie sind synthetische Urteile a priori *möglich*? fragte sich Kant, – und was antwortete er eigentlich? *Vermöge eines Vermögens*" (JGB 24; KSA 5, 24). Der Verweis auf eine Disposition gilt Nietzsche jedoch nicht als Antwort, sondern als Tautologie. Nach seiner Überzeugung ist es Kant nicht gelungen, die Gewissheit der Metaphysik in den Grenzen der Vernunft zu begründen. Deshalb parallelisiert er das transzendentalphilosophische Verfahren – durch ein Zitat aus Molières *Le Malade imaginaire* – mit dem Postulieren okkulter Qualitäten in der scholastischen Dogmatik. Anstatt ein rätselhaftes Phänomen durch ein trockenes Versichern offenbar gegebener Vermögen zu erklären, plädiert Nietzsche für einen Wechsel der Fragestellung: „‚warum ist der Glaube an solche Urtheile *nöthig*?'" (JGB 11; KSA 5, 25). In seiner naturalistisch konnotierten Antwort hält er fest, dass wir zwar über die Wahrheit solcher Urteile nichts wissen können, es „ist allerdings der Glaube an ihre Wahrheit nöthig als ein Vordergrunds-Glaube und Augenschein, der in die Perspektiven-Optik des Lebens gehört" (26). So stellt er der kantischen Position eine psycho-physiologische Erkenntnistheorie gegenüber und scheint damit dem Sensualismus zuzuneigen. Zugleich betont Nietzsche, dass die deutsche Philosophie immerhin als „Gegengift gegen den noch übermächtigen Sensualismus" gewirkt hat (ebd.) und lobt im nächsten Abschnitt den stolzen Sieg, den Kopernikus und Boscovich (der übrigens nicht Pole, sondern Dalmatiner war) über die Sinne errungen hätten (vgl. JGB 12). Zudem sind es die Köpfe von Kantianern wie Lange (aber auch von Positivisten wie Mach), in denen es „dämmert [...], dass Physik auch nur eine Welt-Auslegung und Zurechtlegung (nach uns! mit Verlaub gesagt) und nicht eine Welt-Erklärung ist" (JGB 14; KSA 5, 28). Daher soll man „nicht ‚Ursache' und ‚Wirkung' fehlerhaft *verdinglichen*" und sich dieser Begriffe nur „als conventioneller Fiktionen zum Zweck der Bezeichnung" bedienen (JGB 21; KSA 5, 35f.). An den Idealisten schätzt Nietzsche ihr „Widerstreben gegen die Sinnenfälligkeit" und ihre „*vornehme* Denkweise" (JGB 14; KSA 5, 28), welche sie gegen den Sinnen-Pöbel Partei nehmen lässt und „sie aus der *modernen* Wirklichkeit hinwegtreibt" (JGB 10; KSA 5, 24).

Diese anti-wirkliche Linie konterkariert Nietzsche allerdings selbst durch eine Kritik spekulativ-metaphysischer Implikationen, insbesondere der mutmaßlich unmittelbaren Gewissheit des „ich denke" (vgl. JGB 16–17). Diese Kritik am „Aberglauben der Logiker" (JGB 17; KSA 5, 30) richtet sich nicht nur gegen Descartes und Lichtenberg, sondern wohl auch gegen Teichmüller, Spir, Drossbach, Widemann, Lange und Lotze (vgl. Loukidelis 2013). Die Einwände beruhen einerseits auf einer Skepsis gegenüber „der Verführung der Worte" (JGB 16; KSA 5, 29), jedem Prädikat ein Subjekt beizuordnen, und der „grammatischen Gewohnheit" (JGB 17; KSA 5, 31), über deren Verhältnis zur Wahrheit wir nichts wissen können – „aber warum auch durchaus Wahrheit?" (JGB 16; KSA 5, 30). Andererseits ist Nietzsches Kritik eines substanziellen Subjektbegriffs durch seine alternative Physio-Psychologie geprägt, deren Geltungsanspruch zuvor durch ein funktionales Modell des Sensualismus in JGB 15 gegen den Idealismus verteidigt wurde. Deshalb ist JGB 15 in der erkenntnistheoretischen Kette besonders zentral: „Um Physiologie mit gutem Gewissen zu treiben, muss man darauf halten, dass die Sinnesorgane *nicht* Erscheinungen sind im Sinne der idealistischen Philosophie" (JGB 15; KSA 5, 29). Um sein Unternehmen einer Zurückübersetzung philosophischer Vorurteile in Wertschätzungen und Lebensbedingungen überhaupt in Angriff nehmen zu können, muss Nietzsche den „Sensualismus mindestens somit als regulative Hypothese, um nicht zu sagen als heuristisches Princip" auffassen (ebd.). Diese Hypothese wird durch eine „gründliche reductio ad absurdum" gestützt, wonach die Außenwelt nicht durch die Sinne konstruiert sein kann, weil sonst unsere Organe selbst das Werk unserer Organe wären: „Folglich ist die Aussenwelt *nicht* das Werk unsrer Organe – ?" (ebd.). Allerdings schließt der Aphorismus mit einer Aposiopese, einem Stilmittel, von dem Nietzsche gerade in JGB öfter rätselhaften Gebrauch macht. Worauf verweisen der Gedankenstrich und das Fragezeichen? Die phatische Ellipse macht deutlich, dass hier noch nicht Schluss ist, dass wir mit der *reductio* keinen negativen Beweis für die Wahrheit des Gegenteils haben, sondern nur einen denknotwendigen Widerspruch in der idealistischen These. Was daraus für Nietzsche folgt, erhellt aus einer im Konditional formulierten Vorstufe, auf die Montinari in seinem Kommentarband zur KSA aufmerksam macht: „Um Physiologie zu treiben, muß man glauben, daß die Sinnesorgane nicht Erscheinungen bloß sind: als solche könnten sie ja nicht Ursachen sein. Also: Sensualismus als regulative Hypothese: wie wir sie im Leben haben. Kein Mensch hält ein Beefsteak für eine Erscheinung" (KSA 14, 350). Aus den Problemen des Idealismus und der Pragmatik des *common sense* ergibt sich eine begründete Neigung zugunsten der Sinnlichkeit. Es ist klug und zweckmäßig, einen heuristischen Sensualismus zu vertreten, aber Gewissheit über seine Wahrheit haben wir nicht.

Nach dieser Lesart sind idealistische und sensualistische Positionen nicht als exklusive Gegensätze zu begreifen, von denen eine wahr und daher die andere falsch wäre. Vielmehr lehrt die Selbstreflexion der Philosophie, beide in Frage zu stellen und an der Gewissheit ihrer Lehrsätze zu zweifeln. Gleichzeitig arbeitet Nietzsche für beide heraus, dass der provisorische „Glaube an ihre Wahrheit nöthig" ist, insofern er „in die Perspektiven-Optik des Lebens gehört" (JGB 11; KSA 5, 26). Nietzsches Philosophie zielt damit auf einen Standpunkt jenseits von wahr und falsch. Diese Auslegung erlaubt einen hilfreichen Blick auf JGB 22, in dem schließlich die anthropologischen mit den epistemologischen Ausführungen zusammenlaufen. Nietzsche charakterisiert die Rede von einer „‚Gesetzmässigkeit der Natur'" als Ausdruck schlechter „Interpretations-Künste" (JGB 22; KSA 5, 37), das heißt vor allem als Unvermögen, Text und Interpretation auseinander zu halten. Wie in JGB 9 sieht er darin eine ideologische „Zurechtmachung", die „den demokratischen Instinkten der modernen Seele sattsam entgegenkommt!" (ebd.). Dieser Deutung stellt er die *Möglichkeit* einer alternativen *Interpretation* gegenüber:

> es könnte Jemand kommen, der, mit der entgegengesetzten Absicht und Interpretationskunst, aus der gleichen Natur und im Hinblick auf die gleichen Erscheinungen, gerade die tyrannisch-rücksichtenlose und unerbittliche Durchsetzung von Machtansprüchen herauszulesen verstünde (JGB 22; KSA 5, 37).

Die Natur und die Phänomene bleiben gleich, nur die Absicht und Kunst des Interpreten unterscheiden sich. Interpretationen sind somit keine wilden Spekulationen, sondern ernsthafte experimentelle Deutungen. Sie müssen hinreichend kunstvoll, erfolgreich und konsistent sein. Ein „Interpret, der die Ausnahmslosigkeit und Unbedingtheit in allem ‚Willen zur Macht' dermaassen euch vor

Augen stellte", könnte von der Welt sogar ebenfalls „behaupten, was ihr behauptet, nämlich dass sie einen ‚nothwendigen' und ‚berechenbaren' Verlauf habe" (ebd.), obwohl sie gerade nicht gesetzmäßig gedeutet wird. Auf einen naheliegenden Einwand reagiert Nietzsche in beachtlicher Weise: „Gesetzt, dass auch dies nur Interpretation ist – und ihr werdet eifrig genug sein, dies einzuwenden? – nun, um so besser. –" (ebd.). Es ist besser für den möglichen Interpreten, insofern der Einwand impliziert, dass über alternative Interpretationen und damit eben nur über Interpretationen geredet wird. Vor allem aber ist es besser für „uns" als Leser, wenn wir so den unweigerlich interpretatorischen Charakter auch der von Nietzsche vorgeschlagenen Alternativen durchschaut haben.

3.4 „es ist ein Wagnis" – Was darf ich hoffen?

Die Einsicht in den interpretatorischen Charakter auch des eigenen Denkens ist ein entscheidender Gewinn an selbstreflexiver Aufrichtigkeit jenseits der falschen traditionellen Alternativen. Als solche ist sie das „Vorspiel einer Philosophie der Zukunft", einer Option, die nur durch den vorangegangenen Prozess kultureller Züchtung und Pflege des Willens zur Wahrheit real geworden ist. Die Überwindung der Gegenwart hin zu einer Philosophie der Zukunft wäre ohne ihre vorherige Geschichte nicht möglich. „Seien wir nicht undankbar gegen sie" (JGB Vorrede; KSA 5, 12), denn erst der Kampf gegen die philosophischen Vorurteile und Irrtümer „hat in Europa eine prachtvolle Spannung des Geistes geschaffen, wie sie auf Erden noch nicht da war: mit einem so gespannten Bogen kann man nunmehr nach den fernsten Zielen schiessen" (13). Um diese Spannung fruchtbar zu machen, muss man sie einerseits aushalten und andererseits ein Ziel vor Augen haben. Nietzsches Ziel ist die Höherentwicklung des Menschen und insofern sieht er in der Psychologie als Wissenschaft vom Menschen „wieder de[n] Weg zu den Grundproblemen" (JGB 23; KSA 5, 39). Auf diesem Weg erwartet Nietzsche statt der bisher nur halbherzigen Redlichkeit und der ängstlich eingehegten Zweifel einen konsequenteren Willen zur Wahrheit, denn „Irrthum (– der Glaube an's Ideal –) ist nicht Blindheit, Irrthum ist *Feigheit*" (EH Vorwort 2; KSA 6, 259). Daher betont er mit dem Bild der Sphinx die bedrohlichen Aspekte der Philosophie und erwartet von den „neuen Philosophen" explizit den Wagemut, aber auch den vergnügten Leichtsinn zu „gefährlichen

Vielleichts“ (JGB 2; KSA 5, 17). Diese Wagemutigen tauchen nicht zufällig am Anfang und am Ende des Hauptstücks auf. Sie sind die verwegenen Abenteurer, die sich mit zusammengebissenen Zähnen, aber offenen Augen auf die Reise wagen in die „ungeheuren fast noch neuen Reiche gefährlicher Erkenntnisse“ (JGB 23; KSA 5, 38). Mag sein, dass wir dort uns selbst und noch manch anderer Sphinx begegnen.

Literatur

Abel, Günter 2001: Bewusstsein – Sprache – Natur. Nietzsches Philosophie des Geistes, in: Nietzsche-Studien 30, 1–43

Acampora, Christa Davis/Keith Ansell-Pearson 2011: Nietzsche's *Beyond Good and Evil*. A Reader's Guide, London/New York

Brobjer, Thomas H. 2008: Nietzsche's Philosophical Context. An Intellectual Biography, Urbana

Burnham, Douglas 2007: Reading Nietzsche. An Analysis of *Beyond Good and Evil*, Montreal

Clark, Maudemarie/David Dudrick 2012: The Soul of Nietzsche's *Beyond Good and Evil*, Cambridge

Gödde, Günter 2002: Nietzsches Perspektivierung des Unbewussten, in: Nietzsche-Studien 31, 154–194

Heit, Helmut 2013: Lesen und Erraten: Philosophie als „Selbstbekenntnis ihres Urhebers“, in: Marcus Andreas Born/Axel Pichler (Hrsg.): Texturen des Denkens, Berlin/New York, 123–143

Homer (Il.): Ilias, in: Allen, Thomas W. (Hrsg.): Homeri Opera, Oxford 2000

Horkheimer, Max/Adorno, Theodor W. 1988 [1944]: Dialektik der Aufklärung. Philosophische Fragmente, Frankfurt am Main

Kant, Immanuel 1800: Logik, in: Werke in zehn Bänden, hrsg. von Wilhelm Weischedel, Darmstadt, Bd. 5, 417–582

Lampert, Laurence 2001: Nietzsche's Task. An Interpretation of *Beyond Good and Evil*, New Haven

Loukidelis, Nikolaos 2013: „*Es* denkt“. Ein Kommentar zum Aphorismus 17 aus *Jenseits von Gut und Böse*, Würzburg

Mauch, Philipp 2010: Nietzsche über das Ganze. Immanenz und Differenz in *Jenseits von Gut und Böse*. Eine konzeptionelle Analyse, München (http//edoc.ub.uni-muenchen.de/12040)

Müller-Lauter, Wolfgang 1978: Der Organismus als innerer Kampf. Der Einfluss von Wilhelm Roux auf Friedrich Nietzsche, in: Nietzsche-Studien 7, 189–235

Nehamas, Alexander 1988: Who are „The Philosophers of the Future“?: A Reading of *Beyond Good and Evil*, in: Robert C. Solomon/Kathleen M. Higgins (Hrsg.): Reading Nietzsche, New York/Oxford, 46–67

Platon (Phdr.): Phaidros. Oder: Über das Schöne; Zur Ethik, übers. von F. Schleiermacher, in: Werke in acht Bänden – Griechisch und Deutsch, hrsg. von Günter Eigler, Darmstadt 1990, Bd. 5, 1–193

Roux, Wilhelm 1881: Der Kampf der Theile im Organismus. Ein Beitrag zur Vervollständigung der mechanischen Zweckmässigkeitslehre, Leipzig

Small, Robin 2001: Nietzsche in Context, Aldershot

Sophokles (Ödipus): König Oedipus, übers. von Johann J. C. Donner, in: Sophokles. Deutsch in den versmassen der urschrift, Leipzig/Heidelberg 1875, 1–73

Stegmaier, Werner 2007: Nach Montinari. Zur Nietzsche-Philologie, in: Nietzsche-Studien 36, 80–94

Stegmaier, Werner 2012: Nietzsches Befreiung der Philosophie. Kontextuelle Interpretation des V. Buchs der *Fröhlichen Wissenschaft*, Berlin/Boston

van Tongeren, Paul 1989: Die Moral von Nietzsches Moralkritik. Studie zu *Jenseits von Gut und Böse*, Bonn

Wagner, Richard 1852: Oper und Drama. Zweiter Theil. Das Schaupiel und das Wesen der dramatischen Dichtkunst, in: Gesammelte Schriften und Dichtungen. Vierter Band, Leipzig 1872

Young, Julian 2010: Friedrich Nietzsche. A Philosophical Biography, Cambridge

4

Volker Gerhardt

Ein alter Begriff für eine neue Zukunft

Das zweite Hauptstück: „der freie Geist“

4.1 *Der „freie Geist“ als zentrales Thema.* Es fiele nicht schwer, das zweite Hauptstück von JGB zum zentralen Kapitel des Buches zu erklären. Denn derjenige, der jenseits von Gut und Böse stehen können soll, genauer: der Einzige, von dem Nietzsche erwartet, dass er ins Jenseits von Gut und Böse vorstoßen kann, ist der „freie Geist“. Und wenn man die anderen thematisch ausgezeichneten sieben Hauptstücke durchgeht, dann zeigt sich, dass der freie Geist tatsächlich so etwas wie das Subjekt der ganzen Abhandlung ist: Er ist es, der sich von den „Vorurtheilen der Philosophen“, von denen das erste Hauptstück handelt, zu lösen hat; ihm muss es gelingen, das „religiöse Wesen“ abzulegen, um das es im dritten Hauptstück geht; und er ist es auch, auf den die von Nietzsche im fünften Hauptstück einmal mehr rekonstruierte „Naturgeschichte der Moral“ zuläuft.[1]

Mehr noch: Wenn der „freie Geist“, wie es bei Nietzsche selbst der Fall ist, seinen Lebenslauf als „Gelehrter“ antritt, darf er nach den Ausführungen im sechsten Hauptstück nicht lange nur Gelehrter bleiben. Was er stattdessen zu sein und zu werden hat, wird in den drei nachfolgenden Kapiteln, in denen Nietzsche sich bereits selbst als „freien Geist“ apostrophiert, vor Augen geführt: Er hat seine („unsere“) „Tugenden“ zu entwickeln, muss hoch über „Völkern und Vaterländern“ stehen, muss also „europäisch“ denken und hat „vornehm“ zu sein.

1 Zur Naturgeschichte der Moral vgl. MA I 39; KSA 2, 62ff. und MA I 94; KSA 2, 91.

Im Übrigen bietet das Buch (im vierten Hauptstück) „Sprüche und Zwischenspiele“ der übermütigsten Art. Es sind Vorspiele des „freien Geistes“ in Vorbereitung auf seine großen Aufgaben. So verrät der Autor, dass die „grossen Epochen unseres Lebens“ dort liegen, „wo wir den Muth gewinnen, unser Böses als unser Bestes umzutaufen“ (JGB 116; KSA 5, 93). Man liest auch, dass der „freie Geist“ der Disziplin entspringt, mit der er „sein Herz hart bindet“ (JGB 87; KSA 5, 89). Er hat als ein „Frommer der Erkenntnis“ zu gelten, dessen „Frömmigkeit“ mit dem Kirchenglauben unvereinbar ist: „Daher sein tiefer Unverstand gegen die Kirche, wie er zum Typus ‚freier Geist‘ gehört – als seine Unfreiheit“ (JGB 105; KSA 5, 92). Die wiederum kann Nietzsche nicht daran hindern, auch Jesus zu den „freien Geistern“ zu rechnen, der den Weg ins Jenseits der moralischen Werte weist: „Jesus sagte zu seinen Juden: ‚das Gesetz war für Knechte, – liebt Gott, wie ich ihn liebe, als sein Sohn! Was geht uns Söhne Gottes die Moral an!“ (JGB 164; KSA 5, 101).

Das Buch schließt mit einem lyrischen Nachgesang „Aus hohen Bergen“. Darin stilisiert sich der Sänger als einsam Suchender, den seine auf das grundstürzend Neue gerichtete Jagd ins Jenseits aller bisherigen Werte lockt und von allem entfernt, was ihm früher vertraut und teuer war. Am Ende ist er mit seinem alles durchbohrenden, nur auf das Höchste gerichteten „Pfeil“ zum Feind alles Gewohnten geworden, der sich allen Freunden und sich selbst entfremdet. Er wohnt, „wo Niemand wohnt“, „zwischen fernstem Eis- und Felsenreich“, den „Sternen“ nahe und dennoch am „Abgrund“ (JGB Nachgesang; KSA 5, 241). Hier wird es zur erlebten und erlittenen Gewissheit: „Nur wer sich wandelt, bleibt mit mir verwandt“ (243).

Diese sich nach Art einer Selbstoffenbarung einstellende Einsicht lässt dem Sänger keine andere Wahl, als auf „*neue*[ ] Freunde“ (242) zu drängen. Doch vorerst ist nur mit einem Freund zu rechnen: Das ist der von Nietzsche selbst geschaffene Zarathustra. Mit dem Auftritt dieses Freundes ist die Erwartung verbunden, die gefahrvolle Jagd des einsam Suchenden komme in der abgeklärten Ruhe jenes Augenblicks zum Stillstand, in dem auch die Sonne am höchsten steht. Im „Lebens Mittag“, wie Nietzsche die stillgestellte Zeit in der Mitte des Tages nennt, ist „Hochzeit […] für Licht und Finsterniss“ (243). Nach größten Abenteuern der Einsamkeit bietet sie den Ausblick auf die Zukunft des einzigen „freien Geistes“, den das lyrische Ich in der Sprache des Gedichts anerkennen kann: nämlich sich selbst.

Doch in diesem Moment ist es nicht mehr allein: „Um Mittag war's, da wurde Eins zu Zwei…“ (ebd.). Der „grosse Mittag“ bringt die Verdoppelung des im existenziellen Kampf verwandelten Selbst des „freien Geistes“. Der Schritt ins Jenseits von Gut und Böse wird also durch die Selbstüberwindung des Individuums vollzogen, das sich in einem riskanten Lebensakt – als Individuum – neu erschafft. Wenn es vornehmlich in der Paarung mit Zarathustra so erscheint, als werde die Individualität selbst überwunden, so würde damit übersehen, dass jedes Individuum seinesgleichen – also ein anderes Individuum – braucht, um sich seiner Eigenart bewusst zu werden. Es kommt zwar nicht umhin, sich auch in sich selbst als „dividuum“ zu erfahren; es kann mit sich hadern und mit sich zu Rate gehen; aber im Entschluss zur Tat präsentiert es sich ganz von selbst als „individuum“ (MA I 57; KSA 2, 76). Daran ist, wie sich noch zeigen wird, die – zumindest gedachte – Gegenwart von anderen seiner selbst beteiligt.

Man muss es daher auch nicht verdächtig finden, dass der Nietzsche des Nachgesangs sein neu geschaffenes (vielleicht auch „wiedergeborenes“?) Ich durch den Auftritt eines von ihm selbst erfundenen Wesens stärken lässt. Es könnte zwar bedeuten, dass Nietzsche nur sich selbst als „freien Geist“ erfährt und folglich nur sein eigenes Geschöpf als ebenbürtig empfindet. Wahrscheinlicher aber ist, dass der poetische Auftritt Zarathustras einen sachlichen Grund für sich hat: Die Selbstüberwindung, in der ein „freier Geist“ sich selbst erringt, kann nur im Kampf mit und gegen sich selbst erfolgen. Zum „freien Geist“ kann nur werden, wer seine Individualität auf sich nimmt, wer sich zum Exempel steigert und in seiner einsamen Größe anderen ein Beispiel gibt. Allein um Freunde zu werben, wäre schon zu viel.

Der Nachgesang ist das Metapoem auf die Bildungsgeschichte des „freien Geistes“, der sich radikal von seinem Glauben und Wissen, von seinen Werten und Einstellungen, von seinen Freunden und von sich selber löst, um als ein in seiner Einsamkeit neu geborener Mensch zusammen mit seinem aus sich heraus geschaffenen Alter Ego eines anderen Menschen zu einer neuen sozialen und historischen Wirksamkeit zu finden. Ein unter dem Anspruch einer großen Aufgabe derart mit sich und seinesgleichen ringender, dabei auf eigene Weise zu sich selbst gelangender und somit wahrhaft frei gewordener Mensch hat auch genügend soziale Kompetenz, um „Gesetzgeber“ (JGB 211; KSA 5, 145) zu sein. Wenn Nietzsche in der *Genealogie* den „freien Geist“ ein *„souveraine[s] Individuum“* (GM II 2; KSA 5, 293) nennt, kann man aus der Analyse von JGB wissen, dass der Begriff der Souveränität selbst in der Konzentration auf den Einzelnen seine politische Bedeutung nicht verliert.

4.2 *Herkunft und Aufnahme eines ambivalenten Begriffs.* Im Spannungsbogen der neun Hauptstücke ist *Jenseits von Gut und Böse* eine thematisch wohl geordnete Sammlung von Aphorismen, die sich dramatisch verdichten und im Ganzen als eine sich steigernde Abhandlung über den „freien Geist" zu verstehen sind. Wenn Nietzsche in der Vorrede zur nachfolgenden „Streitschrift", der *Genealogie der Moral*, erklärt, er habe mit dem neuen Text ausnahmsweise einmal „Abhandlungen" vorlegen wollen, die als „Commentar" zu eigenen Aphorismen verstanden werden können (nicht zuletzt, um den Leser das „Lesen als Kunst" (GM Vorrede; KSA 5, 256) zu lehren), kann man mit Blick auf JGB eigentlich nur sagen, dass er hier das Kunststück vollbringt, die Abhandlung selbst aus dem thematischen Arrangement von Aphorismen zu komponieren.

Das alles verbindende Thema ist der „freie Geist" – in seiner Herkunft, seinem Ansehen, seiner Aufgabe und in der durch ihn möglichen Zukunft. Während *Menschliches, Allzumenschliches* nach dem Untertitel ein Buch „für freie Geister" ist und *Morgenröthe* und *Fröhliche Wissenschaft* zunehmend das Offene und Heitere des „freien Geistes" ausströmen, während sich Nietzsche im *Zarathustra* an einem mit größter literarischer Freiheit komponierten Mythos eines wiederkehrenden Propheten des „freien Geistes" versucht, der die Zeit gekommen sieht, den zur Erfahrung ihrer Freiheit gelangenden Individuen eine neue Zukunft zu eröffnen, ist JGB die Programmschrift des „freien Geistes" *par excellence*. In historischer Rekonstruktion und zeitkritischer Diagnose, mit dem Vorsatz rigoroser Selbstdisziplin und dem Gestus ultimativer Prognose wird entworfen, wie der „freie Geist" zu verstehen ist, was er von sich zu fordern hat und was jene, die seinem extremen Selbstanspruch nicht gewachsen sind, zu erwarten haben.

Nietzsche hat sich, wie wir noch sehen werden, bereits als Schüler mit dem Freiheitsproblem in einer Weise befasst, die seine spätere Kritik am abstrakten Bekenntnis zur Freiheit und seine emphatische Inanspruchnahme der individuellen Freiheit in den produktiven Akten des Lebens vorwegnimmt. Also kann es nicht wundern, dass er in der Zeit seiner Arbeit an der *Geburt der Tragödie* eine ergänzende Schrift unter dem Titel *Die Tragödie und die Freigeister* plant (NL 1870/71, 5 [22]; KSA 7, 97 und NL 1870/71, 5 [42]; KSA 7, 103).

Mit Blick auf die höchst ambivalente Rolle, die Nietzsche in der publizierten Schrift dem exemplarischen Freigeist Sokrates zuschreibt, kann man nur bedauern, dass er die geplanten „Betrachtungen über die ethisch-politische Bedeutung des musikalischen Dramas“ (NL 1870/71, 5 [22]; KSA 7, 97) nicht ausgearbeitet hat. Doch man darf davon ausgehen, dass er in seiner nie nachlassenden Bewunderung und in seiner sich gleichwohl steigernden Kritik des Sokrates genügend Spuren seiner tiefen Ambivalenz gegenüber diesem Typus des die Philosophie begründenden „Freigeistes“ hinterlassen hat. Das Motiv dazu hat er selbst in einer aufschlussreichen Notiz aus dem Jahre 1874 offengelegt: „Socrates, um es nur zu bekennen, steht mir so nahe, dass ich fast immer einen Kampf mit ihm kämpfe“ (NL 1875, 6 [3]; KSA 8, 97). In der Einstellung des „freien Geistes“ zur Philosophie bleibt diese Konstellation von existenzieller Nähe und demonstrativer Abwehr auch in JGB bis hin zur *Götzen-Dämmerung* erhalten.

Doch die Ambivalenz kommt nicht erst mit Nietzsches Verhältnis zu Sokrates in den Begriff. Sie gehört zum Begriff des freien Geistes, spätestens seit der Apostel Paulus ihn als eine Gabe Gottes ausgezeichnet hat. Denn dieses Geschenk kann sich, stärker als alle anderen göttlichen Gaben, jederzeit gegen den richten, der es gemacht hat. Es hat bereits die Vertreibung aus dem Paradies zur Folge gehabt und seitdem eine nicht abreißende Reihe von Verstößen und Versuchungen nach sich gezogen, die spätestens dort, wo Menschen sich als Stellvertreter Gottes aufspielen, auch zu gesellschaftlichen Konflikten führen müssen.

So war es beim ersten terminologisch datierbaren Auftritt des „freien Geistes“ als *spiritus libertatis* im 13. Jahrhundert. Der Begriff war eine Selbstauszeichnung vornehmlich dominikanischer Ordensleute, die ihre weitgehend individuell ausgestaltete Beziehung zum Göttlichen von den institutionellen Hierarchien der Kirche freizuhalten suchten. Sie konnten sich auf das Paulus-Wort im zweiten Brief an die Korinther berufen: „Wo aber der Geist des Herrn ist, da ist Freiheit“ (2. Kor. 3, 17), gerieten aber alsbald unter Häresie-Verdacht. Der wurde durch den mit der Prüfung beauftragten Albertus Magnus 1270 formell bestätigt. Man durfte sie daher abwertend „Adamiten“ nennen, was so viel wie „wilde“, „naive“, noch nicht erzogene Kinder Gottes bedeutet, die ihren Geist schamlos und ohne den gebotenen Gehorsam gegenüber den Autoritäten der Kirche gebrauchen.

Die vornehmlich zur Bewegung der Beginen gerechneten Anhänger des *spiritus libertatis* wurden 1311 auf dem Konzil von Vienne als Ketzer verurteilt. Das Verbot wirkte nachhaltig. Bereits zweihundert Jahre später hatten sich ihre Spuren im Dunkel der Geschichte verloren. Philosophische Aufmerksamkeit finden sie heute eigentlich nur, wenn es um die Aufklärung des Prozesses gegen einen der produktivsten religiösen Denker geht, den die Philosophie nach Platon, Plotin, Augustinus und Anselm hervorgebracht hat. So nimmt man an, dass Meister Eckhart sich des Vorwurfs zu erwehren hatte, er gehöre der Vereinigung der *spiriti libertati* an (vgl. Wehrli-Johns 2000). Wäre der Prozess öffentlich geführt worden, wäre vielleicht ein ähnlich bewegendes Exempel für die existenzielle Kraft des Glaubens möglich gewesen, wie es uns Platon in seinem Bericht über den Prozess gegen Sokrates für die existenzielle Eigenständigkeit eines freien Geistes hinterlassen hat.[2]

Es gibt keine Hinweise darauf, dass Nietzsche von dieser Vorgeschichte seines Zentralbegriffs wusste. Ihm war offenbar nicht bekannt, dass die bedeutendste Schrift aus dem Umfeld der „Brüder und Schwestern vom freien Geist" des „Amoralismus" und der „Kirchenfeindlichkeit" verdächtigt worden ist. Es handelt sich um das seit der Wende vom 13. zum 14. Jahrhundert verbreitete Buch „Der Spiegel der einfachen Seelen" (*Le Mirrouer des simples âmes*) der bereits 1310 wegen Ketzerei verbrannten Mystikerin Marguerite Porete (vgl. Porete 1987). Nach ihrer Ansicht kann die (um mit Nietzsche zu sprechen) kindlich-naive Seele gar nichts Böses tun. Sie braucht keine Vorschriften zu beachten, weil der in ihr wirkende Wille Gottes von sich aus dafür sorgt, dass sie das Richtige tut. Damit steht sie (um erneut mit Nietzsche zu sprechen) jenseits der von den Menschen dekretierten Unterscheidung zwischen Gut und Böse. Der „Geist der Freiheit" genügt, um den Einzelnen aus der alltäglichen Gegenwart herauszuheben und ihn das tun zu lassen, was der einfachen Seele zum Aufschwung verhilft.

Nietzsche, so scheint es, knüpft allein an die moderne Tradition der Rede vom „Freigeist" an. Sie kam im 18. Jahrhundert als Übersetzung des *esprit libre* in die populäre deutschsprachige Aufklärungsliteratur und fand in verwandten Ausdrücken auch in andere europäische Sprachen Eingang. Aus dem Englischen wirkte sie über Hutcheson, Hume und Adam Smith verstärkend auf deutsche Autoren, die sich als weltoffen und pragmatisch verstanden und sowohl der Religion wie auch den überlieferten Sitten kritisch gegenüberstanden. Im allgemeinen Ur-

2 Das sei hier nur deshalb angemerkt, weil auch Nietzsche ein Denker mit unerhörten religiösen Einsichten ist, dessen Besonderheit darin besteht, dass er sich ihrer erwehren zu suchte.

teil galten die „Freigeister“ als Agnostiker, gelegentlich auch als atheistisch und wurden, gewiss zu Unrecht, als amoralisch beargwöhnt.

Es muss daher nicht wundern, dass der „Freigeist“ in der sich ernster verstehenden Literatur des 18. Jahrhunderts nicht immer positiv bewertet wird. 1747 verspottet Gellert einen Freigeist als jemanden, der sich zeitlebens über die Religion entrüstet, im Sterben jedoch wieder gläubig wird. Lessing zeigt in seinem Lustspiel *Der Freigeist* (1749) einen lächerlichen Prinzipienreiter, der sich in seinem Starrsinn nicht zu seiner Liebe bekennt und am Ende erst mit Hilfe eines zuvor verächtlich gemachten Geistlichen sein Ziel erreicht.[3] Kant bezeichnet in seinem von Nietzsche offenbar nicht beachteten Aufsatz „Was heißt: Sich im Denken orientieren?“ die Freigeisterei als „den Grundsatz, gar keine Pflicht mehr zu erkennen“ (Kant 1912 [1786], 146).

Der witzige Einwand Kants ist zwar gegen seine Zeitgenossen gerichtet, sollte aber bei der Prüfung von Nietzsches Immoralismus nicht vergessen werden – und dies nicht nur, weil im Begriff der „Orientierung“ Leiblichkeit und Vernunft zu einer mit der Welt verbundenen Lebensleistung verknüpft sind. Kants lakonischer Kommentar zur „Freigeisterei“ lautet nämlich: „Und so zerstört Freiheit im Denken, wenn sie sogar unabhängig von Gesetzen der Vernunft verfahren will, endlich sich selbst“ (ebd.). Nur solange Nietzsche an den „Tugenden“ festhält, von denen er im *Zarathustra* und in JGB spricht, kann er sich dieser Selbstzerstörung entziehen.

In Nietzsches Jahrhundert galten die 1804 anonym erschienenen (und vermutlich von Ernst August Friedrich Klingemann stammenden) *Nachtwachen des Bonaventura* als eine Art Klassiker freigeistlicher Gesinnung. Sie haben Aufsehen erregt; man kann aber nicht sagen, dass sie in hohem Ansehen standen. Deshalb hat Nietzsches Entscheidung für den Begriff des „freien Geistes“ durchaus den Charakter einer Provokation der Gebildeten, auf die er als Leser seiner Schriften hoffen musste. Andererseits haben die von ihm in JGB aufgezählten Synonyme wie „Freidenker“, „libres-penseurs“ oder „liberi pensatori“ (JGB 44; KSA 5, 62) bei den fortschrittlich gesonnenen liberalen Geistern seines Zeitalters durchaus einen guten Klang.

3 Nietzsche rechnet Lessing ganz ohne Vorbehalt den „freien Geistern“ zu und lässt mit Blick auf ihn auch im Begriff der „Freigeisterei“ (JGB 28; KSA 5, 47) keine Abwertung zu.

4.3 *Die Aneignung des „freien Geistes“*. Die Notizen aus der Zeit nach der Tragödienschrift lassen erkennen, dass sich Nietzsche selbst als „Freigeist“ versteht und insbesondere die *Unzeitgemäßen Betrachtungen* in diesem Selbstverständnis verfasst. Dabei bleibt er, wie Campioni nachgewiesen hat,[4] noch weitgehend dem Verständnis Schopenhauers und Wagners verpflichtet. Der Freigeist sucht, so wie er es auch in den Cosima Wagner gewidmeten *Fünf Vorreden* bekennt (KSA 1, 753ff.), die Distanz gegenüber den großen gesellschaftlichen Organisationen der Religion und der Politik. Er fühlt sich allen Konventionen überlegen und beansprucht die Attribute des künstlerischen Genies.

Die darin liegende mimetische Anverwandlung an Richard Wagner, der sich Zeit seines Lebens (selbst noch als Komponist des *Parsival*) als „Freigeist“ verstand, ist unverkennbar. Man darf aber nicht übersehen, dass Nietzsche sich bereits 1872 im *Vorwort an Richard Wagner* als den letztlich überlegenen Neuerer empfiehlt. Nietzsche will, so wie er es im selben Buch mit Blick auf Sokrates zum Ausdruck bringt, ein „Wendepunkt und Wirbel der sogenannten Weltgeschichte“ (GT 15; KSA 1, 100) sein. Dem Komponisten hingegen – „meinem erhabenen Vorkämpfer“ – erkennt er nur die Rolle eines künstlerischen Herolds zu, dessen ästhetischer Leistung die eigentliche Großtat des befreienden Denkens und Handelns zu folgen hat (GT Vorrede; KSA 1, 24). Mit Blick auf sich selbst lässt Nietzsche an der historischen und kulturellen Überlegenheit der Philosophie keinen Zweifel. Dass er 1872 noch glaubte, er könne selbst auch als Komponist reüssieren, ändert an seiner Auszeichnung des Philosophierens nichts.

Vor diesem Hintergrund ist der Konflikt mit Wagner unausbleiblich. Nietzsche vollzieht den Bruch in den Aphorismen von *Menschliches, Allzumenschliches*, in denen er auch von Schopenhauer abrückt. Ein auffälliges Indiz dafür ist die Konzeption des „freien Geistes“, die sich nunmehr dem Verständnis der Aufklärer im Stile Voltaires annähert, die sich die Skepsis eines Descartes zum Vorbild nimmt, sich an den französischen Moralisten orientiert und von der Überzeugung getragen ist, dass eine allgemeine gesellschaftliche Schulung in wissenschaftlicher Methodik und historischer Kenntnis unerlässlich ist. Das Genie gilt nicht länger als die einzige Produktivkraft der Geschichte; die Wertschätzung der begrifflichen Kritik, der rationalen Begründung und der

4 Zu diesen und den folgenden Ausführungen vgl. Campioni 1976, 1987 und 2000.

arbeitsteiligen Kooperation steigt. Nietzsche zeigt sogar Sinn für die Vorzüge des politischen Gleichgewichts und der auf reale Machtverhältnisse bezogenen Kompromisse. Er spielt mit dem Gedanken, „moderne Klöster" einzurichten, in denen die benötigten „Freigeister" erzogen werden (NL 1876, 16 [45]; KSA 8, 294); sie könnten „Centren [...] zur Erzeugung von besseren Menschen" werden (NL 1875, 3[75]; KSA 8, 36).

Davon ist später keine Rede mehr; aber man kann auch nicht sagen, dass diese politisch-kulturellen Erwartungen im *Zarathustra*, in *Jenseits von Gut und Böse* oder in der *Genealogie* aufgegeben wären. Sie treten nur in den Hintergrund, weil sich Nietzsche zunehmend auf den Selbstbegriff des „freien Geistes" konzentriert, um die von jedem selbst zu erfüllenden Voraussetzungen einer Erneuerung und Erweiterung der Kultur zu eruieren. Das fällt umso leichter, als Nietzsche schon in *Menschliches, Allzumenschliches* wie später auch in JGB größtes Gewicht darauf legt, dass es nicht allein um die Ausbildung von „Gelehrten", sondern um eine „ganz andere und höhere Aufgabe" geht, nämlich darum, „von einem einsam gelegenen Standorte aus den ganzen Heerbann der wissenschaftlichen und gelehrten Menschen zu befehligen und ihnen die Wege und Ziele der Cultur zu zeigen" (MA I 282; KSA 2, 231).

Der „freie Geist" ist also schon in der sowohl an der sophistischen wie an der modernen Aufklärung orientierten Phase seines Denkens als ein „Befehlender", als ein seinen „Standort" Suchender wie auch als „Einsamer" konzipiert. Auch wenn Nietzsche sich nach dem *Zarathustra* von der „Freigeisterei" (JGB 28; KSA 5, 47) abgrenzt und von da an nur mehr vom „freien Geiste" spricht, ist der Unterschied zwischen den Schriften der späten Siebziger- und der frühen Achtzigerjahre einerseits und der in JGB ausformulierten Position andererseits nicht gravierend.[5] Man muss dem Autor daher auch keinen mit der *Fröhlichen Wissenschaft* oder dem *Zarathustra* erfolgenden „Bruch" unterstellen. Es reicht aus, den gesteigerten Ernst in der Suche nach einer

5 Die beiden hier genannten Werkphasen werden zumeist unter den Titeln der „mittleren" und der „späten Periode" rubriziert, wobei eine erste „frühe Periode" aus dem zeitlichen Umfeld der Tragödienschrift und der *Unzeitgemäßen Betrachtungen* hinzukommt. Ich plädiere weiterhin dafür, im Ganzen nur zwei Werkphasen zu unterscheiden: Die erste für die Schriften der ersten zehn Jahre (bis zur *Morgenröthe*), in der Nietzsche die großen Sinnfragen stellt und die zweite (von der *Fröhlichen Wissenschaft* an), in der sich Nietzsche experimentell an der Beantwortung der Sinnfragen versucht (vgl. Gerhardt 2008). Die sachliche Nähe zwischen der Freigeistkonzeption der MA und der in JGB bestätigt eben diese Unterscheidung.

Erneuerung der Kultur zu konstatieren und dabei zu sehen, dass Nietzsche glaubte, eine Reihe grundsätzlicher Einsichten hinzugewonnen zu haben, die ihm die Konzentration auf die eigene „Aufgabe“ erleichtern.[6] Dazu gehören die alsbald zum Theorem gemachte Überzeugung vom „Tod Gottes“, die damit verknüpfte Forderung nach einer „Umwertung aller Werte“, die Spekulationen über den alles antreibenden Grundimpuls der „Willen zur Macht“ sowie die tief verstörende, unendlich rätselhafte und wie eine Liebes- und Heilsbotschaft verkündete „Lehre“ von der „ewigen Wiederkehr des Gleichen“. Sie führt auf das Grundproblem der Konzeption des „freien Geistes“, nämlich auf die Frage, ob es die Freiheit überhaupt gibt, die der „freie Geist“ für sich beansprucht.

4.4 *Freiheit als Privileg des Geistes.* Vergegenwärtigt man sich auch nur einige der zahlreichen Stellen, an denen Nietzsche die Freiheit in Abrede stellt und sich sogar zu der Feststellung versteigt, dass es nur „freischeinlichkeit, aber keine Freiheit“ gebe (MA II WS 1; KSA 2, 540),[7] müsste eigentlich außer Zweifel stehen, dass dieser Denker sich jedes Recht verwirkt, vom „freien Geist“ zu reden. Würde er es dennoch gelegentlich tun, könnte man es dabei belassen, ihm einen Selbstwiderspruch anzukreiden. Doch da es Nietzsche überaus wichtig ist, die Freiheit zu bestreiten, im gleichen Atemzug aber auch den „freien Geist“ als Hoffnungsträger der Umwertung auszuzeichnen, kommt man nicht umhin, zu prüfen, wie sich die unvereinbar erscheinenden Positionen zueinander verhalten.

Das Verlangen nach einer Prüfung entspricht den Regeln der Schule, die nun einmal zu klären hat, ob die in ihr verhandelten Lehrmeinungen ohne Widerspruch gedacht werden können. Nietzsche ist kein Mann der Schule und wollte nichts weniger sein als das. Da er aber ein scharfsinniger Denker ist, der die Logik schätzt, Widersprüchen bei sich selber nachgeht und sie bei anderen ahndet, liegt die Frage nahe, warum er keinen Versuch unternimmt, das Missverhältnis

6 Vgl. dazu Nicodemo 2014.

7 Der „moderne Begriff“ der Freiheit ist für Nietzsche nur „ein Beweis von Instinkt-Entartung mehr“ (GD Streifzüge 41; KSA 6, 143). Was er einzig gelten lässt, ist das Freiwerden, ist der „frei-gewordene Mensch“ (GD Streifzüge 38; KSA 6, 139) Und die höchste Form der Freiheit, die Nietzsche gelten lässt, zeigt sich für ihn im „Willen zur Selbstverantwortlichkeit“ (ebd.). Sein Urteil ändert sich augenblicklich, wenn er vom „freien Geist“ oder von der „Freigeisterei“ spricht. Hier vermutet er einen engen Zusammenhang zwischen Naturursachen und der sich in der Form „wilder Kräfte und Energien“ äußernden „Gluth der Empfindung“ (MA I 235; KSA 2 196 und MA I 232; KSA 2, 194), die als Ausdruck der Freiheit gewertet wird.

zwischen dem grundsätzlichen Nein zur Realität der natürlichen und gesellschaftlichen Freiheit auf der einen und dem unbedingten Ja zur existenziellen Freiheit des Individuums auf der anderen Seite zu klären. Im ganzen veröffentlichten und nachgelassenen Werk findet sich keine Stelle, an der er seinen Lesern (oder wenigstens sich selbst) die Vereinbarkeit der theoretischen Leugnung mit der praktischen Bejahung der Freiheit auseinandersetzt. Man kann nur vermuten, dass er die Freiheit des „freien Geistes“ als derart praktisch verstand, dass er es als müßig ansah, ihr theoretisch das Wort zu reden.

Mit dieser Auffassung würde Nietzsche dem ursprünglichen Freiheitsverständnis der frühen griechischen Denker und dem kritischen Freiheitsbegriff Kants folgen. Noch Sokrates und Platon haben die Freiheit in Anspruch genommen, ohne sie zu problematisieren. Das zeigt sich insbesondere in Platons *Kriton*. Kant zeigt, dass es in der unter Verstandesbegriffen stehenden Natur – zu der auch das Leben und die Gesellschaft gehören – nur Kausalrelationen und somit keine Freiheit gibt. Dennoch handle der Mensch frei, sobald er, ohne von anderen gezwungen zu werden, seinem eigenen Antrieb folge – ganz gleich, ob er aus eigener Einsicht, eingefleischter Gewohnheit, bewährter Überzeugung oder aus einem bewusst gerechtfertigten Grundsatz eingreift.

Die Freiheit, so lautet die komprimierte These Kants, kann es nicht als Naturtatsache geben; aber wer im Bewusstsein eigener Gründe handelt, kann als „frei“ im praktischen Verständnis gelten und wird von anderen im Bewusstsein ihrer Freiheit anerkannt. Jeder Vorgang in der Welt muss als determiniert bezeichnet werden; frei ist nur, was selbstbewusste Individuen in ihr tun.

Es gibt Anzeichen dafür, dass Nietzsche es genauso versteht. Die philosophiegeschichtliche Literatur, aus der er sich über Kants Lehre informiert,[8] stellt es in dieser Weise dar und benennt natürlich die Prämissen, unter denen die kritische Philosophie zu ihrer Lösung kommt. Und hier, so scheint mir, liegt Nietzsches Problem: Er kann weder die Lehre von den „zwei Reichen“ (aus Natur und Freiheit) noch die These von der (reinen) Vernünftigkeit des Willens akzeptieren.

8 Das sind vornehmlich die Werke von Schopenhauer, Kuno Fischer, Friedrich Albert Lange und African Spir. Durch weitläufige Lektüre von Interpretationen zum Werk Kants war Nietzsche mit Kants Position derart vertraut, dass er nur sehr selten glaubte, sich mit Kants Texten befassen zu müssen. Aus der nachweislichen Lektüre der *Kritik der Urteilskraft* hätte er allerdings entnehmen können, dass Kant mit Blick auf die Fragen des Lebens auch ein nicht durch den metaphysischen Dualismus belastetes Freiheitsverständnis entwickelt hat. Vgl. dazu: Recki 2001 und Gerhardt 2002.

Beides gehört für ihn zu einer Metaphysik, die er sowohl aus erkenntniskritischen Gründen wie auch als Psychologe nicht akzeptieren kann. Folglich muss er es als ausgeschlossen ansehen, die unter zwei von ihm ausdrücklich verworfenen Voraussetzungen stehende Freiheitslehre Kants für seine eigene Konzeption des „freien Geistes" zu übernehmen.[9]

Das hindert ihn freilich nicht, die in der Nachfolge Kants weitgehend angenommene Vereinbarkeit von naturgesetzlicher Determination und praktischer Freiheit auch für seine eigenen Ziele gelten zu lassen. Sie erlaubt ihm zwar, sooft es geht, gegen jede von Leib und Leben abgelöste Freiheit des Willens zu polemisieren, aber sie verbietet ihm nicht, großen Völkern (wie den Griechen in der klassischen Zeit), großen Epochen (wie der Renaissance) oder großen Individuen (wie Cesare Borgia, Luther, Goethe oder Napoleon) die Freiheit zur eigenen Größe zu attestieren.

Wie Nietzsches allgemeine Kritik der Freiheit mit der Akzeptanz einer Freiheit der konkreten Lebensleistung einhergehen kann, zeigt sich bereits in einem Aufsatz des Siebzehnjährigen, der in Schulpforta noch stark unter dem Eindruck des Kantianers Friedrich Schiller stand. Schiller wird noch in der *Geburt der Tragödie* von 1872 häufiger zitiert als Wagner oder Goethe. Unter dem Titel *Willensfreiheit und Fatum* schreibt Nietzsche unter dem Datum des 27. April 1862: „Freier Wille ist [...] ein Abstraktum und bedeutet die Fähigkeit, bewußt zu handeln, während wir unter Fatum das Princip verstehn, das uns beim unbewußten Handeln leitet" (Nietzsche 1994, 61). In der Erörterung dieser Entgegensetzung zeigt Nietzsche, dass „der strenge Unterschied von Fatum und freiem Willen" sich an der Handlung im Einzelnen gar nicht durchhalten lässt, „und beide Begriffe verschwimmen zu der Idee der Individualität"! (a.a.O., 62).

9 Die angemessene Deutung der kantischen Freiheitslehre ist bis heute Gegenstand aufwändiger Kontroversen. Man kann immerhin zeigen, dass Kant sie auch ohne den metaphysischen Überbau seiner Zwei-Reiche-Lehre verständlich machen kann. Sowohl in seiner Theorie des Lebens wie auch in seiner Konzeption der Kultur weist er der Freiheit eine Funktion in der individuellen und sozialen Selbstverständigung zu, deren metaphysische Reichweite sich auf die Unterstellung von Einheiten des Lebens und von Ganzheiten der Erkenntnis beschränkt. Auf solche Einheiten kann auch Nietzsche nicht verzichten, wenn er vom „Leib", vom „Leben" oder von der „Welt" spricht. Und wenn er seine Kritik an den „Irrthümern" der Philosophen mit dem Satz beschließt: „Aber es giebt nichts, ausser dem Ganzen!" (GD Irrthümer 8; KSA 6, 96), steht er der kritischen Metaphysik Kants näher als er denkt. – Vor diesem Hintergrund ist es keine Zumutung, Nietzsche eine größere Nähe zu Kant zu attestieren, als er sie sich selber wohl zugestanden hätte.

Das ist die früh gefundene Lösung, an der Nietzsche Zeit seines Lebens festhalten kann. Wenn er sie 1862 noch einmal zusammenfasst, tritt anschaulich hervor, dass sie nicht nur für die sich von Fall zu Fall anders darstellende Verbindung von Schicksal und Freiheit, sondern auch von Natur und Freiheit im Handeln des „freien Geistes" gelten kann: „Je mehr sich die Dinge vom Unorganischen entfernen und jemehr sich die Bildung erweitert, um so hervortretender wird die Individualität, um so mannigfaltiger ihre Eigenschaften. Selbtätige, innere Kraft und äußere Eindrücke, ihre Entwicklungshebel, was sind sie anders als Willensfreiheit und Fatum?" (ebd.).

Damit lässt sich der Widerspruch zwischen allgemeiner Negation und individueller Affirmation der Freiheit bei Nietzsche auflösen: Als Teil der Natur und als ein in zahllose gesellschaftliche Abhängigkeiten eingebundenes Lebewesen unterliegt auch der „freie Geist" den Determinanten des Lebens und den Konventionen seiner Zeit. Dennoch kann er seine Individualität aus eigenem Anspruch zur Geltung bringen. Dies umso mehr, je größer der Anspruch an sich selber ist. Im Bewusstsein *schöpferischer Kräfte*, unter dem Anspruch einer *großen Aufgabe* und in der Ausrichtung auf ein *dominierendes* Ziel ist die sich über alle Widerstände erhebende Freiheit des sich selbst überwindenden Geistes über jeden Zweifel erhaben.

4.5 *Der existenzielle Auftritt des „freien Geistes"*. Das zweite Hauptstück von *Jenseits von Gut und Böse* ist eine erklärte Selbstpräsentation eines „freien Geistes": Ein Autor, der sich selbst als „freien Geist" begreift, versucht dem Leser nahezubringen, was ein „freier Geist" ist und wie er sich versteht. Das geschieht zum einen dadurch, dass er in exemplarischer Form erläutert, woran man einen „freien Geist" erkennt und worin er sich von unfreien Geistern oder von geistlosen Naturen (oder wie immer man das nennen will) unterscheidet; die Schwierigkeit, einen Gegentypus zum „freien Geist" namhaft zu machen, zeigt bereits, dass eine treffsichere Beschreibung keine leichte Aufgabe ist. Zum anderen ist es sich der Autor schuldig, in seinem Schreiben und Denken selbst als Exemplar eines „freien Geistes" erkennbar zu werden! Nietzsche führt sich selbst als vorzüglichstes praktisches Beispiel seiner theoretischen Ausführungen vor, und es kann kein Zweifel sein, dass ihm dies überzeugend gelingt.

Es ist somit eine *existenzielle Form* der literarischen Produktion, die wir als Leser vor uns haben: Der Autor spricht zwar kundig, belehrend und mit hohem

Anspruch über eine Vielzahl bedeutsamer Themen. Doch die Art, in der er dies tut: ernsthaft und witzig, verächtlich und bewundernd, ironisch und feierlich, hochgebildet und geistvoll, manchmal auch mit demagogischer Attitüde – doch in alledem mit größter persönlicher Anteilnahme –, macht klar, dass er sich nicht nur mit seinen Ansichten, sondern auch in seinem Selbstverständnis exponiert. Darin ist Nietzsche ein Protagonist der Existenzphilosophie, die ein halbes Jahrhundert später auf ihn folgt.

Nietzsche spricht nicht erst in *Ecce homo* über sich selbst; auch in seinen Vorreden gibt er sich mit seinen persönlichen Erfahrungen und Erwartungen zu erkennen; im zweiten Hauptstück über den „freien Geist" führt er sich in seiner von ihm selbst als wesentlich angesehenen Aufgabe weitestgehend sogar ohne Maskenspiel vor. Der „freie Geist" mag zwar die „Masken" lieben (JGB 25 und 40), für „Verführungen" offen sein (JGB 33), als das „nicht festgestellte Thier" (JGB 62) den „Abenteuer-Mut" (JGB 227) benötigen und die „Verwandlung", ja die „Umkehrung" (JGB 32) anstreben: Er sucht die „Einsamkeit" (JGB 63) nicht etwa, weil er seine Schwächen verbergen will, sondern um seine Stärken zu erproben. Ja so groß sein Verlangen sein mag, sich in der „Selbstüberwindung" zu wandeln: Der „freie Geist" muss gleichwohl „wissen, sich zu bewahren"! (JGB 41; KSA 5, 59). Darin sieht Nietzsche die „stärkste Probe der Unabhängigkeit" (ebd.). Also gibt es auch für ihn eine begriffliche Klammer, die seine ganze Existenz umfasst.

Dass hier Unstimmigkeiten, wenn nicht gar Widersprüche lauern, kann nicht verborgen bleiben. Aber offenkundig ist, dass Nietzsche sich darstellen, in der Darstellung erkannt und als Ausnahme anerkannt sein (oder, wie er auch sagt: nicht verwechselt werden) will.

So liegt in allem Pathos der Verwandlung eine gewisse Kontinuität. Das leuchtet allein schon deshalb ein, weil anders der „freie Geist" gar nicht „frei" und wohl auch nicht mehr „geistig" bliebe. Man könnte von „Selbstüberwindung" gar nicht sprechen, wenn in ihr tatsächlich alles anders würde. Deshalb muss sowohl im Geist wie auch in seiner zum festen Merkmal gewordenen Liberalität ein Moment sich steigernder Beharrlichkeit wirksam sein. Wie anders könnte derart affirmativ von „unseren Tugenden" (JGB 214), „unserer Redlichkeit" (JGB 227), von der „umfänglichsten Verantwortlichkeit" (JGB 61), von der „Ehrerbietung gegenüber allem Strengen und Harten" (JGB 260), von der „Vornehmheit" oder gar davon die Rede sein, dass die vornehme Seele „Ehrfurcht vor sich“ selber hat (JGB 287)?

Wie wichtig dieses von Nietzsche in der Regel überspielte Kontinuitätsmoment auch für sein Denken ist, tritt hervor, wenn er die „Umkehrung“ zur vorrangigen methodologischen Aufgabe des „freien Geistes“ erklärt. „Wir Umgekehrten“, so ruft er der menschlichen Gattung zu, haben dafür zu sorgen, die „Gefährlichkeit“ der eigenen Lage „in's Ungeheure wachsen“ zu lassen, um mit der „Erfindungs- und Verstellungskraft“ das Spezifikum des Geistes zu steigern (JGB 44).

Die Umkehrung, die sich auf alles Verhalten eines „freien Geistes“ erstreckt und somit auch seine innere Einstellung nicht unverändert lassen kann, muss dennoch etwas unterstellen, was im Wandel dasselbe bleibt; etwas, das sich ebenso treu sein kann, wie Zarathustra es verlangt, wenn er dazu auffordert, der Erde „treu“ zu bleiben (Za Vorrede 3; KSA 4, 15). Dazu ist es gewiss nicht nötig, eine metaphysisch gefasste Substanz zu unterstellen; die Philosophie hat sich davon seit Kants Kritik an den Paralogismen der Vernunft längst verabschiedet. Aber ob Nietzsche auf die Annahme einer zumindest personal verstandenen Identität des Individuums verzichten kann, muss bezweifelt werden. Schließlich erwartet er, dass der „freie Geist“ „unter langem Druck und Zwang sich in's Feine und Verwegene“ entwickelt, weil „sein Lebens-Wille bis zum unbedingten Macht-Willen gesteigert werden“ muss (JGB 44, KSA 5, 61).

Was hier den allgemeinen „Druck und Zwang“ erzeugt, was überhaupt verlangt, dass etwas entfaltet und gesteigert werden „muss“, können wir mit Blick auf eine andere Stelle als das plurale Gegeneinander der Willen zur Macht bezeichnen (vgl. Müller-Lauter 1971, Gerhardt 1996). Aber beim „freien Geist“ kann man die Vielfalt der gegen- und miteinander wirkenden Mächte nur bis zur personalen Einheit des Individuums herunterdividieren. Hier bleibt ein Selbst, das seinesgleichen hat, von dem es sich durch den Gebrauch seines Geistes und seiner Freiheit unterscheidet.

Es gibt also auch nach Nietzsche eine erkennbare Lebensform individueller Existenz. Sie ist es, der alles, was immer empfunden, wahrgenommen, gefühlt und erkannt werden kann, etwas bedeutet. Das geht bis hin zur „Welt, *die uns etwas angeht*“ (JGB 34; KSA 5, 54). Und die Existenz des Individuums ist Ausgangs- und Endpunkt dieser Bedeutung. Nietzsche wäre von einem subjektivistischen Skeptiker oder von einem entschiedenen Solipsisten vom Schlage

Stirners nicht zu unterscheiden, wenn er an den alle Bedeutung schürzenden Knoten des Ichs nur das allen äußeren Eindrücken und jedem inneren Impuls ausgelieferte Willkür- oder Stimmungsselbst gesetzt hätte.

Aber ebendies geschieht bei ihm nicht. Er rückt vielmehr ein sich in zahllosen Aktivitäten selbst bestimmendes, sich auf selbstgesetzte Zwecke ausrichtendes Selbst als eine zwar vom Leib und von äußeren Impulsen abhängige, darauf zugleich auch angewiesene Steuerungsinstanz in den Ausgangspunkt und lässt keine Gelegenheit aus, auf deren Plastizität zu verweisen.

Es kann aber auch kein Zweifel sein, dass Nietzsche diesem existenziellen Zentrum eigene Impulse und Initiativen zutraut, denen er eine Richtung und ein Ziel vorleben möchte. Genau besehen ist es dieses unablässig über sich hinausgehende Zentrum, dem er den Namen des „freien Geistes" gibt. Darin ist er nicht nur um einiges pointierter als jene, die nur von „Ich" oder vom „Selbst" sprechen. Er ist auch stärker festgelegt als jene Philosophen, die wie etwa Platon oder Augustinus, Montaigne oder Leibniz, Voltaire oder Hume, Kant oder Hegel dem Selbst nur Geistigkeit und Freiheit zusprechen, ohne es auf ein Programm grenzenloser Selbstüberwindung zu verpflichten. Doch wie dem auch sei: In seinem Selbstverständnis als „freier Geist" bleibt Nietzsche der philosophischen Tradition näher, als er es philosophischen Laien gegenüber zu erkennen gibt.

4.6 *Der Gestus des radikalen Abschieds.* Sind die von Nietzsche selbst eher abgeschatteten, ihn mit der Geschichte des philosophischen Denkens verbindenden begrifflichen Elemente des „freien Geistes" benannt, darf man die Tatsache nicht verleugnen, dass er im zweiten Hauptstück primär dessen kritisch-abwehrende Stellung herausarbeitet. Das erleichtert es ihm, in den nachfolgenden Kapiteln die in die Zukunft gerichteten, durchaus positiv zu nennenden Aspekte des „freien Geistes" und der von ihm erhofften Wirksamkeit zu benennen. Da kann dann an die natur- und kulturgeschichtliche Emanzipation des „freien Geistes" erinnert werden, können die Transformation der Gelehrsamkeit gefordert, seine Tugend beschworen, seine europäische Supranationalität hervorgehoben und schließlich das von Nietzsche seit frühester Kindheit mit dem Vater verknüpfte genealogische Ideal der Vornehmheit wiederbelebt werden.[10]

10 Nietzsches Vater war vor der Übernahme des Pfarramts in Röcken ein begeisterter und bewunderter Fürstenerzieher in Weißenburg. Der dem Vater aufgenötigte Umzug der Familie aus dem Schloss

Mit dieser Aussicht sind der Spott auf das Wissen, die Wahrheit (JGB 24) und die Philosophie (JGB 25), auf den „durchschnittlichen Menschen" (JGB 26) sowie die Polemik gegen die Verständlichkeit (JGB 27),[11] gegen die „Ja's und Nein's" der „bürgerlichen Welt" (JGB 34), gegen die Idee der Humanität (JGB 35) oder gegen die Person (JGB 41) leichter hinzunehmen, obgleich die Welt gewiss noch schwerer zu ertragen wäre, wenn alles das beseitigt wäre, was Nietzsche als unerträglich empfindet. Doch man muss sich klar machen, dass er auch hier „perspektivisch" urteilt; man hat ihn stets im Kontext zu verstehen. Und so richtig sein Wunsch ist, gründlich und wiederholt gelesen zu werden, sollte er jedoch niemals wörtlich verstanden werden.[12]

Wie soll man es denn, um nur ein Beispiel zu nennen, verstehen, dass wir *„des Menschen* müde" (GM 12; KSA 5, 278) sind? Nietzsche sagt das, weil er in der mehrfach beklagten „Selbstverkleinerung" des europäischen Menschen eine Gefahr für die Kultur zu entdecken glaubt. Er zählt auf, wie es „abwärts geht, in's Dünnere, Gutmüthigere, Klügere, Behaglichere, Mittelmäßigere, Gleichgültigere, Chinesischere, Christlichere", und sieht darin das „Verhängniss Europa's" (ebd.). Über die Triftigkeit der Diagnose und die Gleichrangigkeit der ihr zugrunde liegenden Kriterien lässt sich streiten. Doch das mag auf sich beruhen. Fragen wir nur, ob das alles, auch wenn es vollkommen zutreffend wäre, die resignative Äußerung über den Menschen als Ganzen begründet? Muss, ja kann man allein deshalb „des Menschen müde" sein, weil einige sich nicht so verhalten, wie man es erwartet? Ist es glaubwürdig, dass ausgerechnet Nietzsche behauptet, „des Menschen müde" zu sein?

Geben wir, noch vor Beantwortung der Fragen, zu, dass es durchaus verständlich sein kann, wenn ein Mensch mit Verbitterung über seine Mitmenschen spricht. Jedem vom Leben Enttäuschten nehmen wir ein solches Urteil ab. Wenn

in das Pfarrhaus der winzigen Dorfgemeinde muss dem kleinen Friedrich wie die Vertreibung aus dem Paradies erschienen sein.

11 Der in JGB 27 zur Illustration der Unverständlichkeit verwendete indische Ausdruck „gangasrotogati" bedeutet wörtlich: „nach der Gangart des Ganges" – also so langsam wie eine Schildkröte. Die anderen beiden Ausdrücke („kurmagati" und „mandeikagati") sind im Text von Nietzsche selbst sinngemäß erläutert.

12 Das ist der Rat eines kongenialen Nietzsche-Lesers, nämlich Thomas Manns (vgl. Mann 1982 [1947]).

er überdies sein eigenes Versagen beklagt, kann er auch des eigenen Daseins überdrüssig sein; er würde dann „lebensmüde“ genannt.

Aber so ist es bei Nietzsche keineswegs! Er feiert das Leben, er möchte es „vertiefen“, will es herausfordern, steigern und vielfältiger machen. Er denkt mitnichten, wie seine Leser es heute vielleicht tun, an die bedrohte Artenvielfalt, ihm geht es in allem um die bestmögliche *Entfaltung der menschlichen* Kräfte. Und er wünscht dies auch nicht mit dem Ziel, den Kreislauf des Lebens aufrechtzuerhalten. Selbst dort, wo Nietzsche seinen Zarathustra fordern lässt, der Mensch möge sich als „Sinn der Erde“ verstehen und so wahrhaft zum „Salz der Erde“ werden, geschieht das ausschließlich im Interesse des Menschen (Za Vorrede 3; KSA 4, 14).

Der Impuls seines Denkens ist darauf gerichtet, durch die eigene „That“, durch ein mitreißendes Beispiel eigenen „Schaffens“, seinesgleichen produktiver zu machen. In dieser auf die Mobilisierung der Mitmenschen bedachten Leistung kann von Lebensmüdigkeit keine Rede sein – und erst recht nicht davon, „des Menschen“ zu müde sein. Ja es dürfte schwer fallen, in der zweitausendjährigen europäischen Tradition überhaupt einen anderen Denker zu finden, der sich so intensiv um die Zukunft des Menschen bemüht hat. Man könnte an Pico della Mirandola, an Kant, Hölderlin oder den jungen Marx denken; ihnen steht Nietzsche in seinem Nachdenken über die Zukunft der menschlichen Kultur gewiss in nichts nach. Und so würde man, wollte man sein Wort von der Müdigkeit ernst nehmen, die Koketterie übersehen, mit der er den Anlauf nimmt, dem Menschen eine neue Zukunft im Jenseits von Gut und Böse zu eröffnen.

Wer das will, kann des Menschen nicht „müde“ sein, selbst wenn er verlangt, dass der Mensch sich in seinem selbst erkämpften Weg in die Zukunft bis zur Selbstaufgabe wandelt. Selbst wenn Nietzsche aus dem „Jenseits von Gut und Böse“ ein „Jenseits des Menschen“ machen wollte (wofür das von Zarathustra proklamierte Ziel des „Übermenschen“ zu sprechen scheint), würde auf dem Weg vornehmlich der Mensch in seiner gegenwärtigen Verfassung gebraucht. Und tatsächlich geht Nietzsche als „freier Geist“ von diesem Menschen aus.

4.7 *Von der Kritik, auf die der „freie Geist“ einen Anspruch hat.* Es ist offensichtlich, dass Nietzsche in seinem Spätwerk große und weitreichende Perspektiven für die Zukunft des Menschen zu entwickeln sucht. Viele sind in *Jenseits von Gut und Böse* angesprochen, wenn er den „freien Geist“ mit seinen Stärken und Tugenden beschreibt. Aber vieles entsetzt und befremdet uns, wenn er gegen die Mittelmäßigkeit polemisiert, die Humanität karikiert und das Menschenrecht perhorresziert. Auch seine Versuche, den „unbedingten Macht-Willen“ (JGB 44; KSA 5, 61) zur einzigen Triebkraft der Geschichte zu machen und dabei erneut bereit zu sein scheint, „Gewaltsamkeit“ und „Sklaverei“ in Kauf zu nehmen, haben nichts, was die von ihm avisierte Zukunft attraktiv erscheinen lassen könnte. Im Gegenteil: Hier muss Nietzsche mit der gleichen Entschiedenheit widersprochen werden, mit der er glaubte, seiner Zeit und seiner Zunft entgegentreten zu müssen.

Diesen Widerspruch darf man nicht den Gegnern Nietzsches überlassen. Gerade von seinen Bewunderern ist der Einspruch zu fordern, wann immer sie auf einen Gegensatz zwischen Nietzsches Thesen und ihren eigenen Überzeugungen aufmerksam werden. Das sind sie nicht zuletzt dem existenziellen Ernst dieses Denkers schuldig.[13] Der „freie Geist“ beginnt seinen Lauf, wie sich in JGB zeigt, als Kritiker. Man wird ihm nur gerecht, wenn man ihm selbst mit freimütiger Kritik begegnet.

Es würde den Rahmen eines Kommentars schon sprengen, nur die im Interesse Nietzsches liegende Kritik zu äußern – von der, die man aus der Sicht des heutigen Wissens über den Menschen und seine Welt äußern kann, ganz zu schweigen. Aber in Kenntnis vieler naheliegender Einwände sei abschließend betont, dass Nietzsche seine „Philosophie der Zukunft“ auch insofern aus der Sicht des „freien Geistes“ entwirft, als er sich die Freiheit nimmt, die Menschheit aus der Perspektive ihrer „höchsten Exemplare“ zu denken. In der richtigen Überzeugung, dass die menschliche Kultur von den Leistungen lebt, in denen sie sich selbst überbietet, fragt er danach, wie die Steigerung der besten Kräfte möglich ist.

Dass er dabei primär an seinesgleichen denkt, ist, wissenschaftlich, politisch und auch ethisch gesehen, eine schier unglaubliche Einseitigkeit, vor der sich jeder seiner Leser hüten sollte. Aber niemand muss es sich verbieten, Nietzsche zu lesen. Seinen Impuls in Kenntnis der ihm in vielem ja gar nicht widersprechenden philosophischen Tradition und im Bewusstsein unserer eigenen Überzeu-

13 Das ist für meinen Teil wiederholt geschehen, so etwa in Gerhardt 2000 und 2012.

gungen zu prüfen, ist das, was von einem „freien Geist“ nach Nietzsche erwartet werden kann.

Literatur

Campioni, Giuliani 1976: Von der Auflösung der Gemeinschaft zur Bejahung des „Freigeistes“, in: Nietzsche-Studien 5, 83–112

Campioni, Giuliani 1987: „Wohin man reisen muss“. Über Nietzsches Aphorismus 223 aus Vermischte Meinungen und Sprüche, in: Nietzsche-Studien 16, 209–226

Campioni, Giuliani 2000: Artikel „Freier Geist“, in: Henning Ottmann (Hrsg.): Nietzsche-Handbuch, Stuttgart/Weimar, 235–237

Constâncio, João 2012: „A Sort of Schema of Ourselves“: On Nietzsche's „Ideal“ and „Concept“ of Freedom, in: Nietzsche-Studien 41, 127–162

Gemes, Ken 2009: Nietzsche on Freedom and Autonomy. Oxford

Gerhardt, Volker 1996: Vom Willen zur Macht. Anthropologie und Metaphysik der Macht am exemplarischen Fall Friedrich Nietzsches, Berlin/New York

Gerhardt, Volker 2000: Sensation und Existenz. Nietzsche nach hundert Jahren, in: Nietzsche-Studien 29, 102–135

Gerhardt, Volker 2002: Immanuel Kant. Vernunft und Leben, Stuttgart

Gerhardt, Volker 2006 [1992]: Friedrich Nietzsche, München, 4. Aufl.

Gerhardt, Volker 2011: Monadologie des Leibes. Leib, Selbst und Ich in Nietzsches *Zarathustra*, in: Die Funken des freien Geistes. Neue Studien zur Philosophie Friedrich Nietzsches (hrsg. von Jan Chr. Heilinger und Nikolaos Loukidelis), Berlin/New York, 1–49

Kamphaus, André 2012: Wie wird man, was man ist? Eine Auseinandersetzung mit Nietzsches Vorstellung von Selbstverwirklichung, Berlin

Kant, Immanuel 1923 [1786]: Was heißt: Sich im Denken orientieren?, in: Akademie Ausgabe (Bd. 8), Berlin, 131–148

Mandalios, John 2008: Nietzsche and the Necessity of Freedom, Lanham

Mann, Thomas 1982 [1947]: Nietzsche's Philosophie im Lichte unserer Erfahrungen, in: Leiden und Größe der Meister, Frankfurt, 838–874

Müller-Lauter, Wolfgang 1971: Nietzsche. Seine Philosophie der Gegensätze und die Gegensätze seiner Philosophie, Berlin/New York

Nietzsche, Friedrich 1994: Frühe Schriften, Bd. 2: Jugendschriften 1861–1864, München

Nicodemo, Nicola 2014: „Einer Aufgabe zu leben“. Nietzsches Herausforderung an sich selbst und an die Menschheit, Phil.-Diss. Humboldt-Universität zu Berlin

Pasgaard-Westerman, Martin 2011: Self, Freedom and Knowledge in Nietzsche, in: Nietzsche-Studien 40, 407–419

Porete, Margareta 1987: Der Spiegel der einfachen Seelen. Wege der Frauenmystik. Aus dem Altfranzösischen übertragen und mit einem Nachwort, Anmerkungen von Louise Gnädinger, Zürich

Recki, Birgit 2001: Ästhetik der Sitten, Frankfurt a. M.

Schuhmann, Maurice 2011: Radikale Individualität. Zur Aktualität der Konzepte von Marquis de Sade, Max Stirner und Friedrich Nietzsche. Bielefeld

Sooväli, Jaanus 2009: Was ist das souveräne Individuum? Neuerscheinungen zu Nietzsche und

Kierkegaard, in: Nietzsche-Studien 38, 477–485
Wehrli-Johns, Martina 2000: Mystik und Inquisition. Die Dominikaner und die sogenannte Häresie des Freien Geistes, in: Walter Haug/Wolfram Schneider-Lastin (Hrsg.): Deutsche Mystik im abendländischen Zusammenhang, Berlin, 225–252
Winteler, Reto 2010: Nietzsches Ideal eines höchsten Typus Mensch und seine „idealistischen" Fehldeutungen, in: Nietzsche-Studien 39, 455–486

5

Douglas Burnham

The Suicide and Rebirth of Religion

The third part: „das religiöse Wesen"

5.1 Introduction

Everyone knows what Nietzsche has to say about religion, which appears to be his chief topic: religion as the deification and perpetuation of weakness and suffering; religion as the despising of the world and the body; and of course that thing about the death of God. When it comes to religion, apparently, he was stoutly against it. Now, the third chapter of *Beyond Good and Evil* is one of Nietzsche's most important statements on the subject of religion. As contemporary readers, however, we face particular difficulties reading these pages. First of all, as just noted, the theme is over-familiar. Precisely because of this, there is a temptation to discount, under-emphasise or simply fail to notice passages that do not quite fit. To be sure, the very last section of the chapter contains and provides a clear formulation of many of just these familiar themes. But much of the rest of the chapter is difficult to square with what „everyone knows" about Nietzsche. Second, most of us no longer feel Nietzsche has *us* in his sights: the savagery of his personal, satirical attack *on his contemporaries* is thus blunted. Likewise, the whiffs of scandal and sacrilege have long since dissipated. We feel, as we imagine Nietzsche felt, that religion is rather a relic, behind or beneath us, and something we can now contemplate from a distance. We feel safe to join in the critique, and perhaps amplify it further. Well, again we are not reading carefully enough. For one thing, it is clearly „us" that Nietzsche describes in section 58 , with lashings of ridicule: those European dwarves who espouse „modern ideas". Far from becoming comfortable Nietzscheans, then, we have fallen further into the malaise that he anticipated. Somewhere along the way we have lost a sense of Nietzsche's radicality.

So, we will start with the chapter's last section, which seems to present us with few difficulties. Then, though, we will survey and begin to work through the material that, as we said above, is difficult to „square" with what we already know about Nietzsche. In the end, this will lead us to consider, from within the context of a philosophical account of religion, the nature of time, possibility and fate. We will discover that Nietzsche's powerful critiques of past religious beliefs, institutions and ways of life do not exclude the possibility of something quite different in the future, though something that could still be called „religion".

5.2 „The deterioration of the European race"

In section 62, the analysis starts off in a broadly Darwinian manner. In the course of the reproduction of humanity, new traits will arise. These traits may lead the organism to successful living or not. But what exactly is meant by „success" here? In strict Darwinian thought, success means survival to the point of further reproduction, and thus the passing on of the new trait to increasing numbers. At this point, Nietzsche seems to introduce a decidedly non-Darwinian concept here: a „measure" of success which is not simply about reproduction. Here, he calls this measure „vornehm". (Let us skip for the moment the question of what this new criterion might mean.) Indeed, so unrelated to survival and reproduction is it, that for noble type „steigt noch die Unwahrscheinlichkeit, dass er *geräth*" (JGB 62; KSA 5, 81). That is, even if someone has a noble trait, and represents some type of advance according to this different measure, those traits might not come to fruition or express themselves fully, because of external factors (Nietzsche is referring to everything from climate and diet, to education, and other historical contexts).

All this selection happens as a matter of course, without any broad human decisions being made. Nietzsche argues, however, that human decisions are made that do interfere with this process. He is really speaking about what we will call a „mode of cultural life", which we can define as a way that a human community has of valuing certain phenomena (for example, moral valuations or religious beliefs) and acting upon those values (for example, moral rules of conduct, juridical and enforcement institutions, religious practices). The mode of cultural life which interferes in the development of the human type is one that actively seeks to aid those individuals or groups who *are not* noble, to preserve those traits which lead humans to suffer from life as if from „einer Krankheit". It gave „den Leidenden Trost, den Unterdrückten und Verzweifelnden Muth" (82) and so forth – presumably Nietzsche has in mind both material aid to the sick and poor, and spiritual encouragement to the dispossessed. Moreover, this mode of cultural life no less actively seeks to make matters more difficult still for those who *are* noble. It sought to „die Starken zerbrechen, die grossen Hoffnungen ankränkeln" (ibid.) and so forth. The consequence of this is that successes according to Nietzsche's new measure are virtually impossible, and that failures according to that measure are aided towards reproduction and come to predominate. The predomination of failures might mean either that the human species does not change at all, but merely stays perpetually the same, or even that not-noble traits are favoured and accumulate in the population. This mode of cultural life is called „religion". Although the title of the chapter does not qualify the term „religious", it is clear that Nietzsche has three particular religions in mind: Judaism, Christianity and Buddhism. In the European context – i. e. in terms of the effect on European ways of life – the second of these has by far the most important role. The consequence of Christianity as a mode of cultural life is „the deterioration of the European race" („die *Verschlechterung der europäischen Rasse*", ibid.), specifically the generation of the typical European of today, that „stunted" and „mediocre" „herd animal" (cf. 83).

Notice, though, that Nietzsche seems to stress a division within this interference. On the one hand, he seems to suggest that there might be merit in the care of the suffering, and that in any case we should feel the highest gratitude to religion for what it has achieved. In other words, although Nietzsche certainly has a bit of a reputation on this subject, he does not seem to advocate simply withdrawing care from any one who might need it, as if hospitals or orphanages should be shut down. A genuine desire to give aid is not the problem. (Elsewhere, he argues that pity – a key concept in Christian cultural life – is anything but „genuine" in this sense, and is in fact a form of aggression; for example, see *Die fröhliche Wissenschaft* (FW 1, 13–14). For pity's specific relation to the quasi-evolutionary narrative Nietzsche is providing here, see *The Antichrist* (AC 7).) On the other hand, however, there is the standing of „all valuations on their head" („Alle Werthschätzungen *auf den Kopf* stellen", KSA 5, 82). Here we have a mode of cultural life which has decided to define strength, great hopes, delight in beauty, and command as undesirable, and thus not only encourage the not noble to rebel against them, but also encourage any one with these traits to seek their own destruction. Nietzsche summarises this by saying that this mode of cultural life inverts love of earth into hatred of the earth. This is where the real danger lies for the possibility of any advance in the human type.

So, the material in this last section is pretty much as readers expect. Put it together with the death of God – which we find gestured towards in this chapter in for example the discussions of how common or inevitable atheism has become (JGB 53) and the indifference to religion (JGB 58) – and all those things that „everybody knows" about Nietzsche on the subject of religion are in place.

However, as we said above, there are plenty of passages earlier in the chapter that simply don't fit easily. For example, why exactly does the chapter begin with that statement of a lonely methodology? (JGB 45); or why does Nietzsche express such admiration for the Old Testament (JGB 52), for the power of the saint (JGB 47 and 51), for loving man for the sake of God? (JGB 60); why does Nietzsche in this context talk about eternal recurrence at all? (JGB 56); what is meant by the growth of the religious instinct as opposed to a theistic one? (JGB 53) and why does Nietzsche also say, only a few pages later, that the religious instinct is fading? (JGB 58); and, while we're on the subject of ideas that do not fit with what „everybody knows", what are we to make of this profound gratitude to religion that Nietzsche professes in the last section, and elsewhere in the chapter too (e. g. JGB 61)? The modern reader of Nietzsche has to avoid a practical contradiction. On the one hand, we want to take Nietzsche seriously as a careful thinker and consummate writer. On the other, we know (or believe that we know) the stuff on religion so well, that we are tempted to adopt selectively the view of Nietzsche as a careless philosopher in order to overlook certain passages that cloud our views or defy easy interpretation. Our challenge here in this chapter will be to build an interpretation of Nietzsche's philosophical treatment of „the religious character" that does not deftly sidestep difficult issues.

5.3 Three Clues

Let us move from the end of the chapter to its beginning. The first section of the chapter (JGB 45) gives us three valuable clues. First, the loneliness of Nietzsche's endeavour. So vast is the task of investigating the hidden history of inner human experiences, that Nietzsche wishes for an army of assistants. However, precisely the kind of scholars who might otherwise be expected to have the kind of knowledge or skills required (e. g. academic historians, psychologists, or philosophers), are unsuitable. This arises not because other scholars are uninterested in these problems – the psychology of religion was a pretty common theme of 19th century speculation, for example – but because they are not the right kind of human being for the job. The kind of „game“ Nietzsche is after is different from what scholars pursue as a matter of their inner-most dispositions, and thus both their courage and their skills fail them. Other scholars are not „so tief, so verwundet, so ungeheuer“ (JGB 45; KSA 5, 65) as Pascal, and therefore turn out to be useless or even counter-productive when it comes to the great, dangerous hunt that Nietzsche proposes. Unlike Nietzsche himself, apparently, there are no other „geborene[ ] Psychologen“ (ibid.). So, Nietzsche has to do everything himself.

In fact, Pascal pops up fairly often in the book, as an exemplar of the tortured reason and perverse spirituality of late period European Christianity. Moreover, the first section's description of Pascal and those sufficiently akin to him invites comparison particularly with section 59. There, a human type is described employing a very similar language of deepness, woundedness and monstrosity. Nietzsche is speaking of deeply religious thinkers of the past, perhaps including Pascal himself. And yet what this type is subsequently capable of, or what it is compelled to do, is so very different from what Nietzsche proposes for himself. Instead of allowing one's curiosity its pursuit, sniffing after and bringing to light hidden and dangerous truths, these burned souls protect themselves and others precisely by disguising the truth, beautifying humanity instead of allowing its ugliness to be unveiled. By beautifying humanity Nietzsche is referring to the Christian interpretation of notions such as selflessness, compassion, sacrifice and of course the possibility of God's grace. The difference between the two – between Nietzsche himself and the *homines religiosi* – is in the latter's perception that neither they, nor any of their fellow humans, have *as yet* become strong, hard or artistic enough to cope with truth. In other words, these humans – so very similar otherwise to the „born psychologists“ – react against the truth, knowing that falsehood and safety are not just easier but (at least for now) *better* options. Notice that this language of strength, hardness and artistry is also repeated at the very end of the chapter. There too, as we have seen, Nietzsche is contrasting the disastrous inverting of values carried out by European religions with an alternative and positive way of responding to the ugly and perilous truth. The question arises, to which we shall return at the end of this chapter: is this alternative necessarily opposed to and distinct from *any* form of religion?

Now famously, in the previous chapter, Nietzsche makes a similar point, „dass sich die Stärke eines Geistes darnach bemässe, wie viel er von der ‚Wahrheit‘ gerade noch aushielte“ (JGB 39; KSA 5, 57). This idea is found repeated still more famously in *Ecce homo* (EH Vorwort 3). In other words, it is one thing to have the deep spirituality necessary to grasp at the truth of human beings, another to be able to acknowledge it and fashion a mode of cultural life around it. Famous as these passages may be, they oversimplify the point being made here in Chapter 3 of *Beyond Good and Evil*. Throughout the „ganze *bisherige* Geschichte“ (KSA 5, 65) – by which Nietzsche means in the Christian period – it is not as though strength of spirit and great artistic creativity will have been entirely lacking. There is a strength, and certainly an „artistry“ in the disguising of the truth. Nietzsche discusses the phenomenon of the saint and more generally the will-to-power testing itself in these particular ways. Indeed, by Nietzsche's own argument concerning the deterioration of the human race, it is more likely that such strength would be lacking *now*. Instead, we have to entertain the thought that, for some reason, the great religious figures of the past *had to* put their will to work in disguising truth and beautifying humanity in its suffering. The key question now must be: what is it about human beings or their culture (in the broadest sense) that is changing, such that the born psychologist is *now* capable of confronting and perhaps even sharing the dangerous truths? In short: why (according to Nietzsche) is someone like Nietzsche now possible?

The second clue in that very first section is that the first mention of religion in the chapter is within the orbit of „zum Beispiel“. Religion, far from being the central issue in Nietzsche's philosophical sphere, is only an example of something else. In other words, the issue of religion is a subset of a much broader topic which is „die ganze *bisherige* Geschichte der Seele“. This is significant because now it is clearly impossible for us to say simply that Nietzsche was „for" or „against" religion *as such*. Religion is a fact about the history of human organisms. That is why Nietzsche employs the quasi-biological designation *homines religiosi* alongside the quasi-medical phrase „religiöse Neurose". Religion is not a neurosis in an ordinary sense, by which one might mean a characteristic that individuals of the human type might acquire, or be cured of, and which lies *on top of* their underlying humanness. The religious neurosis, that is, is not a disease in the way that athlete's foot is a disease. Rather, *homines religiosi* is a type of human being. Accordingly, it makes no more sense to be „against" religion, in any respect other than by way of my *personal* dispositions or interests, than to be against opposable thumbs. This brings to mind a Woody Allen quip: „My relationship with death remains the same – I'm strongly against it."

Not only is there an absurdity in attempting to evaluate such a phenomenon as religion, but as we have observed above several times, the phenomenon itself carries features that Nietzsche typically praises. These include extraordinary manifestations of the will to power; genuine creativity in moral systems; centuries-long flowering of art and beauty. All these are found, Nietzsche tells us in this chapter, throughout the history of religion. And yet, it clearly remains the case that there *is* some kind of evaluative element in Nietzsche's thought on this topic. He is evidently and famously delighted by, or horrified by, certain features or consequences of religion. Nor is this just a question of his personal opinions or interests (in that case it would not be of philosophical interest). But how does this happen? How does a human being get to gaze upon himself and his whole species as if from a position outside of himself, in order to offer an evaluative assessment? In the case of religion itself, there is an answer: the evaluation comes from God who is transcendent to humanness and thus is able to evaluate it. And, from the point of view of God, humans are and must be *guilty*. That is one of the arguments Nietzsche develops in *The Genealogy of Morality*. Nietzsche is a philosopher of immanence, however, arguing that all thoughts and feelings belong to the same system of forces and affects as that which they are thoughts and feelings *of*. The transcendent position of evaluation is unavailable – indeed, the metaphysical assumption that there is or must be such a position is a key part of the problem. Nietzsche accordingly makes a similar point in *Twilight of the Idols*, claiming „*dass der Werth des Lebens nicht abgeschätzt werden kann.* Von einem Lebenden nicht, weil ein solcher Partei, ja sogar Streitobjekt ist und nicht Richter; von einem Todten nicht, aus einem andren Grunde" (GD Sokrates 2; KSA 6, 67f.). So, the question then is, what kind of evaluation is Nietzsche making and, above all, on what grounds? Again, it must be the case that something is changing or has changed, which makes possible such an evaluation of a brute fact about the history of humanity.

The third clue is right there in the first sentence of the chapter. There Nietzsche writes about „die ganze *bisherige* Geschichte der Seele" (JGB 45; KSA 5, 65). Notice how many times, just in this one chapter, Nietzsche employs phrases that mean something like „up till now" or „from now". There are well over a dozen instances. This repetition indicates that Nietzsche is not simply being cautious about the future, as one might say „He ran the fastest 100m *so far*", knowing that it is a perfectly ordinary, although not necessarily common, event for a world sprinting record to be broken. At any point in a history, it is possible to say „so far", without that phrase designating anything other than the point in history one is at. Here, though, something different must be meant. The repetition of such phrases indicates that a certain past has completed its course, and that a certain quite different future might be possible. What is really at stake here is the possibility of a genuine break with the past. Indeed, as we shall see, the break consists in the way the past, present and future should be understood by the mode of cultural life – a change in the conception of how time can be lived.

5.4 The Turning Point

So, what has changed? That is, what is it about Nietzsche's historical period that strikes him as meaning something other than „more of the same", and thus representing the possibility of a new and quite different historical phase? This chapter provides several partial answers – indeed, most of its constituent sections are concerned with describing these changes – and the rest of the book provides others. Let us look briefly at a few of the changes discussed. In section 46, for example, Nietzsche writes that from the beginning, Christian faith „[sieht] einem dauernden Selbstmorde der Vernunft ähnlich" (JGB 46; KSA 5, 66). This particular image entails that, at some point, this „suicide" will stop having been protracted, and be complete. In other words, reason (in any form) will become utterly incompatible with Christian thought. Since it has indeed happened that Europe renews its belief in reason (through the Enlightenment, for example), then theistic belief becomes utterly untenable. (As we shall see, the rational untenability of religion is the theme of sections 53 and 54). Notice, though, that this particular change, which might result in the possibility of a new history beyond theistic religion, is a *consequence* of religion. It is a suicide, after all. This idea – that it is Christian theistic religion itself that through its utmost development brings about the end of theistic religion – is an important one and is to be found in many of the analyses in this Chapter.

In section 47 „psychology *to date*" („Die bisherige Psychologie", KSA 5, 69) has failed to grasp the phenomenon of the saint. The „miracle" of the saint, Nietzsche suggests, represents the highest and more powerful instance of, and inner meaning of, religious life practices. In the saint, all the aspects of willing or desire associated with the body, with life, with culture are negated, and only a pure contemplation of God (for example) remains. The mystery which psychology (including Schopenhauer) has failed to solve, is that of a will willing not to will, or a living being who seems not to live. Surely, these things are miracles, witnesses to God's grace! Unravelling and properly interpreting this „miracle" would change forever the relation we have to religion. The problem is a false one, Nietzsche claims. It is not that the will has stopped willing, but that on the contrary it has found another way of expressing its power. Again, it is not that something else has interrupted or negated life, but rather that a certain mode of life *itself* has found a certain denial of life to be in its interests, to further its ends (This is also the upshot of the analysis of the ascetic idea in *Genealogy of Morality* (GM III 13)). This analysis of the saint is further pursued in JGB 51.[1] The powerful have always seen the saint as an extraordinary instance of power, whether this is seen as a sign of God's power, or perhaps as a sign of a great human will testing its own possibilities. The saint is certainly not an instance of an annulling of will (a deliberate adoption of abject weakness) but rather an instance of greatest power. But a power over what, with respect to what and with what aim? – that is what „they" had to ask the saint. For our purposes here, the overall significance of these passages is that the phenomenon of the saint makes more sense, rather

1 As well as at JGB 50. Here, I will not discuss this passage, but a clue to the significance of „womanly tenderness" can be found in a discussion of the symbolic system of masculine and feminine. Please see the Zarathustra book and Burnham/Jesinghausen, 2009 and Burnham/Jesinghausen 2011. I must draw attention to the fact that my work in this paper owes much to Dr. Jesinghausen.

than less, if interpreted outside the sphere of the theistic – but this interpretation has only recently become possible.

Section 53 suggests another great change: the inevitable rise of atheism, partly by philosophical and rational refutations of certain religious tenets. Section 54 charts the contributions of philosophy since Descartes and with a particular stress on Kant, in undercutting the philosophical presuppositions of the Christian concept of the soul. Section 55 tells the history of religion in terms of the necessity of ever-higher acts of cruel sacrifice; the highest and last of these being: „Für das Nichts Gott opfern – dieses paradoxe Mysterium der letzten Grausamkeit blieb dem Geschlechte, welches jetzt eben herauf kommt, aufgespart: wir Alle kennen schon etwas davon. –“ (74). To deny God to oneself, the external consolation of and justification for all suffering, and to replace God with nothing – that is, no external consolation or justification of suffering, only existence itself – this is the cruellest thing one can do to oneself. Nietzsche's point is that, although one might like to see this nihilistic move as one motivated by an objective and thoroughly non-religious pursuit of the truth, it is also and perhaps primarily a perfectly natural development of that cruelty that belongs to religion. Section 58 argues that the practices of religion require leisure, and today neither the man of industry, nor the scholar, have the time. No longer having the time or opportunity, religion ceases to become something experienced, but only known about. This is not a *choice* to be an atheist or agnostic; this is just indifference. In the 19th Century, religion is no longer a part of most European lives.

Now, these analyses of new developments are not necessarily to be greeted, in and of themselves, as progress. We know from chapter one, for example, that Nietzsche's views on the power of reason, and about the nature and availability of truth, are not straightforward or traditional – so, the fact that Christian conceptions of these are giving way to some other conception does not necessarily equate to a good thing. Indeed, in section 58, it is very clear that Nietzsche believes the indifference or practical atheism of his 19th Century – precisely a turning *against* religion – to be yet another appalling result of the gradual degeneration of humanity *through* religion. Again, we see that idea of Christianity being its own downfall. Nevertheless, this particular result is appalling because far from producing a people capable of grasping the truths about the human spirit that underlie religion, it produces people who are (though for different reasons) utterly incapable of doing that. Indeed, Nietzsche's contemporaries, precisely because of their distance from the religious, are now *further away than ever before* from being capable of the insights Nietzsche is after. As the Preface tells us, the nightmare of dogmatism may be over but that just means the average European can sleep more soundly. Unlike the burned or wounded souls of section 59, who retreat from the dangerous truth, realising that they and their contemporaries could not exist on that basis, these modern Europeans don't even get that far, such is their indifference. Specifically, by its end, Christianity has produced the very scholars that Nietzsche found to be useless, back in the first section of the chapter.

All of these passages (and there are others here and throughout the book) signal major historical changes. Indeed, it appears that a key purpose of this chapter is not so much an analysis of the religious character as such, but rather an analysis of what that character *has been*, *has become*, and now *can be*. These changes mean that the circumstances within which Nietzsche lives and philosophises are different than those pervading the time of Pascal, say. Consequently, different lives and philosophies are now possible. It is not, then, that the free spirits – including Nietzsche himself – are *qua individuals* necessarily any stronger, nobler or more courageous than, for example, a Jesuit three centuries previously. As we noted above, following Nietzsche's own quasi-Darwinian argument, it would appear likely that individuals will have become *less* strong, noble or courageous. More importantly, though, it is far from clear that, in Nietzsche's thought, it is even possible to talk about individuals in this abstract way, as if Nietzsche or Pascal's characteristics would remain the same if, *per impossibile*, they were transplanted into a different place and time. The individual is, as Nietzsche puts it in *Twilight of the Idols*, „ein Stück fatum" (GD Moral 6; KSA 6, 87), appearing from out of history and circumstance, in turn contributing to history and circumstance, and not „free" to be independent of these. Expressing the same point in different terms: the will-to-power is relational, it exists as its expression and that expression will vary depending upon what it encounters that hinders, helps, challenges, tests or otherwise stimulates it.[2] But for an accident of historical context, then, Nietzsche would have been the most solemn of theologians or priests, perhaps even a saint. This brings to mind a delightful short story of Jorge Luis Borges, *Pierre Menard, Author of the Quixote* (Borges 2001). Menard is a fictional French writer who sets out to write – not copy, mind you, but *write* – the novel *Don Qui-*

2 This concept is explored especially in Za Baum and Za Krieg and also JGB 19; cf. Burnham 2012.

xote, some three hundred years after it was first written by Cervantes. Because of the completely different historical context, however, this is in fact a completely different work, showing brilliant invention where, in Cervantes, there is prosaic cliché. Borges, in this story, is investigating our ideas of literary genius, and specifically the idea that some author could be a „universal“ genius. Moreover, he is questioning whether there is anything independently valuable or meaningful left over at all, should historical context be removed from a life's work. In both these ideas, he is reflecting Nietzsche's idea of the individual as a „piece of fate“.

However, just like for Pierre Menard, given this new context, different possibilities arise. Those spirits of Nietzsche's time, the free spirits, precisely because they are set into their own *different* time, may be able to reveal these dangerous truths – or rather, a mode of cultural life aligned to these truths can at last be lived.[3] Further, recall from the Preface that the long overcoming of Platonism and its later counterpart Christianity has „in Europa eine prachtvolle Spannung des Geistes geschaffen, wie sie auf Erden noch nicht da war: mit einem so gespannten Bogen kann man nunmehr nach den fernsten Zielen schiessen“ (JGB Vorrede; KSA 5, 12f.). What does Nietzsche mean by this? It is not just that things have changed – in all the ways that we have just been discussing, and others – but also that the long process of historical change has resulted in the accumulation of certain spiritual resources that might be used by the free spirits. Here in this chapter, these new-found resources are the principle topic of section 61. There, Nietzsche lists five ways in which religion in the modern world, precisely in that poor state in which its decline has left it, is ripe for being used as a tool to achieve quite other purposes: (i) a tool for breeding; (ii) for ruling; (iii) for providing a way of „securing calm“; (iv) for instruction; (v) for making the ruled content. Other chapters of *Beyond Good and Evil* discuss other examples of this „Spannung“ and how it might present unique opportunities to bring about advancements in the European mode of cultural life. (One clear and prophetic example is the discussion of Russia in section 208.) In brief, due to all these historical conditions, it is almost as if Nietzsche speaks from the position of a *different species*. In other words, the free spirits represent the perspective of a new form of cultural life (or rather a rebirth of something like the Greek and Roman nobility), which provides the measure or the position of evaluation, according to which one might have

3 This notion of „alignment“ is one that I first developed in Burnham 2007.

gratitude to the history of religion and also horror at some of its consequences. This perspective is one which is organically capable of thinking in terms of the future possibilities of the human. Let us now investigate further this notion of the future.

5.5 Futurity

Given the frequency of phrases such as „so far" and „up to now", we can further surmise that what is at stake here is not just a sense of a historical break, but a change in the conception of time. What would this mean? In Christian thought, there is anticipated or hoped for a future possibility, but it is not of this world, and not even of this time, strictly speaking. It is the hoped for and awaited future life with God, after the end of the world. So, this world has no future possibilities; rather, this world remains in its essence continuously the same (that is, as created according to archetypes in the mind of God, but fallen), and the Christian exists as *awaiting*. This static sense of things, and the absence of possibilities, is repeated but intensified in the description of modern Europe given in section 58. The absence of any future possibilities has hardened from simply being the hoped for future world of Christian belief – a future built on the rejection of the now – to a world of „more of the same" without hope. The form of cultural life is here fixed, all that remains is to live one's life, and perhaps to accumulate (whether capital or knowledge is indifferent).

Two passages from *Also sprach Zarathustra* will help us to understand this idea. First, the Europeans (both the industrious and the scholars) described in section 58 are the „last men" of Preface 5. This passage (especially in combination with similar passages in Preface 3) provides a vivid satirical picture of the sense of an absence of future possibilities. The „last men" are a mode of cultural life devoted entirely to self-perpetuation, they are thus „unaustilgbar, wie der Erdfloh". Zarathustra imagines them asking: „Was ist Liebe? Was ist Schöpfung? Was ist Sehnsucht?" These concepts are alien to them, because all involve change and hope. („Liebe" is a term Zarathustra used repeatedly in his previous speech in the market; e. g. „was geliebt werden kann am Menschen, das ist, dass er ein Übergang und ein Untergang ist" (Za I Vorrede 4; KSA 4, 17); ultimately, it is also likely a reference to the conception of love as philosophical yearning in Plato's

Symposium.) They have invented a uniform, modest happiness, and time is at an end.

The last men say „Man ist klug und weiss Alles, was geschehn ist" (Za I Vorrede 5, KSA 4, 20). This sentence adds a new dimension to the satire; specifically, it takes us to Nietzsche's critique of the 19th Century German notions of *Bildung* and of historical sense. To explore this, we must turn to a later section in *Thus Spoke Zarathustra*, „Vom Lande der Bildung". Here, Nietzsche is again satirising those same industrious Europeans as in JGB 58, with a particular emphasis now on the scholarly class and their „historical sense".

By „historical sense" Nietzsche intends something of the nature and consequences of modern Europe's relationship to its history. Having a historical sense means, in a positive sense, knowledge of but more importantly something like a feeling for history, especially for the history of values. This positive aspect of the historical sense is explicated in *Beyond Good and Evil* in section 224. Historical sense comes about through scholarship in part, perhaps, but also (and for Nietzsche more decisively) through the geographical movements of peoples, communication and cultural exchange across Europe, even the inter-breeding of national types. Because of these factors, we all have a real or direct relation to the past – it is a portion of our own genesis – rather than simply scholarly *knowledge of* the past. It is this historical sense that, in part, permits Nietzsche to undertake the study of the whole history of inner human experiences. Paradoxically, then, this connection is part of the inheritance that makes possible in the modern period that significant break with its past of which we have been speaking. The break with the past is not a simple discontinuity, such that one would simply forget or have no real relation; rather, the break is the possibility of new ways of living and thinking.

However, the historical sense also has a negative dimension. In Nietzsche's career, this critique of a certain irresolute relation to history dates back to the second and third *Untimely Meditations*, and to his still earlier lectures on education („Ueber die Zukunft unserer Bildungsanstalten"; KSA 1, 641–751). It is this negative side that Nietzsche is satirising in „Vom Lande der Bildung" and in section 58 of *Beyond Good and Evil*. The real relations that modern Europeans have to the variety in their past means that it becomes increasingly impossible to have an identity, to have a distinctive or unique place within history. The characteristics of the age of the historical sense are just scraps of the past – a political idea here, a style of dress there, a dietary custom, a pagan belief – all subject to the vagaries of fashion, since there is no compelling inner necessity to any of it. Modern Europeans are a patchwork, or splattered with all the colours of history, to employ another metaphor that Zarathustra does: „hier ist ja die Heimat aller Farbentöpfe!" (Za II Bildung; KSA 4, 153). These scraps do not cohere together organically as a mode of cultural life, much less a healthy or noble one. There is an indifferent *knowledge of* history, rather than a history that is lived through. A training and a culture that leads to this indifference is what Nietzsche means here by „Bildung". As a consequence, it is impossible to have a „Glaube", only to gesture in simulation of beliefs. Not just incapable, these people are „Unglaubwürdige", Zarathustra declares. By „Glaube" he means not just the devotion to certain values or truths which are unavailable to the objective sciences, but specifically the devotion to beliefs that might anticipate or bring about change or advancement. Thus, Zarathustra says, these people are „Unfruchtbare" and are not creators. Again, the problem is of a lived time which is static, which has no possibilities and thus has no future.

Two further aspects of this section confirm that thesis. First, these moderns say: „Wirkliche sind wir ganz" (154). „Wirklich" is a reference ultimately to Hegel – although probably by way of later 19th Century figures influenced by Hegel. Wirklichkeit is the end point of the process of becoming of the Absolute, and at which point the Absolute has come to be fully what it is (cf. Hegel 1988, 14). Or as Hegel says in a slightly different context: „Die Wirklichkeit ist die unmittelbar gewordene Einheit des Wesens und der Existenz" (Hegel 1986, p. 279). In being actual, the modern Europeans believe themselves to be the end point of history, its culmination and fulfilment. Second, the section begins with Zarathustra travelling into the far future, and being horrified at finding „da war die Zeit mein einziger Zeitgenosse" (Za II Bildung; KSA 5, 153). He then flees „heimwärts" to the present and to the modern Europeans he is about to describe. This means two things: first, that the emptiness of future time is a consequence of these moderns and their lack of a coherent mode of life. Accordingly, towards the end of the passage Zarathustra declares that, in fact, he has no home. What Zarathustra, in his panicked fleeing from the barren future, thought was his home, turns out to be no less alien. Second, it means that an authentic mode of cultural life – that is, one that is healthily aligned to the nature of the human and to life itself

– temporalises itself from out of the future. As Zarathustra puts it as the end of the passage: „So liebe ich allein noch meiner *Kinder Land*" (155).

This notion of a world fixed in its essence stands in contrast to two important passages in Chapter 3 of *Beyond Good and Evil*. First, the idea, which we have already mentioned, of the „noch unausgetrunkenen Möglichkeiten" of human inner experience (JGB 45; KSA 5, 65). Nietzsche is implying that, in the Christian world-view strictly speaking, created time is conceived such that *there are no possibilities*. The mere fact of positing future possibilities already entails a different conception of time. Likewise, we should compare Nietzsche's statement that man is „das *noch nicht festgestellte Thier*" (JGB 62; KSA 5, 81). This is an even more specific contradiction of the notion that human beings are created in the image of God, or who have some other fixed essence – perhaps one manufactured for them by some set of political, scientific or moral beliefs. The idea seems to be something like this: all animals, of course, evolve in the quasi-Darwinian view being advanced here. However, any given species presumably „seeks" to perpetuate itself unchanged, for change would mean that the species becomes extinct in favour of the new species with its new traits. Nietzsche then adds that only human beings are the kind of form of life that *should* seek to overcome itself and change. As he put in the Preface to *Thus Spoke Zarathustra*, „was geliebt werden kann am Menschen, das ist, dass er ein *Übergang* und ein *Untergang* ist" (Za I Vorrede 4; KSA 4, 17). In other words, the human being should affirm a concept of time open to future possibilities of life. The core of Nietzsche's evaluation of the European religious tradition, and of its ultimate consequences in the European of today, is in this contrast between an eternalised now of endless waiting in linear time (or the endless indifference generated by the pseudo-culture of the historical sense), and a mode of cultural life that experiences time first and foremost in terms of its openness to future possibilities.[4]

4 In fact this is an oversimplification. Openness to future possibilities – a conception of the health of life based around growth of the feeling of power, a taste for change and thus also for destruction – is only one of two basic and complementary conceptions of noble health. The other is the moment characterised by ripeness, stillness, midday and perfection. See especially Za Sehnsucht and Za Mittags. The two are complementary, since ripeness is also imaged as the last stages of pregnancy: the point where the state of perfection is also a crossing over into the new (i. e. birth). For a discussion of the philosophical meaning of this imagery, please see Burnham/Jesinghausen 2011.

5.6 Eternal Recurrence

So, then, why does Nietzsche talk about eternal recurrence in section 56? After all, it doesn't seem to have any immediately obvious relation to the topic of religion. Moreover, open to future possibilities does not sound compatible with the clichéd version of eternal recurrence. Eternal recurrence is not primarily the concept that „nothing is new, everything has happened before". Positing recurrence in fact changes nothing about the newness or otherwise of things. Rather, as we shall see, eternal recurrence is about exploring what mode of human life would be able to affirm its own being as a consequence of all that is and has been, in turn affirming its being the gateway through which future possibilities arise, and consequently having to affirm its own „Untergang" *so that* those possibilities might arise.

Notice that Nietzsche does not simply launch into the passage on eternal recurrence. Rather, he develops it as a key part of a different ideal – the „umgekehrte Ideal" in fact – to the „weltverneinendste" of all thoughts, namely pessimism. For lack of time, we cannot pursue fully the notion of pessimism here. Certainly, we can assume that it is tied up, in the European context at least, with both the later developments of the Christian religion that Nietzsche has been diagnosing in other sections (especially the sacrifice of God for nothingness in the immediately preceding section), and with the specifically modern rationalism that has had a hand in the decline of Christianity (sections 53 and 54). This assumption seems to be borne out by the way pessimism arises in section 59. There are various ways to respond to the modern situation. Three ways Nietzsche lines up for particular criticism are: with bland indifference (presumably the most common, exemplified by the industrious European citizens and scholars, and the dissolving of *any* instinct for religion), with improbably renewed Christian fervour (Nietzsche mentions the Salvation Army in this way in section 47), or by pursuing the implications rationally to their end (he means Schopenhauer in particular). The result of the last of these is pessimism: life and the world are essentially meaningless and the only recourse (the only ideal one can pursue) is some kind of tranquillisation of the will. That pessimism should have an *ideal* at all, and that it should arise by way of the operation of reason, all constitutes a subtle joke: in Kant's *Critique of Pure Reason*, the „Ideal of Pure Reason", is a discussion of the concept of God as a transcendent, individual entity (KRV, A567 = B595).

It is now possible for us to see the „inverse“ of this: instead of tranquillisation of the will, its utmost expansion; instead of the simple meaningless of life and the world, their divination. Here at last we might discover a religious instinct, which might be said to be growing vigorously, but without any theistic component (JGB 53). Now, the world-negating pessimist, who has negated his or her own will, might be said to „accept“ all that is and has been. That is, the pessimist does not try to reinterpret all that is and has been in some framework according to which it is justified by, say, reference to a transcendent God. Nor does the pessimist try to repress the world by beautifying it. However, the inverse ideal is the type of human who would not merely accept but *affirm* that world – all that is and has been – and this means to give it highest value and to desire nothing but its return („*da capo*“). Desiring its return, however, must also mean to recognise one's own situation as a product of history and circumstance, and a kind of conduit through which the future comes to be. Accordingly, the inverse ideal must also affirm itself as a piece of fate (as above we saw Nietzsche expressing it in *Twilight of the Idols*). All that has been and is is necessary for the human being, and he is in turn necessary for it and for himself. Accordingly, this desire for repetition is also equivalent to the love of and gratitude to one's fate. Now we understand why Nietzsche talks about the gratitude characteristic of Greek religion in section 49. It is just this Greek sense of religion that the inverse ideal is attempting to regain.

Section 56 ends in a characteristically Nietzschean double-take: he writes „Wie? Und dies wäre nicht – circulus vitiosus deus?“ (75). Here, Nietzsche appears to be speaking with the voice of someone who is rejecting or misunderstanding the thought of eternal recurrence. Now, the vicious circle is a concept from Medieval logic, designating an argument that concludes with precisely that proposition with which it began, and thus getting nowhere and proving nothing. The relevant sense of „vicious“ is its etymological root by which it is related to „vice“, not in the moral sense (or in the sense of a sin) but rather in the sense of a defect (Latin „vitium“). The argument forms a defective circle. So, the objection Nietzsche imagines being made to the inverse ideal is this: the notion of something making something else necessary, and the latter in turn making the former necessary, is like a logical vicious circle – and no less ridiculous – except here it is applied to the whole of existence and thus is describing a pantheism.

Much later, in the 19th Century, the figure of the vicious circle came to be used in medical contexts for a reinforcing cycle of symptoms. A simple example of this would be an illness that makes one lose ones appetite; but not eating leads to weakness, which in turn means the body cannot fight off the disease; and the disease increases its grip. In accordance with this later medical meaning, a second objection Nietzsche might be imagining is that of the pessimist: far from describing a world that one could affirm, you are describing the ever-tightening grip of its meaninglessness (cf. Klossowski 1969).

Now, the thought of eternal recurrence is, as Nietzsche famously declares elsewhere, akin to a trial that only a certain kind of human will survive. Zarathustra himself requires fully half the book to rise to the point where he can bear and celebrate this thought. Others will throw themselves down and gnash their teeth (FW 341; KSA 3, 570), and/ or seek a way of misconstruing and thus defusing the thought. „Vom Gesicht und Räthsel" in *Thus Spoke Zarathustra*, is the first passage in that book where recurrence is fully treated. Zarathustra confronts the dwarf who is the „Geist der Schwere, mein[...] Teufel und Erzfeind[ ]" (Za III Räthsel; KSA 4, 198). However, this dwarf is unmoved by Zarathustra's impassioned description of eternal recurrence. Instead, he simply says „Alle Wahrheit ist krumm, die Zeit selber ist ein Kreis" (200). The „krumm" here (truth and the circle „itself" are in some way lame, like the Dwarf himself) is clearly a reference to that original meaning of vicious circle as defect. Likewise, later in the book, both Zarathustra's animals and the higher men find various routes to avoid the implications of eternal recurrence. The two meanings of the last line of section 56, then, are two avoidance strategies.

There is still another way of interpreting *circulus vitiosus deus*, however. Suppose that in addition to being one of two imagined objections, it is also a summation of the whole inverse ideal. Nietzsche is certainly not averse to cleverly compressing three (or more) ideas into the same sentence. The word „vitiosus" is in fact a double pun. First, it is a pun on the Latin word meaning „life" („vīta") and second on the word meaning „vine" („vītis"). The former pun is made obvious for us, given the emphasis throughout the chapter on forms of life, and especially since here in this section, the inverse ideal is described as „das Ideal des übermüthigsten lebendigsten und weltbejahendsten Menschen" (JGB 56; KSA 5, 75). The latter is more subtle but of particular importance for our topic here. The vine suggests the Greek god Dionysus. This reading is reinforced by the fact that

„vītis" transforms itself into yet another Medieval meaning of vice". „Vice" has as an additional definition something that grips using a screw, or by wrapping itself around (as a hand around the shaft of a sword). This transformation occurs by way of analogy with the way that vine tendrils twist around their supports. The vine becomes the circle of recurrence. By way of these puns, then, we might translate the Latin phrase not as a „A vicious circle as God" but rather something like „The Dionysian circle of life as God". This is no longer an objection; it is exactly the point Nietzsche is trying to make! We have arrived at the meaning of the „religious feeling" or „instinct" that avoids theism (that is, without a transcendent God that looks „down" upon the world, condemning it as guilty). Instead, we have an immanent „god", which is nothing other than the ideal of a joyously lived-through circle of necessity and the creative production of the future. „Ich würde nur an einen Gott glauben, der zu tanzen verstünde" (Za I Lesen; KSA 4, 49).[5]

It will be convenient to bring this chapter to conclusion with an analysis of another passage that – suddenly – makes sense to us. Previously, section 60 seemed inconsistent or at least cryptic. It was one of the passages that, because of what everyone knows, we had to pass over in silence.[6] Nietzsche here extols the love of man for the sake of God. Indeed, he calls this „der Mensch, der am höchsten bisher geflogen und am schönsten sich verirrt hat!" (JGB 60; KSA 5, 79). To be sure, the necessity of belief in a transcendent deity meant that this feeling was symbolically deflected from its proper object. Let us, however, reinterpret this „vornehmste Gefühl" in the light of the understanding of the divine we have just developed above. Now, we see it as a statement in religious language that combines Zarathustra's „was geliebt werden kann am Menschen, das ist, dass er ein *Übergang* und ein *Untergang* ist" (Za I Vorrede 4; KSA 4, 17), on the one hand, with the idea of eternal recurrence, on the other. Man is loved for the sake of the god he *could* approach. In the past, those who sensed this noble and remote

5 For further discussion of the Nietzsche's conception of Dionysus and his relation to that concept, see the end of chapter nine in *Beyond Good and Evil.*

6 Translators into English have sometimes made bizarre choices in order to get this section to fit into their conception of Nietzsche's philosophy of religion. Given we are talking about flying and heights, there is no reason not to translate the superlative „entlegenste" as „most remote" – certainly not „oddest" (Lampert 2001, p. 127) or „most bizarre" (Judith Norman in Horstmann/Norman 2002, p. 54).

thought may have stumbled in expressing and thinking it through. In stumbling, they employed the notion of a transcendent God to explain the thought. This inadequate way of thinking is why the thought is only the highest flight made by a human *so far*. Remove the transcendent God, though, and you also remove the „so far". Given the opportunities for new ways of thinking and living presented by the historical changes we have documented above, it is possible for this „to love man for the sake of God" to mean: to love human beings for the sake of the divinity that they could come to affirm, be aligned to, and indeed participate in. In other words, humans can be loved for the sake of the historical gift they *could* offer to existence, and the passing on of that gift to the possibilities in their future. This could happen only insofar as a new noble mode of cultural life is developed that lives through time differently. Nietzsche believed that *now* is the time when such a mode of cultural life could emerge. Section 60 is thus a beautiful summary of the profound insights Nietzsche has attained in this chapter concerning both the past nature and future possibilities of religion.

Literatur

Borges, Jorge Luis 1944: Pierre Menard, autor del *Quijote*, in: J. L. Borges: Ficciones, Barcelona, 20–25

Burnham, Douglas 2007: Reading Nietzsche: An Analysis of *Beyond Good and Evil*, Stocksfield/UK

Burnham, Douglas 2012: Nietzsche, Style, Body, in: I. Callus/G. Lauri-Lucente/J. Corby (ed.): Style in Theory. Between Literature and Philosophy, New York

Burnham, Douglas/Jesinghausen, Martin 2009: Nietzsche's *Thus Spoke Zarathustra*, Edinburgh

Burnham, Douglas/Jesinghausen, Martin 2011: Of Butterflies and Masks: The Transfigurations of Apollo in Nietzsche's Early to Later writings, in: A. Rehberg (ed.), Nietzsche and Phenomenology, Cambridge

Hegel, G. W. F. 1988: Phänomenologie des Geistes, Hamburg

Hegel, G. W. F. 1986: Enzyklopädie der philosophischen Wissenschaften, Frankfurt a. M.

Horstmann, Rolf Peter/Norman, Judith (ed.) 2002: Beyond Good and Evil. Prelude to a Philosophy of the Future, Cambridge

Klossowski, Pierre 1969: Nietzsche et le cercle vicieux, Paris

Lampert, Laurence 2001: Nietzsche's Task. An Interpretation of *Beyond Good and Evil*, New Haven/ London

6

Marcus Andreas Born

„Rath als Räthsel“

Das vierte Hauptstück: „Sprüche und Zwischenspiele“

Wer sich dem vierten Hauptstück von *Jenseits von Gut und Böse* zuwendet, dem wird eine Eigentümlichkeit von dessen Aphorismen unmittelbar ins Auge fallen: Diese sind – abgesehen von den „*Sieben Weibs-Sprüchlein*“ im siebten Hauptstück – deutlich kürzer als die anderen Texte des Buchs. Dabei weisen die „Sprüche und Zwischenspiele“ eine große stilistische Bandbreite auf, wenn sich neben gewagten Thesen und irritierenden Fragen kurze Dialoge und spöttische Bemerkungen, reflektierende Passagen und unverhohlene Kritik ausmachen lassen. Zuweilen treten entschiedene Behauptungen mit komplexen Perspektivierungen in Widerspruch, wobei unterschiedliche Positionen mit Anführungszeichen als Sprecherfiguren exponiert werden, ohne dass ersichtlich ist, wer spricht (vgl. auch Lampert 2001, 138f.). Über die stilistische Varianz hinaus zeichnet sich das vierte Hauptstück dadurch aus, dass es sich inhaltlich nicht auf ein Oberthema festlegen lässt: Es finden sich unter anderem allgemeine Beobachtungen zum Glauben neben konkreten Thesen zum Alten wie zum Neuen Testament, die kontrastiert werden von etlichen Bemerkungen zu zwischenmenschlichen Beziehungen, Geschlechtlichkeit und Leiblichkeit; die Mitleidsmoral wird angegriffen und Thesen zu Mann und Weib vertreten, die Liebe problematisiert, Verbrecher und deren Advokaten ebenso behandelt wie Wissenschaft und Erkenntnis. All dies stellt die Leser des vierten Hauptstücks, die nach dessen Bedeutung oder gar seiner Struktur fragen, vor entscheidende Herausforderungen, die sich bei den anderen Hauptstücken nicht derart offensichtlich ergeben, zumal die thematische Varianz mehr noch als die stilistische eine subsumierende Deutung erschwert, wenn eine solche nicht sogar unerreichbar wird. Nicht nur aus diesem Grund ist für das vierte Hauptstück, dem sich die Forschung oftmals nur sehr zaghaft zuwandte, ein anderer interpretativer Zugang ratsam als für die weiteren Hauptstücke. Zwar wäre es möglich, die einzelnen Aphorismen aus dem Stück herauszulösen und mit ihnen Thesen zu Nietzsches Philosophieren zu stützen. Einige der Texte wie „Es giebt gar keine moralischen Phänomene, sondern nur eine moralische Ausdeutung von Phänomenen.....“ (JGB 108; KSA 5, 92) oder „Es ist unmenschlich, da zu segnen, wo Einem geflucht wird“ (JGB 181; KSA 5, 104) scheinen bereits zu geflügelten Worten in der Nietzscherezeption geworden zu sein, die für die unterschiedlichsten Interpretationen herbeizitiert wurden und werden. Doch wird es der Eigenheit von Nietzsches Schreibweisen nicht gerecht, seine Werke als eine Zitatsammlung zu verwenden, um allgemeine Thesen zu kollagieren oder ausgehend von einem einzelnen Aspekt assoziativ andere „passende“ Stellen aus Werken, Nachlass und Briefen heranzuziehen, um das offenzulegen, was Nietzsche an unklaren Stellen „eigentlich“ sagen will. Stattdessen wird im Folgenden nach der Funktion der „Sprüche und Zwischenspiele“ gefragt und aufgezeigt, inwiefern die charakteristische Textgestalt dieses Stücks eine erkenntniskritische Reflexion der philosophischen Schriftstellerei erlaubt.

6.1 Zur Gattungsproblematik des vierten Hauptstücks

Darauf, dass sich die unterschiedlichen Aphorismen des vierten Hauptstücks schwerlich einem Thema zuordnen lassen, weist bereits der Titel desselben hin, der im Gegensatz zu den Titeln der anderen Hauptstücke keinen inhaltlichen Schwerpunkt anbietet (vgl. Strauss 1983, 176). Findet sich in einem Inhaltsverzeichnis im Nachlass noch ein Titel wie „4. Das Weib an sich. Sprüche und Zwischenspiele.“ (NL 1885; 2[50]; KSA 12, 86), gibt die Überschrift der publizierten Fassung des Hauptstücks keine Hinweise auf dessen allgemeine Stoßrichtung oder Problemstellung. So wie sich das erste Hauptstück „von den Vorurtheilen der Philosophen“ kritisch mit der philosophischen Tradition auseinander setzt und sich im zweiten Hauptstück „der freie Geist“ Reflexionen zu diesem finden, lassen sich die meisten Aphorismen der anderen Hauptstücke den in ihren Titeln angezeigten Problemkreisen zuordnen. Auch für die

Texte, die unter „das religiöse Wesen“ und „zur Naturgeschichte der Moral“ zusammengestellt wurden, können die jeweiligen Titel ebenso einen roten Faden für die Interpretation bieten wie für die Aphorismen in „wir Gelehrten“, „unsere Tugenden“ und „Völker und Vaterländer“. Und obwohl die Frage „was ist vornehm?“ nicht abschließend beantwortet wird und die Perspektive, die sich insbesondere in den letzten Hauptstücken ausdrückt, oftmals reflexiv gebrochen wird, erlauben die jeweiligen Titel, sie erklärend für zahlreiche Aphorismen des Werks heranzuziehen.

Gänzlich anders stellt sich dies beim vierten Hauptstück dar, dessen Bezeichnung „Zwischenspiele“ keinen Themenkreis nennt, sondern zunächst nahe legt, dass das Stück einen auflockernden Charakter hat. Zwischenspiele im Theater, in der Musik und in anderen Kunstformen dienen sowohl der Unterbrechung als auch der Überleitung, wobei ihnen zuweilen eine erheiternde Funktion zukommt (vgl. auch Burnham 2007, 99). Sie heben sich zwar entschieden von den Stücken ab, in denen sie vorkommen, sind aber dennoch kontrastierend oder als Übergang von einem Teil des Stücks zum anderen auf diese angewiesen. Dabei zeigt der Plural in Nietzsches Titel an, dass es sich nicht um *ein* Zwischenspiel handelt, sondern um Zwischenspiele, die eine Vielheit darstellen, was dem Eindruck einer möglichen thematischen Mitte des vierten Hauptstücks entgegen wirkt. Die Irritation wird dadurch verstärkt, dass gefragt werden kann, ob jeder der Texte als Spruch *und* als Zwischenspiel bezeichnet wird oder ob im vierten Hauptstück Sprüche und Zwischenspiele miteinander vermengt werden. Zuletzt klingt im Titel der Untertitel von *Jenseits von Gut und Böse* an, mit dem das Werk als „Vorspiel einer Philosophie der Zukunft“ präsentiert wird, was eine denkwürdige Konstruktion darstellt, wenn die Zwischenspiele nicht wie üblich in ein Spiel, sondern in ein *Vor*spiel gebettet sind.

Die Gattungsbezeichnung „Sprüche“ scheint zunächst unproblematischer zu sein, da sich die hier versammelten Texte tatsächlich durch ihre besonders kurze und pointierte Form auszeichnen. Doch wenn unter Sprüchen kurze Texte mit einem lehrhaften Charakter verstanden werden, so entziehen sich die „Sprüche und Zwischenspiele“ einer simplen Zuordnung zu dieser Gattung, da aus vielen von ihnen keinesfalls einfache Lehren gezogen werden können: Sprüche wie „*Der Instinkt*. – Wenn das Haus brennt, vergisst man sogar das Mittagsessen. – Ja: aber man holt es auf der Asche nach.“ (JGB 83; KSA 5, 88) oder „Heute möchte sich ein Erkennender leicht als Thierwerdung Gottes fühlen.“ (JGB 101;

KSA 5, 91) bieten ebenso wenig eingängige Lebensweisheiten wie viele andere der hier zusammengestellten Aphorismen. So kann an dieser Stelle – wie generell für Nietzsches Aphoristik – festgestellt werden, dass Nietzsche eher mit den Gattungen spielt und sie überschreitend vereinnahmt, als dass er die Erwartungen an sie erfüllt (siehe auch Enrico Müllers Beitrag in diesem Band). Damit könnte das Problem aufgeworfen werden, inwiefern in den Werken Nietzsches, die oftmals als „Aphorismenbücher" bezeichnet werden, tatsächlich Aphorismen verwendet werden, wenn sowohl kurze Texte wie die des vierten Hauptstücks als auch längere Passagen wie die aus den anderen Hauptstücken undifferenziert als „Aphorismen" bestimmt werden. Trotz einiger Gemeinsamkeiten in der aphoristischen Stilistik von Werken wie *Morgenröthe*, *Fröhliche Wissenschaft*, den beiden Bänden von *Menschliches Allzumenschliches* und *Jenseits von Gut und Böse* sollte berücksichtigt werden, dass deutliche Differenzen zwischen ihnen auszumachen sind. Doch obwohl sich begründet fragen ließe, ob die in diesen Werken versammelten Texte der aphoristischen oder einer anderen Gattung zugehören, scheint sich eine derartige Frage für das vierte Hauptstück nicht zu stellen. Wenn sich der Aphorismus unter anderem dadurch auszeichnet, dass er „von den Nachbartexten isoliert, also in der Reihenfolge ohne Sinnveränderung vertauschbar" ist (Fricke 1997, 104), so lassen sich die „Sprüche und Zwischenspiele" unproblematischer der aphoristischen Gattung zuordnen als ein Großteil der Texte aus Nietzsches „Aphorismenbüchern".

Obwohl sich das, was in Nietzsches Werken als Aphorismen bezeichnet wird, weiter ausdifferenzieren ließe und es eigentlich problematisch ist, die Texte der anderen Hauptstücke ebenso als Aphorismen zu bezeichnen wie die „Sprüche und Zwischenspiele", soll es für die vorliegende Untersuchung genügen, der üblichen Verwendung der Gattungsbezeichnung zu folgen. Dies ist zum einen der Tatsache geschuldet, dass sich eine begriffliche Differenzierung von Aphorismus und Sentenz bei Nietzsche tatsächlich als sehr problematisch herausstellt (vgl. Spicker 1997, 338 und Krüger 1988, 94). Zum anderen bieten sich „neutralere" Alternativkonzepte wie z. B. „Textsegment", „Abschnitt" nicht an, um sich auf den einzelnen Aphorismus zu beziehen, da sie keine präzisere Bezeichnung der jeweiligen – meist mit einer Nummer versehenen – Textpassagen bieten.

Die charakteristischen Stilmerkmale von Nietzsches Aphorismen wurden in der Forschung insbesondere auf die veränderten Erkenntnisparadigmen zurückgeführt, die sich grob mit dem Stichwort vom „Tod Gottes" fassen lassen (vgl.

Greiner 1972 und Krüger 1988). Ausgehend davon, dass der Glaube an einen möglichen Abgleich des Erkannten mit der „wirklichen Welt“ oder der erkennende Zugang zu einer höheren Instanz unglaubwürdig geworden ist, bieten Nietzsches Werke Präsentationsformen des Gedachten, die sich von traditionellen Konzepten des philosophischen Schreibens unterscheiden, wenn die Unzulänglichkeit der eigenen Erkenntnismöglichkeiten textuell mitreflektiert wird (vgl. zuletzt Born/Pichler 2013a). Diese Reflexion kann sich auf Leser übertragen, die nicht nur erfahren, dass der Text sein eigenes Unvermögen exponiert, das mitzuteilen, „was ist“, sondern die auf ihre eigene Interpretationstätigkeit am sich entziehenden Text verwiesen werden, wenn die sinnbildende Aktivität der Lektüre in den Fokus gerät: Obwohl es möglich ist, die Aphorismen innerhalb des Hauptstücks zu kontextualisieren und Aphorismenketten oder gar -geflechte zu konstruieren (vgl. Stegmaier 2012, 11), zeigt sich an der Zuordnung der Aphorismen zu diesen eine interpretatorische Leistung des jeweiligen Interpreten. Dessen Aktivierung durch das aphoristische Schreiben bedeutet, dass er die vorliegenden Texte interpretierend in (vom Autor ebenso wie von anderen Lesern) unvorhersehbare Kontexte bringt, wobei unklar bleibt, bis zu welchem Grad der Horizont des jeweiligen Interpreten hineinspielt (vgl. Krüger 1988 und zuletzt Born 2012).

6.2 Vom Willen zum Kontext: Annäherungen an ein problematisches Hauptstück

Doch unterscheidet sich das vierte Hauptstück tatsächlich so sehr von den anderen Hauptstücken? Obwohl einige der Aphorismen in diesem in ihrer Abfolge kontextualisierbar sind, so bleibt bei den meisten „Sprüchen und Zwischenspielen“ fraglich, ob sich gemeinsame Projektionspunkte ausmachen lassen. Derartige Punkte müssten jedoch so allgemein gehalten werden, dass sie jegliche Aussagekraft einbüßen. Zwar könnte man behaupten, dass sich die meisten der Aphorismen des vierten Hauptstücks mit der Erkenntnis oder dem zwischenmenschlichen Miteinander beschäftigen. Dies wäre jedoch wenig befriedigend, da philosophische Texte nicht selten die Erkenntnis thematisieren und es nicht überraschen wird, dass ein Denker, der sich derart intensiv der Moral zuwendet wie Nietzsche, auch auf das Verhalten der Menschen zueinander eingeht. Außerdem wären diese Zuschreibungen kein Spezifikum für die „Sprüche und Zwischenspiele", da sie ebenso gut auf die anderen Stücke angewandt werden könnten. Doch muss das vierte Hauptstück keinesfalls als eine bloße Ansammlung von kurzen Texten gedeutet werden, die Nietzsche für die Publikation gedankenlos zusammengestellt hat.

Auf ein deutliches Problem bei der Interpretation der „Sprüche und Zwischenspiele" weist bereits Leo Strauss hin. Für ihn dient das vierte Hauptstück in der Gesamtstruktur von *Jenseits von Gut und Böse* dazu, einen ersten Teil des Werks, in dem weitgehend Philosophie und Religion behandelt werden, von einem zweiten Teil abzutrennen, der sich Moral(en) und Politik zuwendet (vgl. Strauss 1983, 176). Strauss legt nahe, dass sich Strukturen ausweisen lassen, mit denen die Konzeption des Stücks transparent gemacht werden kann: „It is possible but not likely that the ‚Sayings and Interludes' of which the fourth chapter consists, possesses no order, that there is no rhyme or reason to their selection and sequence" (Strauss 1983, 181). Auch andere Interpreten bevorzugen einen ordnenden Zugriff auf das Stück. So folgt Laurence Lampert Strauss, wenn er den Zusammenhang von Erkenntnis und Glauben in den ersten Aphorismen der „Sprüche und Zwischenspiele" akzentuiert und einige Sprüche vor diesem Hintergrund gruppiert (vgl. Lampert 2001, 139ff.). Ebenso wendet sich Douglas Burnham „clusters" zu, die er auch für das vierte Hauptstück geltend macht (Burnham 2007, 103) und Gareth Southwell bildet die Kategorien „Philosophical and moral prejudices", „The Free Spirit/higher man", „Woman", „Religion" und versammelt weitere Aphorismen unter „Miscellaneous comments" (Southwell 2009, 53ff.). In den Interpretationen des vierten Hauptstücks lässt sich demzufolge die Tendenz ausmachen, Kontexte und allgemeine Bezugspunkte zu finden, selbst wenn dies mit größeren interpretatorischen Anstrengungen verbunden ist als bei den anderen Hauptstücken.

Der Zugang, nach Aphorismenketten zu suchen oder thematische Kategorien herzustellen, ist ausgehend von der Lektüre der anderen Hauptstücke nachvollziehbar. Auch die ersten Aphorismen des vierten Hauptstücks laden hierzu ein, wobei sie mit der Erkenntniskritik im ersten Hauptstück parallelisiert werden könnten. Den Auftakt des vierten Hauptstücks bildet einer derartigen Lesart zufolge eine programmatische These zur Aufgabe dessen, der wesentlich Lehrer ist: „Wer von Grund aus Lehrer ist, nimmt alle Dinge nur in Bezug auf seine Schüler ernst, – sogar sich selbst" (JGB 63; KSA 5, 85). Der mit Nietzsches literarischen Inszenierungsstrategien in *Jenseits von Gut und Böse* vertraute Leser könnte zudem fragen, inwiefern hier auf Möglichkeiten der philosophischen Schriftstellerei verwiesen wird: Der Autor – oder besser: eine der Figuren, die sich im Text ausdrücken – tritt als philosophischer Lehrer über sein Werk in ein pädagogisches Verhältnis zu potentiellen Lesern. Der derart gelesene Aphorismus beinhaltet ein irritierendes Moment, da er reflexiv auf sich selbst verweisend den Leser vor die Frage stellt, wessen Perspektive hier zu vernehmen ist und ob die Passage als Teil eines literarisch-philosophischen Maskenspiels gewertet werden kann.

Der Zusammenhang von JGB 63 mit dem nächsten Aphorismus drängt sich förmlich auf, wenn nach dem Lehrer-Schüler-Verhältnis das Erkenntnisproblem thematisiert wird, mit dem ein, wenn nicht sogar *das* Grundmotiv von *Jenseits von Gut und Böse* anklingt: „‚Die Erkenntniss um ihrer selbst willen‘ – das ist der letzte Fallstrick, den die Moral legt: damit verwickelt man sich noch einmal völlig in sie“ (JGB 64; KSA 5, 85). Die mit der fingierten Aussage assoziierte Perspektive wurde bereits im ersten Hauptstück kritisiert. Ein vermeintlich selbstloses Erkenntnisstreben, das vorgeblich auf Erkenntnis als Selbstzweck zielt, kaschiert die eigene moralische Motivation. So wird dieser Erkennende nicht nur von einer Moral angetrieben, sondern er leugnet sein eigenes – möglicherweise ihm selbst unbewusstes – moralisches Engagement zudem noch, was ihn insbesondere verdächtig macht, seine tatsächlichen Beweggründe zu verschleiern. Die folgenden Aphorismen wurden oftmals ausgehend von der Nähe der ersten beiden Aphorismen zueinander interpretiert. Laurence Lampert stellt JGB 63–66 zusammen, was Douglas Burnham um JGB 67 erweitert (vgl. Lampert 2001, 139ff. und Burnham 2007, 101ff.). Nachdem einleitend auf das Lehrer-Schüler-Verhältnis hingewiesen und die Erkenntnis an die Moral angebunden wurde, ließe sich diese Reihe mit Aphorismus 65 fortsetzen, der das Problem der Erkenntnis mit der Frage nach der Scham verbindet: „Der Reiz der Erkenntniss wäre gering, wenn nicht auf dem Wege zu ihr so viel Scham zu überwinden wäre“ (JGB 65; KSA 5, 85). Lampert fragt, ob die Nummerierung von JGB 65 und JGB 65a einen Hinweis darauf gibt, dass diese eng miteinander verwoben sind, womit er eine Brücke zu den folgenden Aphorismen schlägt, die sich der Frage nach Gott zuwenden. Dies führt er konsequent weiter bis in die fragwürdige Spekulation, dass der Erkenntnissuchende für Nietzsche ein Gott unter Menschen sei (vgl. Lampert 2001, 140).

Der Versuch, die „Sprüche und Zwischenspiele", die zahlenmäßig mehr als ein Drittel der Aphorismen des Werks ausmachen, miteinander zu verbinden und sie so verständlicher zu machen, ist angesichts der Schwierigkeiten einer Interpretation und ausgehend von den anderen Hauptstücken durchaus nachvollziehbar.[1] Douglas Burnham stellt sogar die Möglichkeit in Aussicht, dass die von ihm und anderen für die ersten Aphorismen des vierten Hauptstücks geleistete linearisierend-kontextualisierende Interpretation für das gesamte Hauptstück erbracht werden könnte: „It is as if Nietzsche is challenging us to be disciplined enough not to take individual passages out of context, but to rebuild the richer picture" (Burnham 2007, 100f.). Dies dürfte sich in der Durchführung jedoch als problematisch erweisen, da die „einleitenden" Aphorismen diejenigen des vierten Hauptstücks sind, bei denen eine derartige Interpretation am leichtesten vonstatten geht. Doch lässt sich bereits dieser Versuch entschieden infrage stellen. Wenn auch nicht von der Hand gewiesen werden kann, dass die Erkenntnisproblematik den Anfang bildet, erweist sich spätestens Lamperts Übergang zur Frage nach Gott über die doppelte Nummerierung als problematisch. Ein Vergleich des publizierten Werks mit dem Druckmanuskript und Nietzsches Handexemplar der Erstausgabe ergibt, dass in der irreführenden Nummerierung eine nachträgliche Korrektur zu sehen ist, da die betreffenden Zahlen in der Erstauflage von *Jenseits von Gut und Böse* doppelt vergeben waren.[2] Im Druckmanuskript fehlen diese Zahlen, doch sind die ersten Zeilen der betreffenden Aphorismen wie bei den anderen Aphorismen jeweils eingerückt, so dass – wie bei JGB 73 und 73a – von einem Flüchtigkeitsfehler ausgegangen werden kann. Dies bestätigt Nietzsches Handexemplar der Erstausgabe des Werks, in dem die entsprechenden Aphorismennummern mit einem „a" ergänzt wurden, das

1 Lampert weist z. B. auf „clear groupings (65 [2nd]–67, 84–86,) and pairs (104–05, 109–10, 114–15, 152–53, 164–65) that raise the question of an overall order" hin (Lampert 2001, 139). Auch JGB 63 und 64 ließen sich als Paare bezeichnen und eventuell auch JGB 72/73 sowie 94/95. Das Paar JGB 114/115 könnte mit 113 ebenso erweitert werden wie JGB 144/145 mit 147 und 148. Doch zeigt sich hierbei, dass eine andere Schwerpunktbildung eine andere Gruppierung verlangen würde.

2 Das Handexemplar der Erstausgabe befindet sich in der Herzogin Anna-Amalia Bibliothek (C 4619), das Druckmanuskript im Goethe- und Schiller-Archiv in Weimar (GSA 71/26).

für die *Kritische Studienausgabe* von Nietzsches Werken übernommen wurde.[3] Diese Besonderheit der doppelten Zahlen sollte bei dem ohnehin schon schwer zu deutenden Hauptstück nicht zu weiteren Irritationen oder Spekulationen führen.

Selbst wenn sich die Scham in den Aphorismen 65 und 66 finden lässt, was eine Klammer um 65a darstellen könnte, droht die kontextualisierende Interpretation spätestens im folgenden Aphorismus ins Leere zu laufen. Sicherlich lassen sich auch in den anderen Hauptstücken Abbrüche und Wiederaufnahmen von Problemfeldern ausmachen, doch scheint im vierten Hauptstück generell der rote Faden zu fehlen, der es erlaubt, sich wie in den anderen Stücken zu orientieren. Weitere thematische Bündelungen sind möglich, doch erschwert die Textgestalt diesen Zugang. Selbst wenn einige andere „Sprüche und Zwischenspiele“ (z. B. JGB 71, 80, 101, 105, 129, 137, 152, 160, 171) das Erkenntnisproblem berühren, rückt eine Lektüre des vierten Hauptstücks in weite Fernen, die versucht, die Aphorismen in ihrer Abfolge zu deuten. Somit könnte zumindest für dieses Stück zutreffen, was Arthur Danto über Nietzsches Werke schreibt:

> Auf den ersten Blick gleichen Nietzsches Bücher eher einem Konglomerat als einer Komposition. [...J]eder der in einem bestimmten Band enthaltenen Aphorismen oder Essays hätte genausogut in einem anderen aufgenommen werden können, ohne damit beider Einheit oder Struktur groß zu beeinträchtigen (Danto 1998, 29).

Wenn sich diese These für die anderen Hauptstücke als ebenso unhaltbar herausstellt wie für Nietzsches weitere Werke, lässt sich zumindest bestätigen, dass der Versuch, eine Komposition der „Sprüche und Zwischenspiele“ durch ihre Abfolge oder durch inhaltliche Zusammenhänge zu belegen, schnell an seine Grenzen stößt. Die Deutungen des vierten Hauptstücks zeugen davon, dass es nicht zuletzt wegen seiner Einbettung in Stücke – die diesen Zugang nicht nur erlauben, sondern erfordern – dazu einlädt, die Aphorismen zum einen nach inhaltlichen Gesichtspunkten zu bündeln, oder sie zum anderen interpretativ in andere Hauptstücke einzubinden. Obwohl diese Herangehensweise einige Ergebnisse

3 Ein verwandter Fehler blieb bei JGB 237 unentdeckt, bei dem eine Passage, mit der laut Manuskript die „Sieben Weibs-Sprüchlein“ abgeschlossen werden sollten, eine eigene Nummer – bzw. ebenfalls die „237“ – erhielt.

zeitigt, wird mit ihr die charakteristische Textform des vierten Hauptstücks außer Acht gelassen. Es kann dagegen ausgehend von der durch die Textgestalt erschwerten Interpretation gezeigt werden, dass diese nicht nur Aufschlüsse über die Interpretation des vierten Hauptstücks, sondern von *Jenseits von Gut und Böse* im Ganzen gibt.

6.3 Das vierte Hauptstück, *Also sprach Zarathustra* und ein Heft aus dem Nachlass

Da die „Sprüche und Zwischenspiele" die anderen Hauptstücke in mehrerlei Hinsicht kontrastieren, empfiehlt sich ein interpretativer Zugang, der diesem Umstand und den mit ihm verbundenen spezifischen Problemen Rechnung zollt.[4] Deswegen soll im Folgenden auf textgenetische Aspekte eingegangen werden, die sich für die Frage nach einer möglichen Funktion des vierten Hauptstücks als erhellend erweisen.

Der größte Teil von dessen Aphorismen entstammt einem von Nietzsche zwischen den ersten vier Büchern der *Fröhlichen Wissenschaft* und *Also sprach Zarathustra* angefertigten Notizbuch aus dem Jahr 1882 (NL Sommer-Herbst 1882 3[1]; KSA 10, 53ff.).[5] Die aus den Eigentümlichkeiten des vierten Hauptstücks erwachsenden Schwierigkeiten verringern sich über einen Abgleich der entsprechenden Passagen mit dem Nachlass jedoch keinesfalls. Wie in *Jenseits von Gut und Böse* liegen die einzelnen Texte hier thematisch und stilistisch weit voneinander entfernt. Am Beginn des Heftes spielt Nietzsche mit unterschiedlichen Überschriften, unter denen sich bezeichnenderweise der Haupttitel des Werkes

4 Auch Christa Davis Acampora und Keith Ansell-Pearson empfehlen einen alternativen Zugang zum vierten Hauptstück (Acampora/Ansell-Pearson 2011, 100), dessen Aufgabe sie vornehmlich in der Vorbereitung auf das neunte Hauptstück und die Frage nach dem Geschmack sehen. Ausgehend von Beobachtungen zu Schreibweisen und sprachlicher Musikalität wird es nicht nur auf Wagner und Zarathustra bezogen, sondern auch auf die ewige Wiederkunft des Gleichen. Dies ist jedoch zumindest verwunderlich, wenn man bedenkt, dass auf diese in *Jenseits von Gut und Böse* bloß einmal – in einem anderen Hauptstück (JGB 56) – angespielt wird.

5 Nimmt man weitere, im Kommentar (KSA 14, 355ff.) nicht angeführte, Verweisstellen hinzu (z. B. bei JGB 142 (NL 1884, 25[7]; KSA 11, 11) und JGB 144 (NL 1885, 41[2]; KSA 11, 674); zu JGB 146 vgl. NL 1880, 3[82]; KSA 9, 68), bleibt nur bei wenigen Passagen unklar, ob sie für *Jenseits von Gut und Böse* geschrieben wurden oder anderen, noch nicht ausgewiesenen Notaten, entstammen.

wiederfindet, das er einige Jahre später schreiben sollte: *„Jenseits von gut und böse.' Sentenzen-Buch"* (NL 1882 3[1]; KSA 10, 54). In diesem „Buch" stehen 445 nummerierte Texte neben weiteren, unnummerierten. Dass sich im Heft versuchende Überschriften finden, deren letzterer ein Motto hinzugefügt wurde, ließe Spekulationen zu, ob Nietzsche eine Veröffentlichung des „Sentenzen-Buchs" plante. Zu einer solchen kam es jedoch nicht und einige der Notate wurden stattdessen für *Also sprach Zarathustra* und *Jenseits von Gut und Böse* verwendet.

Es ist beachtlich, dass Nietzsche Notate, die er einige Jahre zuvor geschrieben hat, in kaum veränderter Form in *Jenseits von Gut und Böse* einarbeitet, wenn man bedenkt, dass er etliche von ihnen in spätere Notizhefte übernommen und dabei deutlich überarbeitet hat. Exemplarisch für zahlreiche Texte aus dem vierten Hauptstück, die aus dem genannten Heft übernommen wurden, sollen im Folgenden einige der Aphorismen mit unterschiedlichen Nachlassfassungen verglichen werden: Der bereits angeführte Aphorismus 63, mit dem Nietzsche die „Sprüche und Zwischenspiele" einleitet, lautet: „Wer von Grund aus Lehrer ist, nimmt alle Dinge nur in Bezug auf seine Schüler ernst, – sogar sich selbst" (85). Die entsprechende Nachlasspassage ist bis auf ein Komma und ein „selber" an Stelle von „selbst" identisch (NL 1882 3[1]150; KSA 10, 71)[6]. Im späteren Nachlass lässt sich die Passage wieder entdecken, nun aber deutlich überarbeitet: „– ein Lehrer von Grund aus, ein Solcher, der alle Dinge nur um des Schülers willen ernst nimmt, und sich selber auch." (NL 1884–1885 31[52]; KSA 11, 386). Wiederum später heißt es: „– es giebt auch solche, die verdorben sind zum Erkennen, weil sie Lehrer sind: sie nehmen nur um des Schülers Willen die Dinge ernst und sich selber mit." (NL 1884–1885 32[9]; KSA 11, 405) und darüber hinaus findet sich – in einen längeren Text eingearbeitet: „Ein Erzieher sagt nie was er selber denkt sondern immer nur, was er im Verhältniß zum Nutzen Dessen, den er erzieht, über eine Sache denkt." (NL 1885 37[7]; KSA 11, 580). Die Beispiele für diese Arbeitsweise sind zahlreich. Wenn es auch Aphorismen gibt, die dem Heft von 1882 entnommen sind und vor der Aufnahme in *Jenseits von Gut und Böse* deutlicher ediert wurden, gilt für einen Großteil der „Sprüche und Zwischenspiele", dass sie weitgehend unverändert aus dem Notizheft in das Werk eingingen.

6 Die zum Abgleich herangezogenen handschriftlichen Hefte aus dem Nachlass bestätigen diese Veränderungen; auf die jeweiligen Verweise wird hier zugunsten der besseren Lesbarkeit der vorliegenden Untersuchung verzichtet.

Eine deutliche Kürzung hat dagegen die Vorstufe von JGB 140 erfahren („*Rath als Räthsel*. – ‚Soll das Band nicht reissen, – musst du erst drauf beissen.'", 97). In einer Nachlasspassage aus der Zeit vor dem besagten Heft findet sich: „Soll das Band nicht reißen, / Mußt du mal drauf beißen." (NL 1882 1[97]; KSA 10, 33). Dies greift das „Sentenzen-Buch" wieder auf, setzt die Passage aber in Anführungszeichen und fügt der derart als Zitat gekennzeichneten Aussage eine längere Erklärung zu Ehe, Geschlechtsverkehr, Staat und Religion hinzu (vgl. NL 1882 3[1] 51; KSA 10, 59). Diese wurde vor der Hineinnahme des Notats in *Jenseits von Gut und Böse* wieder gestrichen, während die Anführungszeichen stehen gelassen wurden. Dass Nietzsches Verkürzung darauf abzielt, den Text (wieder) unverständlicher zu machen, legt der nachträglich hinzugefügte Titel „Rath als Räthsel" explizit nahe.

Trotz einiger Ausnahmen lässt sich die These halten, dass Nietzsche für das vierte Hauptstück bevorzugt auf die frühere Fassung seiner Aphorismen zurückgreift.[7] Die Beobachtung, dass die in späteren Notaten weiter ausgeführten Versionen nicht im Werk verwendet werden, lässt sich mit Blick auf Passagen aus dem Nachlassheft vertiefen, die sowohl in *Jenseits von Gut und Böse* als auch in *Also sprach Zarathustra* eingegangen sind. Aphorismus 135 ist nur minimal verändert worden, bevor er seinen Platz in *Jenseits von Gut und Böse* erhielt: „Der Pharisäismus ist nicht eine Entartung am guten Menschen: ein gutes Stück davon ist vielmehr die Bedingung von allem Gut-Sein" (96). Das entsprechende „Herkunfts"-Notat („Der Pharisäismus ist nicht eine Entartung an den guten Menschen, sondern eine Bedingung von deren Gut-Sein", NL 1882 3[1]31; KSA 10, 57) ist im *Zarathustra* dagegen kaum wiederzuerkennen: „Oh meine Brüder, den Guten und Gerechten sah Einer einmal in's Herz, der da sprach: ‚es sind die Pharisäer.' Aber man verstand ihn nicht. [...] Das aber ist die Wahrheit: die Guten *müssen* Pharisäer sein" (Za III Tafeln 26; KSA 4, 266).

Der bekannte Aphorismus 181 lautet: „Es ist unmenschlich, da zu segnen, wo Einem geflucht wird" (104). Das entsprechende Notat liest sich wie folgt: „Es ist unmenschlich, da zu segnen, wo Einem geflucht wird. Lieber doch ein wenig mitfluchen!" (NL 1882 3[1]272; KSA 10, 85). Wiederum ist ausgehend vom früheren Text kaum eine Veränderung zu der Fassung in *Jenseits von Gut und Böse*

7 Fast identische Übernahmen finden sich z. B. in den Aphorismen JGB 63–66, 68–71, 73–77, 85–86, 93–98, 168–170, 172–173, und 175–176, die im Nachlass bereits umgekehrt hintereinander standen.

festzustellen. Der dort weggelassene Nachsatz wird in einem späteren Notat, in dem Zarathustra erwähnt wird, wieder aufgegriffen: „Lieber noch zürnt als daß ihr beschämt!/ Und wenn euch geflucht wird, so gefällt es mir nicht, daß ihr dann segnen wollt: besser ist es ein wenig mitzufluchen. Hol mich der Teufel!" (NL 1882–1883 4[104]; KSA 10, 145). Im *Zarathustra* heißt es dann „Und lieber zürnt noch, als dass ihr beschämt! Und wenn euch geflucht wird, so gefällt es mir nicht, dass ihr dann segnen wollt. Lieber ein Wenig mitfluchen!" (Za I Natter; KSA 4, 87f.). Es ist offensichtlich, dass sich *Jenseits von Gut und Böse* hier sehr eng an die ursprüngliche Passage hält, während es in der Entwicklung des Textes zum *Zarathustra* hin entscheidende Veränderungen gegeben hat. Die ursprüngliche Fassung ist noch leicht zu identifizieren, was bei anderen Passagen ohne die Zwischenstufen kaum möglich scheint.

Was aber kann mit diesen Beispielen aus der Textgenese für eine Interpretation des vierten Hauptstücks erklärt werden? Diese und weitere Texte können Aufschluss darüber geben, welche Alternativen für Nietzsche bestanden haben, als er sich entschied, für das vierte Hauptstück weitgehend auf die frühen Fassungen zurückzugreifen. Die in *Also sprach Zarathustra* verwendeten Passagen werden dort in größere Sinnzusammenhänge eingearbeitet, oftmals dienen sie ihm sowohl inhaltlich als auch stilistisch als Ausgangspunkte für die Reden Zarathustras. Von diesen ausgehend entfaltet er die angesprochene Thematik, verbindet sie mit anderen Texten und führt sie weiter fort. Es wäre nicht zu erwarten gewesen, dass Nietzsche in *Jenseits von Gut und Böse* die Varianten verwendet, die er in den Notizheften für den *Zarathustra* entwickelt hat. Sie wurden intensiv umgearbeitet, damit sie in dieses Werk eingebunden werden können. Dennoch hätte die Möglichkeit bestanden, dass Nietzsche die ersten Fassungen der Aphorismen des vierten Hauptstücks für die Veröffentlichung deutlicher umgeschrieben hätte, wie dies für *Also sprach Zarathustra* geschehen ist – oder andere, spätere Versionen zu verwenden. Obwohl Nietzsche einige seiner Texte aus dem früheren Notizheft in andere Hefte übertrug, um sie dort zu bearbeiten und umzugruppieren, wobei er sie teilweise so weit veränderte, dass sie kaum mehr wiederzuerkennen sind, gilt für den Großteil der Aphorismen aus dem vierten Hauptstück, dass diese weitgehend mit nur geringen editorischen Eingriffen aus dem Nachlassheft von 1882 übernommen wurden. Redaktionelle Überarbeitungen sind zwar nicht von der Hand zu weisen und es lässt sich beobachten, dass Nietzsche neben wenigen Passagen aus anderen Notizheften neue Texte in das vierte Hauptstück eingearbeitet hat. Wenn er jedoch Texte aus dem Nachlassheft sprachlich überarbeitet, ergänzt oder kürzt, so weicht er für *Jenseits von Gut und Böse* kaum von der Fassung in diesem Heft ab, während er die frühere Fassung für *Also sprach Zarathustra* intensiv überarbeitet und mehrere Abschnitte aus demselben (z. B. in Za I Verbrecher und Za I Lesen) in eine flüssige Rede einmontiert.

6.4 Die ermüdeten Wahrheiten des vierten Hauptstücks

Hat es sich der Autor, der sich so viel Mühe mit dem *Zarathustra* gegeben hat, mit dem vierten Hauptstück bloß einfach gemacht, indem er alte Texte, die nicht in seine vorangehende Publikation eingegangen sind, in eine neue Unordnung bringt und sie dem Leser in kaum überarbeiteter Fassung vorsetzt? Dieser mögliche Vorwurf an den Autor, im vierten Hauptstück frühere Texte „entsorgt" zu haben, lässt sich begründet zurückweisen. Es kann dagegen gezeigt werden, dass diesem Hauptstück eine besondere Funktion zukommt, die sich vornehmlich in seiner formalen Beschaffenheit ausdrückt. Nietzsche geht in mehrerlei Hinsicht strategisch vor und fällt keinesfalls hinter das selbstreflexive Niveau zurück, das den *Zarathustra* trägt – dessen Protagonist nicht mit seinem Autor ineins gesetzt werden sollte (vgl. Zittel 2011) – und das sich insbesondere in *Ecce homo* manifestiert (vgl. Langer 2005).

Die Spur für eine mögliche Motivation, die einzelnen Aphorismen auf die beschriebene Art zu präsentieren, gibt ein Schreiben vom 13. Juni 1886, mit dem Nietzsche seinen Verleger C. G. Naumann kurz vor Drucklegung seines Buches darum bittet, eine dem vierten Hauptstück vorangestellte Passage ans Ende des gesamten Buches zu verschieben:

> Das unnumerirte, mit drei Sternen bezeichnete Stück, welches jetzt den Anfang vom *vierten Hauptstück* macht („*Ach, was seid ihr doch* etc.") soll von dieser Stelle weg und an das Ende des neunten Hauptstücks gerückt werden, d. h. an den Schluß des Buches. Dort bekommt es die letzte Nummer und verliert seine Sternchen (KSB 7, 194).

Der Aphorismus, der ans Ende des letzten Hauptstücks verschoben wird, erhält damit ein großes Gewicht für das Werk.[8] An dieser Stelle sei es erlaubt, die Passage, die Nietzsche erst sehr kurz vor Drucklegung aus dem vierten Hauptstück herausgezogen hat, versuchsweise wieder an den Anfang desselben zurück zu stellen.

JGB 296 weicht in mehrerlei Hinsicht von den Aphorismen ab, denen er zuvor vorangestellt war. So unterschied er sich nicht nur von diesen, sondern von allen anderen Texten aus *Jenseits von Gut und Böse* (sieht man von der Vorrede und dem Nachgesang „Aus hohen Bergen“ ab) dadurch, dass er nicht nummeriert war. Generell lässt der Aphorismus nicht viel für die Erkenntnis hoffen: Die Gedanken kommen zu spät und können das Ereignis nicht einholen. Durch ihre thetische Form stellen sie zwar Ansprüche auf eine Wahrheit, die jedoch nicht eingelöst werden können. Liest man diesen Aphorismus ausgehend von dem bisher Herausgestellten, so erscheint er als eine treffende Beschreibung der Aphorismen des vierten Hauptstücks, die in ihrer Entstehung „noch so bunt, jung und boshaft, voller Stacheln und geheimer Würzen“ (239) waren, doch retrospektiv gesehen bereits eine Sedimentierung des einst Lebendigen bezeugen. Der Erkenntnis ist nur das zugänglich, was schwach geworden ist. Das Bild, das Nietzsche in JGB 296 hierfür verwendet ist das von den Vögeln, die sich müde flogen. Dies lässt sich nicht nur auf die *Grundlinien der Philosophie des Rechts* beziehen, in der Hegel die Philosophie mit der Eule der Minerva vergleicht (vgl. Benne 2013), sondern viel mehr mit Platons Versuchen im *Theaitetos*, anhand des Gleichnisses vom Taubenschlag zu erklären, wie richtiges Wissen von falschem unterschieden werden kann (vgl. Theaitetos 197c–200c; siehe auch Zittel 2011, 48ff.). Mit Nietzsche kann an Platons Bild vom Ergreifen der Vögel anknüpfend festgestellt werden, dass die Erkenntnis nicht nur fehlgreifen *kann*, sondern *muss*, da sich nur das erkenntnismäßig fassen lässt, was sich bereits entscheidend verändert hat. Dabei werden sowohl zeitliche als auch körperliche Aspekte mit

8 Lampert deutet diese Verschiebung nicht weiter aus, sondern nutzt die spät erfolgte Hinzufügung dazu, den letzten Aphorismus vom neunten Hauptstück zu isolieren („the final section stands by itself as an ending to the whole book“, Lampert 2001, 264). Damit unterstützt er seine Interpretation, dass dieses Hauptstück eigentlich mit Aphorismus 295 enden sollte, den er im Gegensatz zu 296 eingehend interpretiert (vgl. Lampert 2001, 294). Beat Röllin, der die Werkgenese von *Jenseits von Gut und Böse* detailliert untersucht, spricht von einer „kleine[n] Odyssee von JGB 296“ (Röllin 2013, 57f.) und zeigt auf, dass dieser zuvor „als Aphorismus 259 an den Anfang des ursprünglichen neunten Hauptstücks ‚Masken‘ gestellt“ wurde (a.a.O., 58).

einbezogen. Nur der sedimentierte Gedanke lässt sich begreifen, als ein solcher ist er aber reizlos geworden, weil es zu leicht ist, ihn zu fangen und er seine attraktive Besonderheit bereits verloren hat. Gerade der Abschluss des stilistisch ausgereiften Aphorismus 296 kann auf das vierte Hauptstück bezogen werden: „– aber niemand erräth mir daraus, wie ihr in eurem Morgen aussahet, ihr meine plötzlichen Funken und Wunder meiner Einsamkeit, ihr meine alten geliebten – – *schlimmen* Gedanken!" (240). Es ist offensichtlich, dass hier Gedanken auf ihre Herkunft reflektiert werden. Der melancholisch gestimmte Text zeigt auf, dass nicht nur dem Leser, sondern bereits dem Schreibenden selbst der Zugang zum eigentlichen Impuls verwehrt ist, der zur Niederschrift des Gedankens führte. Ist die Erstarrung desselben in der Verschriftlichung, die doch den Eindruck von unmittelbarer Bewegung erweckt, schon vollzogen, rückt er in einer späteren Durchformulierung und Kontextualisierung, wie sie sich oftmals in Nietzsches Werken findet, in noch weitere Ferne. Liest man diesen Aphorismus, der im Druckmanuskript mit „Selbstgespräch" betitelt war (vgl. Röllin 2013, 58), als Reflexion auf das vierte Hauptstück, so zeigt sich, dass selbst die frühe Formulierung dieser Texte fehl griff und nicht dazu in der Lage war, die Lebendigkeit der Gedanken zu erhalten. Auch wenn nicht ignoriert werden sollte, dass sich JGB 296 nur temporär am Anfang der „Sprüche und Zwischenspiele" befand, unterstreicht seine Präsenz dort die These, dass die Aphorismen in diesem Hauptstück nicht ohne Grund in kaum veränderter Form zusammengestellt wurden. Darüber hinaus lässt sich die Verschiebung der Passage unter die Strategien rechnen, mit denen das vierte Hauptstück weiter verrätselt wird.

6.5 Der destruierende Impuls der „Sprüche und Zwischenspiele"

Selbst wenn es nicht möglich ist, Nietzsches Intentionen bei der Komposition von *Jenseits von Gut und Böse* herauszustellen, erlaubt die spezifische formale Gestalt der Hauptstücke Schlüsse über eine mögliche Funktion des vierten Hauptstücks im Gesamtgefüge des Werks. Erweisen sich die anderen Hauptstücke durch ihre literarisch-rhetorische Durchgestaltung bereits dadurch als vielschichtig, dass zuweilen scheinbar eindeutige Thesen wieder in Frage gestellt werden, so erlauben die „Sprüche und Zwischenspiele“ noch weniger einen Zugang, der sie interpretativ festlegen will.

Das Potential für eine Interpretation des Hauptstücks sollte dennoch nicht verschenkt werden, indem man die wesentliche Aufgabe der „Sprüche und Zwischenspiele“ wie Leo Strauss darauf beschränkt, einen ersten Teil des Werks von einem zweiten abzutrennen (vgl. auch Lampert 2001, 138) und sich damit der weiteren Auseinandersetzung mit ihm entledigt. Auch wenn das vierte Hauptstück für inhaltliche Thesen wenig belastbar scheint, lässt sich die offensichtliche stilistische Differenz zwischen ihm und den übrigen Hauptstücken zum Ausgangspunkt für weiterführende Fragen machen. Als ein auffälliger Aspekt der prägnanten Aphorismen hat sich deren Sperrung gegen „lineare“ Kontextualisierungen erwiesen, die sich im sonstigen Werk oftmals aufdrängen. Der Abgleich mit einem Nachlassheft bestätigte diese Beobachtung, da sich zeigte, dass die Aphorismen aus „Sprüche und Zwischenspiele“ oftmals in nur marginal veränderter Fassung aus diesem übernommen wurden, während es bei Übernahmen in *Also sprach Zarathustra* aus demselben Heft zu signifikanten stilistischen und inhaltlichen Überarbeitungen gekommen ist. Die Verknappung, die schon am „Rath als Räthsel“ aus JGB 140 aufgezeigt wurde, steht symptomatisch für die Texte des vierten Hauptstücks, die sich der Interpretation nicht nur entziehen, sondern sich ihr schroff verweigern.

Ein Schreiben an den Verleger Naumann ermöglichte den Bezug der melancholisch gestimmten Äußerungen in Aphorismus 296 zur (schriftlichen) Wiedergabe von Gedanken auf das vierte Hauptstück. Doch wurde dieser eben nicht dort stehen gelassen, sondern an das Ende des letzten Hauptstücks gesetzt, was es erlaubt, die in ihm präsentierten selbstkritischen Reflexionen auf *Jenseits von Gut und Böse* als Ganzes auszuweiten: Wenn für die „Sprüche und Zwischenspiele“ gilt, dass diese in ihrer „rohen“ Form nicht dazu in der Lage sind, den ursprünglichen Gedanken adäquat abzubilden, so wird sich dieses Unvermögen um so mehr in den weiter ausformulierten Aphorismen der weiteren Hauptstücke manifestieren.

Der Einstieg des vierten Hauptstücks erfüllt zwar zunächst die Erwartungen einer „kontextualisierenden“ Lesart, lässt diese dann aber abrupt ins Leere laufen. Nietzsche scheint auch hier einige Mühe darauf verwendet zu haben, „schwer verstanden zu werden“ (JGB 27; KSA 5, 45). Ein Leser, der sich zu diesem Zeitpunkt schon daran gewöhnt haben wird, dass die Aphorismen des Werks aufeinander Bezug nehmen, versucht, das zeigen die Auseinandersetzungen mit dem vierten Hauptstück, dasselbe interpretativ über diverse Kontextualisierungen zugänglich zu machen. Die Aphorismen dieses Stücks, die nahe an ihrer frühen Fassung sind, stellen sich jedoch quer gegen die Lesererwartungen (vgl. Nehamas 1988, 47f.) und können bei den Rezipienten eine Reflexion auf die Gewaltsamkeit von Interpretationen auslösen, die sich auf die Deutung der anderen Hauptstücke auswirken könnte. Die Leser, die gewohnt sind, dass einige Aphorismen Gedanken aus vorangehenden Aphorismen fortführen oder sich auf sie beziehen, erfahren am vierten Hauptstück, dass sich der Text derartigen Bestrebungen entzieht. Somit lässt sich am Text die Tendenz zum Kontextualisieren erfahren, mit der eine Kohärenz hergestellt wird. Die durch die Aphorismensammlung im Buch ausgelöste Reflexionsbewegung kann auf diese Weise in die anderen Hauptstücke hineingetragen werden. Bemerkt der Leser am vierten Hauptstück sein Streben, derart Sinn zu produzieren, das jedoch nicht befriedigt wird, da sich dessen Aphorismen nicht sinnvoll zusammenführen lassen, so könnte er ebenso seine Sinngebilde in den anderen Hauptstücken in Frage stellen. Deren Aphorismen bieten sich zwar schon durch ihre Länge einer kontextualisierenden Lektüre an, weil mehr Material zur Verfügung steht, das miteinander in Beziehung gesetzt werden kann, doch spielen auch in diese Deutungen stets die Vorkenntnisse und Erwartungen der Rezipienten hinein.

Das vierte Hauptstück, das unscheinbar als „Sprüche und Zwischenspiele" präsentiert wird, diskreditiert somit paradigmatisch eventuelle Wahrheitsansprüche, welche in der Deutung von *Jenseits von Gut und Böse* aufgebaut werden. Gerade durch seine rohe Form kann es Absolutsetzungen unterlaufen, womit es Nietzsches erkenntniskritische Ansätze flankiert, die sich nicht nur im ersten Hauptstück, sondern im gesamten Werk ausmachen lassen. In ihnen zeigt sich noch eine Spur der Spannung der ursprünglich wilden Gedanken, wenn diese auch durch ihre Verschriftlichung bereits domestiziert wurden. Der bewusst gesetzte Kontrapunkt, mit dem auf die Fragwürdigkeit von Erkenntnissen verwiesen wird, kann auf die Interpretation des gesamten Werks ausstrahlen und die Leser auf ihre eigene Aktivität in der Lektüre eines Werks stoßen, dessen „Wahrheiten" sich dem fixierenden Zugriff entziehen.

Literatur

Acampora, Christa Davis/Ansell-Pearson, Keith 2011: Nietzsche's *Beyond Good and Evil*. A reader's Guide, London/New York

Benne, Christian 2013: „ihr meine geschriebenen und gemalten Gedanken!": Synästhetische Lektüre von *Jenseits von Gut und Böse* 296, in: M. A. Born/A. Pichler: Texturen des Denkens, Berlin/Boston, 306–322

Born, Marcus Andreas/Pichler, Axel (Hrsg.) 2013: Texturen des Denkens. Nietzsches Inszenierung der Philosophie in *Jenseits von Gut und Böse*, Berlin/Boston

Born, Marcus Andreas/Pichler, Axel 2013a: Text, Autor, Perspektive. Zur philosophischen Bedeutung von Textualität und literarischen Inszenierungen in *Jenseits von Gut und Böse*, in: M. A. Born/A. Pichler: Texturen des Denkens, Berlin/Boston, 15–46

Born, Marcus Andreas 2012: Nietzsche. El asno sobre el escenario. Hacia una lectura contextual de aforismos, in: A. Rocha de la Torre (Hrsg.): Reflexiones en filosofía contemporánea, Buenos Aires, 153–173

Burnham, Douglas 2007: Reading Nietzsche. An Analysis of *Beyond Good and Evil*, Stocksfield

Danto, Arthur C. 1998.: Nietzsche als Philosoph, übers. von Burckhardt Wolf, München

Fricke, Harald 1997: Aphorismus, in: K. Weimar u. a. (Hrsg.): Reallexikon der deutschen Literaturwissenschaft, Berlin

Greiner, Bernhard 1972: Friedrich Nietzsche: Versuch und Versuchung in seinen Aphorismen, München

Krüger, Heinz 1988: Über den Aphorismus als philosophische Form, München

Lampert, Laurence 2001: Nietzsche's Task. An Interpretation of *Beyond Good and Evil*, New Haven/London

Langer, Daniela 2005: Wie man wird, was man schreibt. Sprache, Subjekt und Autobiographie bei Nietzsche und Barthes, München

Nehamas, Alexander 1988: Who are „The Philosophers of the Future"?: A Reading of *Beyond Good and Evil*, in: Robert C. Solomon/Kathleen M. Higgins (Hrsg.): Reading Nietzsche, New York/Oxford, 46–67

Röllin, Beat 2013: Ein Fädchen um's Druckmanuskript und fertig? Zur Werkgenese von *Jenseits von Gut und Böse*, in: M. A. Born/A. Pichler: Texturen des Denkens, Berlin/Boston, 47–67

Southwell, Gareth 2009: A Beginner's Guide to Nietzsche's *Beyond Good and Evil*, Oxford/Chichester

Spicker, Friedemann 1997: Der Aphorismus. Begriff und Gattung von der Mitte des 18. Jahrhunderts bis 1912, Berlin/New York

Stegmaier, Werner 2012: Nietzsches Befreiung der Philosophie. Kontextuelle Interpretation des V. Buchs der *Fröhlichen Wissenschaft*, Berlin/Boston

Strauss, Leo 1983: Note on the plan of Nietzsche's *Beyond Good and Evil*, in ders.: Studies in Platonic political philosophy, Chicago

Zittel, Claus 2011: Das ästhetische Kalkül von Friedrich Nietzsches *Also sprach Zarathustra* (2. Aufl.), Würzburg

Marco Brusotti

Vergleichende Beschreibung versus Begründung

Das fünfte Hauptstück: „zur Naturgeschichte der Moral“

1887, ein Jahr nach *Jenseits von Gut und Böse*, erscheint in der *Revue philosophique* ein Aufsatz über „Die positive Wissenschaft der Moral in Deutschland“.[1] Den Anlass bietet die Veröffentlichung von Wilhelm Wundts *Ethik* im Oktober 1886.[2] Der Autor, Émile Durkheim, sieht in diesem Buch den Ausdruck einer für Deutschland charakteristischen Bewegung und würdigt neben Wundt unter anderen auch Nietzsche vertraute Gelehrte wie die Rechtswissenschaftler Rudolf von Jhering und Albert Hermann Post. Durkheim kommt zu dem Schluss, dass eine Wissenschaft der Moral erst in den Anfängen stecke, nicht zuletzt weil das bisher ausgewertete ethnologische Material noch sehr unvollständig sei (vgl. Durkheim 1887, 283f.).

Mit einer ähnlichen Einschätzung beginnt „zur Naturgeschichte der Moral“, das fünfte Hauptstück von *Jenseits von Gut und Böse*: Was man heute „Wissenschaft der Moral“ nenne, sei „noch jung, anfängerhaft, plump und grobfingrig“ (JGB 186; KSA 5, 105). Die Moral-Philosophen, denen es nur um die Begründung der eigenen Moral gegangen sei, „waren in Hinsicht auf Völker, Zeiten,

1 Durkheim 1887, 33–58, 113–142, 275–284. Zu Durkheims bekanntem Aufsatz vgl. Treiber 1993. Diese Untersuchung wurde durch das Forschungsprojekt „Nietzsche: Edition und Rezeption“ (PRIN 2009, MIUR, Italien) gefördert.

2 *Jenseits von Gut und Böse* war bereits im Sommer 1886 erschienen. Nichts weist darauf hin, dass Nietzsche Durkheims Aufsatz je las, er kannte aber die *Revue philosophique* und das Werk von dessen Begründer und damaligem Herausgeber Théodule Ribot.

Vergangenheiten schlecht unterrichtet", sie kannten „die moralischen facta nur gröblich, in einem willkürlichen Auszuge oder als zufällige Abkürzung, etwa als Moralität ihrer Umgebung, ihres Standes, ihrer Kirche, ihres Zeitgeistes, ihres Klima's und Erdstriches" (106). Deshalb gelte es jetzt und „auf lange hinaus", die vielen heterogenen Moralen vergleichend zu beschreiben; von der „Sammlung des Materials" will dieser programmatische Aphorismus erst graduell zu einer „*Typenlehre* der Moral" fortschreiten. Die erste Stufe, die „vorläufig allein Recht hat", beinhaltet daher „Sammlung des Materials, begriffliche Fassung und Zusammenordnung eines ungeheuren Reichs zarter Werthgefühle und Werthunterschiede, welche leben, wachsen, zeugen und zu Grunde gehen" (105). Zwar seien schon beim Sammeln und Ordnen des Materials „vielleicht" „Versuche" berechtigt, „die wiederkehrenden und häufigeren Gestaltungen dieser lebenden Kristallisation anschaulich zu machen, – als Vorbereitung zu einer *Typenlehre* der Moral" (ebd.). Aber im Wesentlichen gehe es in der anstehenden Vorbereitungsphase erst um „Beschreibung" und „Vergleichung", um „jene unscheinbar dünkende und in Staub und Moder belassene Aufgabe einer Beschreibung", für die allerdings „kaum die feinsten Hände und Sinne fein genug sein könnten!" (106). Mit dieser vergleichenden Aufgabe seien wir erst im Vorfeld „einer *Typenlehre* der Moral" (105), die zurzeit noch nicht an der Tagesordnung zu sein scheine.

7.1 Beschreibung gegen Begründung

Beschreibung (plus *Typologie*) bildet hier die Alternative und den Gegensatz zur „*Begründung* der Moral" (105). Dieser traditionelle philosophische Anspruch lasse sich nicht aufrechterhalten. Weder dürfe etwas wie *die* Moral „als ‚gegeben'" (105f.) gelten, noch sei es gestattet, von einer „Wissenschaft" zu träumen, die sie begründe. Ein Jahr nach dem Erscheinen von *Jenseits von Gut und Böse* erläutert die zweite Ausgabe der *Fröhlichen Wissenschaft*, dass aus dem Vergleich der Moralen sich weder universalistische noch *relativistische* Schlussfolgerungen ziehen lassen: Aus irgendeinem „consensus der Völker, mindestens der zahmen Völker über gewisse Sätze der Moral" dürfe die „unbedingte Verbindlichkeit" letzterer, „auch für dich und mich" (FW 345; KSA 3, 579), nicht abgeleitet werden; unzulässig sei es aber auch, aus der „Wahrheit", „dass bei verschiedenen

Völkern die moralischen Schätzungen *nothwendig* verschieden sind, einen Schluss auf Unverbindlichkeit *aller* Moral" zu ziehen; „was Beides gleich grosse Kindereien sind" (ebd.). Die vergleichende Beschreibung der vielen Moralen steht mit dem Vorhaben einer Begründung der *einen* Moral in keiner Beziehung.

In JGB 186 scheint es vor allem um Tatsachenkenntnis zu gehen; die vergleichende Beschreibung der Moralen ist nicht unmittelbar eine philosophische Aufgabe. Teilt Nietzsche die positivistische Tendenz, die Ethik von der Philosophie abzuspalten und den Wissenschaften zuzuschlagen, wenn auch, anders als Durkheim, nicht unbedingt den Sozialwissenschaften? Der positivistischen Tendenz, Philosophie durch die Wissenschaften abzulösen, widerspricht der erste Aphorismus des anschließenden (sechsten) Hauptstücks unzweideutig. Und schon in JGB 186 heißt es, dass „die eigentlichen Probleme der Moral [...] alle erst bei einer Vergleichung *vieler* Moralen auftauchen" (JGB 186; KSA 5, 106). Die bisherige „Wissenschaft der Moral" war eben deshalb nur eine sogenannte, weil darin „noch das Problem der Moral selbst" fehlte. Die „Begründung der Moral" war „nur eine gelehrte Form des guten Glaubens an die herrschende Moral", „eine Art Leugnung, dass diese Moral als Problem gefasst werden dürfe". Dieser philosophischen Frage will sich Nietzsche jetzt stellen: Die von jenen Philosophen bis dahin unterlassene „Prüfung, Zerlegung, Anzweiflung, Vivisektion" (ebd.) des Glaubens an die herrschende Moral steht jetzt endlich an.

Der Aphorismus JGB 186 fordert wiederholt und eindringlich zur Bescheidenheit auf und weist nicht nur die Begründungs-Ansprüche der Moralphilosophen als anmaßend zurück, sondern auch die zeitgenössischen Ansätze zu einer positiven Wissenschaft: „Schon das Wort ‚Wissenschaft der Moral' ist in Hinsicht auf Das, was damit bezeichnet wird, viel zu hochmüthig und wider den guten Geschmack: welcher immer ein Vorgeschmack für die bescheideneren Worte zu sein pflegt" (105). Nietzsche legt seinen Lesern nahe, auf den Ausdruck „Wissenschaft der Moral" erst einmal zu verzichten und einen anspruchsloseren zu wählen. Ob (erst) die „*Typenlehre*", die aus den vergleichenden Untersuchungen hervorgehen soll, den Namen „Wissenschaft der Moral" verdient, geht aus dem Text nicht hervor. Zunächst gilt es nur, das Material zu sammeln und zu ordnen; zwar können weitere Schritte „vielleicht" bereits vollzogen werden; die Typologie selbst steht allerdings noch nicht auf der Agenda.

Im letzten Hauptstück „was ist vornehm?" ist Nietzsche freilich nicht so bescheiden: „Bei einer Wanderung durch die vielen feineren und gröberen

Moralen, welche bisher auf Erden geherrscht haben oder noch herrschen, fand ich gewisse Züge regelmässig mit einander wiederkehrend und aneinander geknüpft" (JGB 260; KSA 5, 208). Will Nietzsche „die", d. h. *alle* bisherigen Moralen wirklich bereits „erwandert" haben? Oder bleibt er doch hinter dem zurück, was er am Anfang von „zur Naturgeschichte der Moral" gefordert hatte? Eine „Wanderung" klingt auf jeden Fall unverbindlicher als eine „Sammlung des Materials". Trotzdem zieht Nietzsche bereits aus dieser „Wanderung" starke typologische Schlüsse: Sie führt zu zwei Reihen regelmäßig miteinander verbundener Merkmale; und aus diesen Reihen ergeben sich ihm schon damals „zwei Grundtypen": „*Herren-Moral* und *Sklaven-Moral*" (ebd.). Der transkulturelle Vergleich läuft also auf einen „Grundunterschied" hinaus, auf eine Dichotomie, selbst wenn die Typen „in allen höheren und gemischteren Culturen" (ebd.; vgl. GM I 16; KSA 5, 285–288) nicht rein vorkommen, sondern vielfältig miteinander vermittelt und verschmolzen werden; „Vermittlung", „Durcheinander" oder auch „hartes Nebeinander" beider Grundtypen „sogar im selben Menschen, innerhalb einer Seele" (ebd.), sind hier die Regel. Das Nachdenken über die Frage „was ist vornehm?" soll diesem Menschen helfen, bei sich selbst die Elemente beider Typen zu erkennen, die einen zu fördern und die anderen zu bekämpfen.[3]

7.2 Die vielen Moralen und die zwei Grundtypen

Die Aphorismen JGB 186 und JGB 230 beschreiben ähnliche Verfahrensweisen. Im Anschluss an a) langwieriges Sammeln ethnologischen und historischen Materials (vgl. JGB 186) bzw. an eine „Wanderung" durch die bisherigen Moralen (JGB 230) macht b) eine Morphologie „die wiederkehrenden und häufigeren Gestaltungen […] anschaulich" (JGB 186; KSA 5, 105), bzw. Nietzsche findet „Züge", die „regelmässig mit einander wiederkehren[ ] und aneinander geknüpft" (JGB 230; KSA 5, 208) sind; daraus ergibt sich c) eine überkulturelle „*Typenlehre* der Moral" (JGB 186; KSA 5, 105) bzw. ein Gegensatz zweier „Grundtypen" (JGB 230, KSA 5, 208). Nietzsche benennt die Moral-Typen (Herren- und Sklavenmoral) nach den entsprechenden Menschen-Typen. Dass es auch um Menschen-Typen geht, wird in JGB 186 jedoch nicht einmal

3 Vgl. dazu Nietzsches Brief an Heinrich Köselitz vom 23. Juli 1885; KSB 7, 68f.

angedeutet: Über die „Typenlehre“ lässt der Aphorismus nichts verlauten – selbst darüber nicht, was man sich unter einem „Typus“ vorstellen soll. Dass nicht nur die Moralbeschreibung, sondern auch die Typologie nur Vorstufe ist, und zwar zu einer neuen Wertsetzung, wird ebenfalls nicht mitgeteilt. Erst JGB 230 macht explizit, dass die „Typenlehre“ wertgeladen ist und eine Antwort auf die Frage „was ist vornehm?“ bereitstellen soll, mit der neuen Wertsetzung also wesentlich zusammengehört. Diese vorbereitende Rolle steht in *Jenseits von Gut und Böse* fest: „[I]rgend einen grossen Thatbestand von Werthschätzungen [...] festzustellen und in Formeln zu drängen“, gehöre zur Aufgabe der „philosophischen Arbeiter“; „alles Lange [...] abzukürzen und die ganze Vergangenheit zu *überwältigen*“, sei nur eine „Vorarbeit“ (JGB 211; KSA 5, 144f.). Die echte synthetische Tätigkeit sei nämlich die Schöpfung neuer Werte durch *„[d]ie eigentlichen Philosophen“* (145).

Hellwalds *Naturgeschichte des Menschen* – Nietzsche notiert sich den Titel zur Zeit der Abfassung von *Jenseits von Gut und Böse*[4] – ist eine nach Kontinenten gegliederte Darstellung außereuropäischer Stämme. Hellwald, der sich auch an Darwin orientiert, beginnt mit Australien, dem Kontinent, in dem die nach damaliger Auffassung „primitivsten“ Stämme leben. Die geographische Einteilung beinhaltet also durchaus ein evolutionäres Moment. Trotzdem zeigt das Buch, dass eine Naturgeschichte zu Nietzsches Zeiten primär synchronisch aufgebaut sein kann. Das diachronische Moment muss nicht unbedingt vorherrschen.

Die „Vergleichung *vieler* Moralen“ scheint in JGB 186 zu einem synchronischen Arrangement des gesammelten ethnologischen und historischen Materials zu führen. Nichts spricht hier gegen die Auffassung, dass die „Typenlehre“ nur ein Tableau ist. Nietzsches vergleichender Ansatz verfährt jedoch nicht rein synchronisch: „zur Naturgeschichte der Moral“ sieht den einen Moraltypus durch einen gelungenen *„Sklaven-Aufstand in der Moral“*, durch eine „Umkehrung der Werte“ (JGB 195; KSA 5, 117), das Übergewicht erlangen. Spätestens in *Zur Genealogie der Moral* liegt die transkulturelle Hypothese zweier Grundtypen von Moral der Entstehungsgeschichte zugrunde. Typenlehre und Genese hängen

4 „*Hellwald*, Naturgeschichte des Menschen“ (NL 1885, 39[21]; KSA 11, 627. Vgl. Hellwald 1882). Von diesem Autor hatte Nietzsche bereits die *Culturgeschichte in ihrer natürlichen Entwickelung bis zur Gegenwart* (1875) gelesen (vgl. u. a. NL 1875, 5[58]; KSA 8, 56f.). In seiner Bibliothek findet sich der zweite Band von *Die Erde und ihre Völker. Ein geographisches Hausbuch* (2. Aufl., 1877/78). Vgl. auch Nietzsches Brief an Franz Overbeck vom 8. Juli 1881 (KSB 6, 100f.).

eng miteinander zusammen. Die zwei Grundtypen sind in Nietzsches Augen nicht nur ein Instrument zur Klassifizierung, d. h. nicht lediglich analytische Kategorien, in denen das historische und ethnologische Material sich bei näherer Untersuchung gruppieren lässt. Vielmehr sind sie wirksame geschichtliche Kräfte, die miteinander einen Jahrtausende währenden Konflikt ausfechten; sie sind gleichsam die Träger der Geschichte und als solche Gegenstand einer entwicklungsgeschichtlichen Untersuchung.

Der Vergleich zwischen JGB 186 und JGB 230 zeigt, dass *Jenseits von Gut und Böse* mit zweierlei Maßen misst. Die zwei Aphorismen verfolgen jeweils eine andere Strategie. JGB 186 will den Zeitgenossen das Anliegen einer Begründung der Moral ausreden: Der anfängerhaften „Wissenschaft der Moral" wird hier eine vorbereitende Phase bescheidener und geduldiger Zusammenstellung und Ordnung des Materials verschrieben, bevor eine Typenlehre in Angriff genommen werden kann, die als Aufgabe zwar weniger ambitioniert ist als die prinzipiell nicht zu leistende Begründung der Moral, aber beim zeitgenössischen Kenntnisstand noch zu anspruchsvoll bleibt. Sie wird hier, wie gesagt, nicht näher bestimmt. Im letzten Hauptstück dagegen wird die typologische Aufgabe durch Nietzsche selbst gelöst, und zu diesem Zweck genügt ihm einfach eine „Wanderung" durch die bisherigen Moralen.

Dabei findet eine gewaltige Komplexitätsreduktion statt, die bei allen Unterschieden an die damalige evolutionäre Anthropologie erinnert. Tylor, Lubbock und andere stellen Material aus den verschiedensten Kulturen vergleichend zusammen und ordnen es in einer angeblich universellen Stufenleiter kulturellen Fortschritts. Die evolutionären Anthropologen bringen historische und ethnologische Erscheinungen um ihre kulturelle Spezifität, indem sie aus ihnen beliebig austauschbare Platzhalter für die jeweilige allgemeine „Kulturstufe" machen. Nietzsche lehnt sich, wenn auch mit allerlei Abweichungen, vielfach an die evolutionäre Anthropologie an, aber bei ihm sollen aus den vergleichenden Untersuchungen weniger Kulturstufen hervorgehen als Typen (selbst wenn er mit den Evolutionisten die Fremdheit früher Kulturen betont). Der Ansatz, mit dem er sich über kulturelle Eigenheiten hinwegsetzt, ist dementsprechend vor allem seine typologische Tendenz; sie bildet ein mächtiges Gegengewicht zu der historisierenden, ethnologischen, begrenzt und relativiert sie.[5] Die umfassende historische und kulturelle Erfahrung, die fremde Kulturkreise einbezieht und deren Ferne unterstreicht (wir entdecken auch ein uns fremdes Griechenland), soll den Horizont der Jetztzeit erweitern, ja den freien Geistern dabei helfen, moderne Selbstverständlichkeiten preiszugeben und einen über-europäischen Standpunkt zu gewinnen (vgl. Brusotti 2004). Was schließlich herauskommt, ist jedoch etwas anderes: eine (angeblich) überkulturell gültige binäre Typenlehre samt dem Anspruch, die den Modernen fremd gewordene Herrenmoral wiederentdeckt, ja gleichsam ausgegraben zu haben. Während der Gegenwart die „*Sklaven-Moral*" so vertraut ist, dass sie als *die* Moral schlechthin gilt, ist die vornehme Moral „heute schwer nachzufühlen, auch schwer auszugraben und aufzudecken" (JGB 260; KSA 5, 211). In Nietzsches Augen ist die vornehme Moral den Modernen fremd geblieben, weil nur die höheren Naturen das ihnen Affine in der vergangenen Welt wieder erkennen können. Demnach also gründet kulturelle Fremdheit letzten Endes in der typologischen. In dieser Grundannahme liegt eine wesentliche Grenze von Nietzsches Ansatz. Die Vielfalt der Moralen und die Aufgabe, sich hier zurechtzufinden, sieht der Philosoph zwar deutlich, tendenziell aber macht er es sich zu einfach: Er stellt sich nämlich vor allem die Aufgabe, einen verdrängten Grundtypus wieder ans Licht zu bringen.

7.3 Naturgeschichte der Moral und Moralpsychologie

Der erste Teil des Aphorismus 186 kann als Manifest einer „Naturgeschichte der Moral" aufgefasst werden, obwohl diese Wendung (oder auch nur das Wort „Naturgeschichte") hier ebenso wenig vorkommt wie im Rest des Hauptstücks. Ob die anschließenden Aphorismen Vorstufen zu etwas wie einer echten „Wissenschaft der Moral" darstellen, die von der damals so genannten abweichen

5 Auch in der *Genealogie der Moral* besteht eine Spannung zwischen der Typologie und dem (angeblich) dokumentarischen Charakter des von Nietzsche proklamierten historischen Ansatzes (vgl. zu letzterem GM Vorrede 7). Wie JGB 186 zu JGB 230, so verhält sich in der *Genealogie* die der ersten Abhandlung beigefügte Anmerkung zur Abhandlung selbst: Was im Haupttext ohne Wenn und Aber durchgeführt wird, stellt die Anmerkung als noch anstehende Aufgabe eines wünschenswerten kollektiven Forschungsvorhabens hin, in dessen Rahmen das nötige Material erst noch gesammelt und ausgewertet werden soll. Vgl. dazu Brusotti, 2011.

soll, ist allerdings eine andere Frage. Eine Sammlung ethnologischen und historischen Materials legt „zur Naturgeschichte der Moral“ nicht vor; das in dem einleitenden Aphorismus entworfene Forschungsprogramm – die „Vergleichung *vieler* Moralen“ – bleibt insofern unausgeführt. Nach diesem programmatischen Text scheint das ziemlich heterogene fünfte Hauptstück an Spezifik einzubüßen: Sämtliche Aphorismen lassen sich mit Naturgeschichtlichem verbinden, aber oft nicht in höherem Maß als Aphorismen anderer Hauptstücke.

Zu bedenken ist, dass das Hauptstück zunächst anders hieß: Erwogen wurden Überschriften wie „Moral-Psychologie“ (KGW IX 5, 173), „Zur Moral-Psychologie“ (174), „Fingerzeige eines Moral-Psychologen“ oder auch „Selbstgespräch eines Psychologen“ (ebd.). Erst in einem späten Plan wurde „Fingerzeige eines Moral-Psychologen“ gestrichen und durch „Zur Naturgeschichte der Moral“ (159) ersetzt. Wenn man Titelentwürfe und Gliederungsversuche vergleicht, sieht man, dass Nietzsche während der Textgenese unterschiedliche Verwendungen für das Wort „Naturgeschichte“ in Betracht zieht. So taucht für das Hauptstück, das in der endgültigen Fassung einfach „wir Gelehrten“ heißt, die Variante „Zur Naturgeschichte des Gelehrten“ (KGW IX 2, 78; NL 1885–1886, 1[187]; KSA 12, 52) auf. Wichtiger ist, dass „Zur Naturgeschichte des freien Geistes“ bzw. „Zur Naturgeschichte des höheren Menschen“ (KGW IX 5, 172) immer wieder in Frage kamen, und zwar nicht lediglich als Überschriften eines Hauptstücks, sondern auch als Werktitel, also als mögliche Alternative zu *Jenseits von Gut und Böse*. Zuerst hatte Nietzsche dementsprechend vor allem die „Naturgeschichte“ jeweils des höheren Menschen, des freien Geistes oder auch nur des Gelehrten im Blick; dann aber fand der Ausdruck seine endgültige – und in *Jenseits von Gut und Böse* einzige – Verwendung als Titel des Hauptstücks zur „Moral-Psychologie“. Sofern Nietzsche „den Menschen ungeschminkt und ohne Gleichniss zu den Thieren rechnet“ (JGB 202; KSA 5, 124), lassen sich die moralpsychologischen Betrachtungen unschwer auch als naturgeschichtliche auffassen.

Wenn man vom Terminologischen absieht, kann man spätestens die in *Menschliches, Allzumenschliches* vertretene „allerjüngste aller philosophischen Methoden“, eine „historische Philosophie, […] welche gar nicht mehr getrennt von der Naturwissenschaft zu denken ist“ (MA I 1; KSA 2, 23), als Naturgeschichte betrachten, als eine nicht ohne die Naturwissenschaften zu schreibende evolutionäre Geschichte des Menschen und seiner moralischen Empfindungen und Vorstellungen. Mit seinem „naturgeschichtlichen“ Projekt steht Nietzsche nicht allein da. Ohne alle historischen Zusammenhänge aufzulisten, angefangen mit Nietzsches Freund Paul Rée bis zum bereits angeführten Hellwald, sei hier nur an Darwins Anspruch erinnert, als erster die Frage nach dem Ursprung des moralischen Gefühls, der Pflicht, „ausschließlich von naturhistorischer Seite her“ anzugehen (Darwin 1875, Bd. 1, 126). Während der Arbeit an *Morgenröthe* hatte Nietzsche Leckys *Sittengeschichte Europas* gelesen. Deren erstes, theoretisches Kapitel heißt in der von Nietzsche benutzten Übersetzung „Die Naturgeschichte der Sitten“ (vgl. Lecky 1879, 1–144).

In Nietzsches Veröffentlichungen wird die Wendung „Zur Naturgeschichte der Moral“ nur einmal vorweggenommen: Ein Aphorismus der *Morgenröthe* heißt „Zur Naturgeschichte von Pflicht und Recht“ (M 112; KSA 3, 100ff.).[6] Der Titel „zur Naturgeschichte der Moral“ kündigt Nietzsches nächstes Buch, *Zur Genealogie der Moral*, gleichsam an. Ob die Naturgeschichte die Genealogie antizipiert, ist allerdings eine Frage, die leicht in die Irre führt. Den Ausdrücken „Genealogie“ und „Naturgeschichte“ ist nämlich gemeinsam, dass Nietzsche von ihnen nur äußerst sparsam Gebrauch macht. „Genealogie“ wird erst in der Rezeption zu einer Bezeichnung von Nietzsches eigener Methode.[7] Das Wort „Naturgeschichte“ spielte zwar eine besondere Rolle in der Textgenese, aber

6 In den von ihm veröffentlichten Schriften hatte Nietzsche bis dahin außer in *Morgenröthe* nur einmal den Ausdruck „Naturgeschichte“ verwendet, in einem Aphorismus der *Vermischten Meinungen und Sprüche*: „Wie Naturgeschichte zu erzählen ist“ (VM 184; KSA 2, 460). Zu Nietzsches naturgeschichtlichen Lektüren sei auf einen bald erscheinenden Beitrag des Verfassers hingewiesen.

7 „Genealogie der Moral“ kommt außer im Titel nirgendwo vor! Nur zweimal ist von „Moral-Genealogie“ die Rede. Die etwas öfter verwendeten Ausdrücke „Genealoge“ und „genealogisch“ bezeichnen zumeist Nietzsches *Gegner* und ihre Hypothesen: Kritisiert wird „eine umgekehrte und perverse Art von genealogischen Hypothesen, ihre eigentlich *englische* Art“ (GM Vorrede 4; KSA 5, 250), die stümperhafte „Moral-Genealogie“ (GM I 2; KSA 5, 258) der „englischen Moralgenealogen“ (GM Vorrede 4; KSA 5, 251) bzw. der „bisherigen Moral-Genealogen“ (GM II 12; KSA 5, 313), der nichts taugenden „bisherigen Genealogen der Moral“ (GM II 4; KSA 5, 297), der „naiven Moral- und Rechtsgenealogen“ (GM II 13; KSA 5, 316). Es liegt Nietzsche also fern, nur sich selbst als „Moralgenealogen“ zu bezeichnen und allein seine eigenen Herkunftshypothesen als „genealogisch“ zu qualifizieren. Bei ihm ist von genealogischer *Methode* außerdem nie die Rede, sondern nur von „der historischen Methodik“ (GM II 12; KSA 5, 315 und GM II 13; KSA 5, 316); die „richtigere Methodik“, auf die er Paul Rée vergeblich habe einschwören wollen, erfordere die „Richtung zur wirklichen *Historie der Moral*“ (GM Vorrede 7; KSA 5, 254). Nietzsche unterscheidet also nicht zwischen Genealogie und Historie, sondern zwischen sich selbst, dem guten Genealogen, der die richtige historische Methode benutzt und sich der wirklichen Historie der Moral zuwendet, und den schlechten Genealogen, die es nicht tun.

in *Jenseits von Gut und Böse* kommt der Ausdruck lediglich im Titel des fünften Hauptstücks vor – und nirgendwo sonst. Es drängt sich insofern nicht auf, die Gedankenentwicklung zwischen den zwei Schriften als Übergang von einer naturgeschichtlichen zu einer genealogischen Methode zu deuten.

7.4 Grundthemen von „zur Naturgeschichte der Moral"

Eine systematische Naturgeschichte liegt im fünften Hauptstück nicht vor, nicht einmal im Umriss: Die Aphorismen sind nichts mehr als „Fingerzeige" *zur* Naturgeschichte der Moral bzw. *zur* Moralpsychologie. Eine genetische Untersuchung der moralischen *Vergangenheit* bildet dabei nicht den Hauptschwerpunkt. Im Vordergrund steht eher eine Kritik der *Gegenwart*, der Zeit der „Heerdenthier-Europäer" (JGB 199; KSA 5, 120) mit ihrer „*Heerdenthier-Moral*" (JGB 202; KSA 5, 124); und in naturgeschichtlichen, ja zootechnischen Begriffen wird auch die *Zukunft* gefasst, die Zeit möglicher „Gesammt-Versuche von Zucht und Züchtung" (JGB 203; KSA 5, 126). Mit dieser bedenklichen Zukunftsvision schließt das Hauptstück. Zum Gegenstand der Natur*geschichte* gehören also auch mögliche *künftige* Moralen; diese sind sogar das Hauptanliegen.

Den für *Jenseits von Gut und Böse* charakteristischen „Aphorismen-Ketten" begegnet man in „zur Naturgeschichte der Moral" vergleichsweise selten. Folgende thematische Schwerpunkte lassen sich jedoch herausgreifen, und damit wird auch etwas wie die Architektur des Hauptstücks in groben Zügen erkennbar. Die heterogenen, historisch gegebenen und möglichen Einzelmoralen lassen sich psychologisch deuten: Sie sind eine „Zeichensprache der Affekte" (JGB 187; KSA 5, 107) (A). Der Variabilität der Inhalte entspricht etwas wie eine allgemeine Form: der „Zwang", den die letzten Endes „willkürlichen" Vorschriften der Einzelmoralen auf den Menschen ausüben (B). Obwohl dem Eingangsaphorismus zufolge eine „Typenlehre der Moral" noch nicht an der Tagesordnung ist, dreht sich auch dieses Hauptstück um typologische Gegensätze (C). Psychologisches und Naturgeschichtliches konvergieren im Hauptthema der „Heerde", ihrer Instinkte und ihrer Moral (D) und in Nietzsches Gegenentwurf, in der berüchtigten „Zucht und Züchtung" eines höheren Typus (E).

(A) Der zweite Aphorismus von „zur Naturgeschichte der Moral“ stellt die moralpsychologische Grundthese auf, die Moral sei eine „*Zeichensprache der Affekte*“ (JGB 187; KSA 5, 107). Der programmatische Aphorismus JGB 23 hatte vorgeschlagen, die „gesammte Psychologie“ als „Morphologie und *Entwicklungslehre des Willens zur Macht*“ (JGB 23, KSA 5, 38) zu fassen. Der Moral-Psychologe verfolgt auch im fünften Hauptstück die Wandlungen der Triebe und Affekte: Er erklärt z. B., „warum [...] der Geschlechtstrieb sich bis zur Liebe (amour-passion) sublimirt hat“ (JGB 189; KSA 5, 111). Aber selbst wenn gleich der eröffnende Aphorismus wie nebenbei von „einer Welt“ redet, „deren Essenz Wille zur Macht ist“ (JGB 186; KSA 5, 107), kommen die anschließenden moralpsychologischen „Fingerzeige“ ohne diesen umfassenden und anspruchsvollen Begriff weitgehend aus. Der Wille zur Macht wird gelegentlich erwähnt (vgl. JGB 198 sowie JGB 187). Fokussiert wird jedoch auf spezifischere Affekte, und große Bedeutung wird insbesondere demjenigen eingeräumt, der in der *Fröhlichen Wissenschaft* dem Gefühl der Macht gegenüberstand, der „Furchtsamkeit“, wohl weil sie die Herdenmoral wesentlich prägt (zur „Moral als Furchtsamkeit“ vgl. insbes. JGB 197 und JGB 198).

Mit der Auffassung der Moral als „Zeichensprache der Affekte“ knüpft Nietzsche an einen der ersten Aphorismen an: Eine Philosophie sei das „Selbstbekenntnis ihres Urhebers“ (JGB 6; KSA 5, 19), und dieser wolle zuletzt immer auf eine bestimmte Moral hinaus. Das jeweils Spezifische dieser Moral lässt sich demnach funktionell deuten: Wozu soll sie ihm denn dienen? „[W]as sagt eine [...] Behauptung von dem sie Behauptenden aus?“ (JGB 187; KSA 5, 107). Die jeweiligen Einzelmoralen erlauben Rückschlüsse auf die Urheber: „[D]ie Moralen sind [...] auch nur eine Zeichensprache der Affekte“ (ebd.); und „ein Moral-Psycholog liest“ nicht nur sie „als eine Gleichniss- und Zeichensprache, mit der sich Vieles verschweigen lässt“ (JGB 196; KSA 5, 117). Er muss diese Zeichensprachen entziffern, d. h. die Affekte erraten, die sich in der jeweiligen Einzelmoral bzw. im einzelnen Typus ausdrücken.

(B) Zwar ist jede Moral „ein Stück Tyrannei gegen die ‚Natur‘, auch gegen die ‚Vernunft‘“, aber „‚Natur‘ und ‚natürlich‘“ (JGB 188; KSA 5, 108) – so Nietzsches Annahme (und man bemerke die Anführungszeichen) – ist aller Wahrscheinlichkeit nach gerade, dass Normen, welche auch immer, einen Zwang ausüben: Die „‚Tyrannei solcher Willkür-Gesetze‘“ kennzeichnet Moral überhaupt. „Das Wesentliche und Unschätzbare an jeder Moral ist, dass sie ein langer Zwang ist", d. h. „dass lange und in Einer Richtung *gehorcht* werde: dabei kommt und kam auf die Dauer immer Etwas heraus, dessentwillen es sich lohnt, auf Erden zu leben [...]" (108f.). So oder ähnlich redet gleichsam „der moralische Imperativ der Natur [...], welcher freilich weder ‚kategorisch' ist, wie es der alte Kant von ihm verlangte [...], noch an den Einzelnen sich wendet [...], wohl aber an Völker, Rassen, Zeitalter, Stände, vor Allem aber an das ganze Thier ‚Mensch', an *den* Menschen" (110). Hier wird etwas wie ein phylogenetischer Imperativ angenommen, der sich an die Tiergattung „Mensch" richtet: Nietzsche will, wie unten noch zu sehen ist, auf eine allgemeine Tendenz zur „Zucht und Züchtung" des Menschen hinaus.

Diese Grundthese über Moral überhaupt – sie erinnert an Zarathustras Rede „Von der Selbst-Ueberwindung" (KSA 4, 146–149) – wird hier durch ein Beispiel aus der „Naturgeschichte" des freien Geistes bzw. aus dessen „Vorgeschichte" bekräftigt; denn die „Stärke" des Geistes ist eine Voraussetzung seiner „Freiheit", aber noch nicht diese selbst. Die historische Erscheinung der mittelalterlichen Scholastik soll belegen, dass „die Sklaverei [...] im gröberen und feineren Verstande das unentbehrliche Mittel auch der geistigen Zucht und Züchtung" gewesen sei; die „Tyrannei", die „Willkür", habe auch „den Geist *erzogen*" (JGB 188; KSA 5, 109). Die *geistige* „Zucht und Züchtung" besteht demnach darin, dass dem europäischen Geist durch Jahrhunderte währende „Zucht" (im Sinne von „Disziplin") etwas wie Stärke „angezüchtet" wurde. „Die lange Unfreiheit des Geistes, [...] die Zucht, welche sich der Denker auferlegte, innerhalb einer kirchlichen und höfischen Richtschnur [...] zu denken, [...] – all dies [...] Widervernünftige hat sich als das Mittel herausgestellt, durch welches dem europäischen Geiste seine Stärke [...] angezüchtet wurde" (ebd.). Die „Natur" in der Moral pflanzt „das Bedürfniss nach beschränkten Horizonten" und lehrt „die *Verengerung* der *Perspektive*, und also im gewissen Sinne die Dummheit, als eine Lebens- und Wachsthums-Bedingung" (109f.). Wie die anderen Tugenden ist die Freiheit des Geistes aus ihrem Gegensatz entstanden, aus der Unfreiheit, und der starke Geist wurde durch eine „strenge und grandiose Dummheit" (109) erzogen.

(C) Gerade das problematische Wortpaar „Zucht und Züchtung" steht, könnte man sagen, für das allgemeinere Konzept dieser Naturgeschichte der

Moral.[8] Der Doppelsinn von „Zucht“ beinhaltet demnach einen inneren Zusammenhang: Moralische Erziehung/Disziplin bringt einen Menschen-Typus hervor, „züchtet“ ihn. Naturgeschichtlich betrachtet ist Moral, wenn sie Anklang findet, „Zucht und Züchtung“: „Jede Moral, welche irgend wie geherrscht hat, war immer die Zucht und Züchtung eines bestimmten Typus von Menschen“ (KGW IX 2, 8; vgl. NL 1885–1886, 1[239]; KSA 12, 63). Der Menschen-Typus ist nicht nur der „Träger“, sondern auch das Ziel des nach ihm benannten Moral-Typus: der Menschen-Typus, dessen „Zucht und Züchtung“ dieser Moral-Typus betreibt. Jede herrschende Moral setzt einen „maaßgebenden Typus“ (KGW IX 2, 7) voraus. Der „Typus“ ist damit nicht nur eine Kategorie des externen Beobachters, der von einem äußeren Standpunkt aus Moralen klassifiziert; vielmehr arbeitet jede Moral intern mit einem Typus, der als regulatives Ideal eine wesentliche normative Funktion innehat.

Bemerkenswert ist nicht nur, dass *Jenseits von Gut und Böse* den Begriff „Typus“ nicht definiert, selbst dann nicht, wenn der Autor eine „Typenlehre“ in Aussicht stellt, sondern vor allem, dass hier – und erst recht im Gesamtwerk – Heterogenstes „Typus“ heißt: der Mensch überhaupt, „der Typus Mensch“ (JGB 203; KSA 5, 127; vgl. auch JGB 62), der religiöse Mensch (vgl. JGB 58) bzw. der Heilige (vgl. JGB 47), der freie Geist (vgl. JGB 105), aber auch „der adelige Offizier aus der Mark“ (JGB 251; KSA 5, 194) bzw. „der erfolgreichste Typus des neuen Deutschthums“ (JGB 244; KSA 5, 184). Obwohl eine „Typenlehre der Moral“ noch aussteht, weist das fünfte Hauptstück immer wieder auf gegensätzliche Typen und typologische Gegensätze hin: In einem „Auflösungs-Zeitalter“ tritt ein „schwächere[r] Typus, mit seinem Verlangen nach Ruhe, in den Vordergrund“, zugleich aber erscheinen auch die „zum Siege und zur Verführung vorherbestimmten Räthselmenschen, deren schönster Ausdruck Alcibiades und Caesar [...], unter Künstlern vielleicht Lionardo da Vinci ist“; „beide Typen gehören zu einander und entspringen den gleichen Ursachen“ (JGB 200; KSA 5, 121; vgl. JGB 242). Diese zwei entgegengesetzten „Typen“ bilden eine geschichtliche Konstellation, das „Auflösungs-Zeitalter“, gleichsam einen Epochen-Typus, zu

8 Bekanntlich kommt „Zucht und Züchtung“ in Nietzsches Entwürfen öfter vor, etwa als Überschrift eines Hauptabschnitts des nie geschriebenen Hauptwerks (NL 1885–1886, 2[74]; KSA 12, 95; vgl. auch NL 1886–1887 7[64]; KSA 12, 318) oder in der Form „Gedanken über Zucht und Züchtung“ als Untertitel weiterer geplanter Schriften (NL 1885, 36[55]; KSA 11, 573 sowie NL 1885, 40[45]; KSA 11, 652).

dem auch, aber nicht nur die europäische Gegenwart gehört. In „was ist vornehm?" steht der „soziologisch" formulierte Gegensatz zwischen Herren-Moral und Sklaven-Moral im Mittelpunkt, hier noch nicht. Selbst wenn von einem „*Sklaven-Aufstand in der Moral*" (JGB 195; KSA 5, 117) die Rede ist, dreht sich hier alles in „naturgeschichtlicher", ja zoologischer Terminologie um den „Heerden-Menschen", dem Gestalten wie der „tropische Mensch", d. h. „das Raubthier und de[r] Raubmensch[ ]" (JGB 197; KSA 5, 117) à la Cesare Borgia, oder Nietzsches Philosophen der Zukunft auf je eigene Weise gegenüberstehen.

(D) In „zur Naturgeschichte der Moral" spielen die „Heerde" und ihre Instinkte eine weit bedeutendere Rolle als dann in *Zur Genealogie der Moral*. Deren erste Abhandlung knüpft an „was ist vornehm?" an und entwickelt insbesondere den hier aufgestellten Gegensatz zwischen Herren- und Sklaven-Moral weiter. Wiederum klammern die drei Abhandlungen der *Genealogie* nach Nietzsches eigener Erklärung den Herdeninstinkt als Antrieb der Moral absichtlich aus. Der Grund ist allerdings nicht, dass Nietzsche den Begriff fallen gelassen hätte. Im Gegenteil: Der Herdeninstinkt sei „das wesentlichste" „primum mobile" und habe einfach „als zu umfänglich" übergangen werden müssen.[9] Insofern darf der Unterschied zum fünften Hauptstück von JGB nicht überbewertet und vor allem nicht als einer zwischen den Methoden „Naturgeschichte" und „Genealogie" aufgefasst werden.

Das Konzept „Heerde" ist nicht erst in „zur Naturgeschichte der Moral" prominent. Den Ausdruck verwendet Nietzsche seit jeher,[10] besonders häufig aber erst seit der *Fröhlichen Wissenschaft*: Durch die häufigen Betrachtungen über „Heerden-Menschen" (FW 23; KSA 3, 397) und „*Heerden*-Instincte" (FW 328; KSA 3, 555) unterscheidet sich diese Schrift gravierend von *Morgenröthe*, deren

9 Eigentlich geht die dritte Abhandlung wiederholt auf die spannungsvolle Beziehung zwischen dem asketischen Priester und seiner „Heerde" ein. Aber Nietzsche zufolge konnten die drei Abhandlungen nicht jedes „primum mobile" „jenes complexen Gebildes, das Moral heißt," behandeln, und „das wesentlichste (‚der Heerdeninstinkt') mußte einstweilen, als zu umfänglich, bei Seite gelassen werden" (Nietzsche an Overbeck, 4. Januar 1888; KSB 8, 224). Vgl. dazu Brusotti 1992, insbes. 106f. (Anm. 45).

10 „Fortsetzung der Zoologie. / Dass der Mensch als Heerdenthier ist, beweist die Statistik" (NL 1873, 29[149]; KSA 7, 695). Vgl. VM 233; KSA 2, 485.

Moral-Kritik noch nicht mit dieser Begrifflichkeit arbeitet.[11] Evolutionstheoretische Konjekturen über die tierischen Anfänge der Moral und Betrachtungen über die „tierischen Gesellschaften" kommen zwar schon früher vor; aber ab 1881 häufen sich die Reflexionen über die Herde als den „naturgeschichtlichen" Kontext, in dem unsere Triebe z. T. schon vor der Menschwerdung langsam „gezüchtet" wurden: „Unsere Triebe und Leidenschaften sind ungeheuere Zeiträume hindurch in Gesellschafts- und Geschlechtsverbänden gezüchtet worden (vorher wohl in Affen-*Heerden*)" (NL 1881, 11[130]; KSA 9, 487). In der *Fröhlichen Wissenschaft* heißt es: „Moralität ist Heerden-Instinct im Einzelnen" (FW 116; KSA 3, 475). Eine Moral drückt demnach die „Bedürfnisse einer Gemeinde und Heerde" aus, „die Bedingungen der Erhaltung einer Gemeinde" (ebd.). Man darf annehmen, dass auch hier „Heerde" und „*Heerden-Instinct*" (474) nicht (nur) bildlich gemeint sind. „Geschlechts-Verbände, Gemeinden, Stämme, Völker, Staaten, Kirchen" sind auch in *Jenseits von Gut und Böse* nicht nur metaphorisch „Menschenheerden" (JGB 199; KSA 5, 119), selbst wenn hier naturgeschichtliche Erklärungen gegenüber kunstvollen Beschimpfungen in zootechnischem Jargon deutlich zurücktreten.

Jenseits von Gut und Böse nimmt die These der *Fröhlichen Wissenschaft* wieder auf: „[I]n Dingen der Moral hat bisher der Instinkt, oder wie die Christen es nennen, ‚der Glaube', oder wie ich es nenne, ‚die Heerde' gesiegt" (JGB 191; KSA 5, 112f.). „Das alte [...] Problem von ‚Glauben' und ‚Wissen'" lässt sich demnach als Problem von „Instinkt und Vernunft" (112) reformulieren, d. h. als Problem der Herrschaft des Herdeninstinkts über die individuelle Vernunft. Zuerst hatte das fünfte Hauptstück den Gehorsam gegenüber beliebigen moralischen Geboten durch den „moralische[n] Imperativ der Natur" (JGB 188; KSA 5, 110) erklärt; dann bietet Nietzsche noch eine zweite naturgeschichtliche Erklärung: durch den „Heerden-Instinkt des Gehorsams" (JGB 199; KSA 5, 119). Das in den „Menschenheerden" allmählich entstandene, heute wahrscheinlich angeborene „Bedürfniss" nach Gehorsam bildet demnach „eine Art *formalen Gewissens*, welches gebietet: ‚du sollst irgend Etwas unbedingt thun, irgend Etwas unbedingt lassen', kurz ‚du sollst'" (ebd.). Dieses Gewissen versucht, „seine Form mit

11 Zur Zeit der *Fröhlichen Wissenschaft* kannte Nietzsche Francis Galton noch nicht: Seine damaligen Betrachtungen zum Herdeninstinkt orientierten sich eher an Autoren wie Alfred Espinas und Georg Heinrich Schneider. Der Autor von *Jenseits von Gut und Böse* ist mit Galtons Ansichten dagegen vertraut. Zu dieser Lektüre vgl. Haase 1989.

einem Inhalte zu füllen“ (ebd.), und zwar auch hier mit einem ziemlich beliebigen. Nietzsches Konzept ist von dem Kants denkbar weit entfernt, sofern sich in diesem „formalen Gewissen“ die Herrschaft des Herdeninstinkts über die individuelle Vernunft zeigt.

(E) Aus der Herde wird in *Jenseits von Gut und Böse* vor allem *eine* Art Moral abgeleitet, die sogenannte „Heerden-Moral“, wobei diese Nietzsche zufolge sowohl die frühmenschliche als auch *die* heutige europäische Moral ist. Er behauptet, dass „in allen moralischen Haupturtheilen Europa einmüthig geworden ist“ (JGB 202; KSA 5, 124). Diesem Grundkonsens stellt das fünfte Hauptstück am Anfang die Vielfalt der wirklich dagewesenen Moralen gegenüber, am Ende die der *möglichen künftigen*: „*Moral ist heute in Europa Heerdenthier-Moral*: – also nur, wie wir die Dinge verstehn, Eine Art von menschlicher Moral, neben der, vor der, nach der viele andere, vor Allem höhere Moralen möglich sind oder sein sollten“ (ebd.). Man darf Nietzsche zufolge nicht aus dem Blick verlieren, „wie oft schon der Typus Mensch an geheimnissvollen Entscheidungen und neuen Wegen gestanden hat“ und vor allem „wie der Mensch noch unausgeschöpft für die grössten Möglichkeiten ist“ (JGB 203; KSA 5, 127). Neuerdings, in Zeiten emergenter und denkbarer *Enhancementtechnologien*, versucht man den hier zu Worte kommenden Sinn für neue Möglichkeiten des Humanen oder das „transhumanistische“ Anliegen des *Zarathustra* wieder aufzuwerten. Trotzdem bleiben diese Zukunftsvisionen höchst bedenklich.

Die genannten planetarischen Versuche sind Sache der schon in „der freie Geist“ angekündigten „Philosophen der Zukunft“ (JGB 42; KSA 5, 59). Diese „*neuen Philosophen*“ sollen imstande sein, „die Anstösse zu entgegengesetzten Werthschätzungen zu geben und ‚ewige Werthe‘ umzuwerthen, umzukehren“ (JGB 203; KSA 5, 126). Diese „Menschen der Zukunft, welche in der Gegenwart den Zwang und Knoten anknüpfen, der den Willen von Jahrtausenden auf *neue* Bahnen zwingt“, haben die Aufgabe, „[d]em Menschen die Zukunft des Menschen als seinen *Willen*, als abhängig von einem Menschen-Willen zu lehren und grosse Wagnisse und Gesammt-Versuche von Zucht und Züchtung vorzubereiten, um damit jener schauerlichen Herrschaft des Unsinns und Zufalls, die bisher ‚Geschichte‘ hiess, ein Ende zu machen“ (ebd.).

Dem experimentellen, planmäßigen und globalen Vorgehen dieser künftigen Philosophen, die Nietzsche unter anderem als „Führer“ und „Befehlshaber[ ]“

(126) bezeichnet, steht nicht einfach eine dem Zufall überlassene Geschichte gegenüber. Wie gleich zu sehen ist, verschärft der Schluss die Alternative. Ein späterer Aphorismus setzt den Prozess, in dem ein Typus „festgestellt", d. h. „fest und stark" (JGB 262; KSA 5, 214) wird, in Analogie mit der Entstehung einer Art. Für Nietzsche, der wie unzählige damals einschlägige Autoren an die Vererbung erworbener Eigenschaften glaubt, sind beide Fälle doch nicht so weit voneinander entfernt; und der ganze Aphorismus JGB 262 beruht auf der angeblichen Parallele, allerdings ohne sich über deren Natur verbindlich zu äußern. So stellt Nietzsche, der Lehren „aus den Erfahrungen der Züchter" ziehen will, der „Entartung" die „Abartung" gegenüber, die „Variation" „in's Höhere, Feinere, Seltnere" (215). Zu der Frage, ob man einen neuen Typus wirklich wie eine neue Art „züchtet", äußert sich Aphorismus JGB 203 nicht. Es läuft trotzdem auf einen ähnlichen Gegensatz wie den zwischen „Entartung" und „Abartung" (ebd.) hinaus: Auf der einen Seite steht die von Nietzsche perhorreszierte mögliche „*Gesammt-Entartung des Menschen*", „diese Entartung und Verkleinerung des Menschen zum vollkommenen Heerdenthiere"; auf der anderen Seite gibt der Philosoph zu bedenken, „was Alles noch [...] *aus dem Menschen zu züchten* wäre" (JGB 203; KSA 5, 127). Die zwei Zukunftsszenarien sind dem Leser des *Zarathustra* nicht unvertraut: Es handelt sich nämlich um eine „naturgeschichtliche" Variante der in „Zarathustra's Vorrede" (KSA 4, 11–28) geforderten Entscheidung zwischen letztem Menschen und Übermenschen. Wohlgemerkt: Den Platz des Übermenschen, von dem in *Jenseits von Gut und Böse* nicht mehr die Rede ist, nimmt hier ein neuer „Typus" Mensch ein (bzw. der Mensch selbst ist ein „Typus" mit unausgeschöpften Möglichkeiten). Wiederum ist der zum „vollkommenen Heerdenthiere" entartete und verkleinerte Mensch, nun in „naturgeschichtlichem" Vokabular, der „letzte Mensch" aus „Zarathustra's Vorrede". Mit der hier geforderten Entscheidung schließt sich der Bogen des fünften Hauptstücks, der damit gleichsam zwischen zwei „Aufgaben" gespannt ist: Eingeleitet wird es durch die an die selbsternannte „Wissenschaft *der* Moral" gerichtete Mahnung, illusorische Begründungsansprüche endlich aufzugeben und sich erst einmal die bescheidenere theoretische Aufgabe einer Beschreibung der Moral vorzunehmen. Ende und Ausblick bildet dagegen eine „naturgeschichtliche", aber noch höchst ambitionierte Variante der in *Also sprach Zarathustra* gestellten praktischen Aufgabe.

7.5 Zur Naturgeschichte des freien Geistes

Mit der Idee einer Naturgeschichte des freien Geistes bzw. des höheren Menschen hängen viele Aphorismen von *Jenseits von Gut und Böse*, nicht nur des fünften Hauptstücks, zusammen. Einige Jahre zuvor hatte Heinrich Köselitz Nietzsche geschrieben, dass „selbst der redlichste Philosoph [...] z. B., wenn er eine Naturgeschichte des Genie's schreibt, ganz ungeniert *sich* hinmalt" (Heinrich Köselitz an Nietzsche, 18. Juli 1879, Nr. 1213a, in KGB II 7/3,1, 16). *Jenseits von Gut und Böse* sieht in jeder großen Philosophie ein Selbstporträt des jeweiligen Philosophen, und zwar ein unbewusstes (vgl. JGB 6). Auch und erst recht die „Naturgeschichte des freien Geistes" bzw. „des höheren Menschen", die Nietzsche zeitweilig als das übergreifende Thema der entstehenden Schrift hinstellte, ist ein, freilich nicht ganz uneingestandenes, Selbstporträt. In den entsprechenden Vorarbeiten stand die „Naturgeschichte" für das Ganze, das werdende Buch wurde (auch) als naturgeschichtliche Abhandlung konzipiert, und z. B. „was ist vornehm?" bildete einen Abschnitt dieser „*Naturgeschichte*" (W I 8, 173; vgl. auch 174; vgl. NL 1885–1887, 2[41], 2[43]; KSA 12, 82f.). Der Philosoph wollte gleichsam eine Naturgeschichte seiner selbst schreiben: Hauptanliegen war eine Naturgeschichte des Freigeistes *Nietzsche*, des höheren Menschen *Nietzsche*, wenn auch nicht nur des „Herrn Nietzsche" (FW Vorrede 2; KSA 3, 347). Dieses auto-naturgeschichtliche Vorhaben weist bereits auf die nächste Veröffentlichung nach *Jenseits von Gut und Böse* voraus, auf die Vorreden von 1886–1887 für die neue Ausgabe seiner Schriften. Auch der Vorreden-Zyklus könnte den Titel „Zur Naturgeschichte des freien Geistes" tragen.

Der Aphorismus JGB 230 bekundet die Absicht, den Menschen in die Natur „zurück[zu]übersetzen" und den unter metaphysischen Deutungen verschütteten „ewigen Grundtext homo natura" (JGB 230; KSA 5, 169) wieder erkennbar zu machen.[12] Der *homo natura* als ‚ewiger' Grundtext, der nietzscheanische Philosoph als Philologe, der ihn endlich wiederherstellt bzw. aus einer verdorbenen Übertragung in den Originaltext zurückübersetzt:

12 Statt „ewigen Grundtext homo natura" (JGB 230; KSA 5, 169) steht in einer ersten Skizze einfach „Natur-Text ‚Mensch'" (KGW IX 1, 21). Zu einer textgenetischen Analyse des Aphorismus JGB 230, in der die im Folgenden angedeuteten Thesen nachgewiesen werden, vgl. Brusotti 2013. Zum Aphorismus JGB 227 und zu einem Vergleich mit FW 127 vgl. Brusotti 1997, 673ff.

Dieser Komplex sich überlagernder und teilweise durchkreuzender Gleichnisse beinhaltet eine grundsätzliche Asymmetrie zwischen einem Natur-Text und dessen übernatürlichen Deutungen. Diese Asymmetrie darf jedoch nicht überinterpretiert werden: Nietzsche betrachtet sich selbst nicht als einen Leser, der zu einem „ewigen Grundtext" einen deutungsfreien Zugang gewinnen kann. Die Metaphorik mag insofern irreführen, steht jedoch im Wesentlichen für die Beseitigung der vielfachen Irrtümer metaphysischer Anthropologie und für die Haltung, die dem Erkennenden dabei abverlangt wird. Nietzsche fordert, „dass der Mensch fürderhin vor dem Menschen steht, wie er heute schon, hart geworden in der Zucht der Wissenschaft, vor der *anderen* Natur steht, mit unerschrocknen Oedipus-Augen und verklebten Odysseus-Ohren" (ebd.), taub gegen die metaphysischen Sirenengesänge einer übernatürlichen Herkunft: des Menschen überhaupt, aber auch der eigenen Tugenden.

In die Natur zurückzuübersetzen ist nämlich auch und zuallererst der Erkennende selbst. „*Unsere Tugenden*", so der Titel des siebten Hauptstücks, dürfen sie Tugenden heißen? Die Redlichkeit ist die „*letzte Tugend*" (KGW IX 2, 14), die Tugend der „freien Geister", „die allein uns übrig blieb", „unsre Tugend [...], von der wir nicht loskönnen" (JGB 227; KSA 5, 162). Dürfen diese „freien, *sehr* freien Geister" (JGB 230; KSA 5, 169) die ihnen einzig verbliebene Tugend „Redlichkeit" nennen? Auch sie gehört zu den „umgetauften" „bösen" Trieben; soll man sie dann nicht lieber noch einmal umtaufen? Sollen die freien Geister dem, was sie auszeichnet, nicht besser einen anderen Namen geben?

Der Aphorismus JGB 230 warnt sie davor, sich selbst eine „ausschweifende Redlichkeit" (JGB 230; KSA 5, 169) zuzuschreiben: Gehört das Wort „Redlichkeit" selbst nicht zu den vielen „eitlen und schwärmerischen Deutungen" (ebd.), die uns den Zugang zum *homo natura* verwehren? Jene unerschrockene Haltung muss der Erkennende also vor allem bei der Aufgabe bewahren, sich selbst in die Natur zurückzuübersetzen. Die „Naturgeschichte" ist eine Untersuchung der bisher dagewesenen Moralen, aber nicht nur; denn Gegenstand naturgeschichtlicher Betrachtung sei auch noch eine Moral, die sich in Nietzsches Jetztzeit nur andeute und eigentlich erst der Zukunft gehöre: die postmoralische Moral, wie sie die von ihm herbeigesehnten freien, sehr freien Geister verkörpern sollen.

Literatur

Brusotti, Marco 1992: Die „Selbstverkleinerung des Menschen“ in der Moderne. Studie zu Nietzsches *Zur Genealogie der Moral*, in: Nietzsche-Studien 21, 81–136

Brusotti, Marco 1997: Die Leidenschaft der Erkenntnis. Philosophie und ästhetische Lebensgestaltung bei Nietzsche von *Morgenröthe* bis *Also sprach Zarathustra*, Berlin/New York

Brusotti, Marco 2004: „Europäisch und über-europäisch“. Nietzsches Blick aus der Ferne, in: Tijdschrift voor Filosofie 66, 31–48

Brusotti, Marco 2011: Naturalismus? Perfektionismus? Nietzsche, die Genealogie und die Wissenschaften, in: Helmut Heit/Günter Abel/Marco Brusotti (Hrsg.): Nietzsches Wissenschaftsphilosophie: Hintergründe, Wirkungen und Aktualität, Berlin/Boston, 91–112

Brusotti, Marco 2013: „der schreckliche Grundtext homo natura“. Texturen des Natürlichen im Aphorismus 230 von *Jenseits von Gut und Böse*, in: Marcus Andreas Born/Axel Pichler (Hrsg.): Texturen des Denkens. Nietzsches Inszenierung der Philosophie in *Jenseits von Gut und Böse*, Berlin/Boston, 259–278

Darwin, Charles 1875: Die Abstammung des Menschen und die geschlechtliche Zuchtwahl. Dritte gänzlich umgearbeitete Auflage, 2 Bde., Stuttgart

Durkheim, Émile 1887: La science positive de la morale en Allemagne, in: Revue philosophique 24, 33–58, 113–142, 275–284

Haase, Marie-Luise 1989: Friedrich Nietzsche liest Francis Galton, in: Nietzsche-Studien 18, 633–658

Hellwald, Friedrich Anton Heller von 1875: Culturgeschichte in ihrer natürlichen Entwickelung bis zur Gegenwart. Augsburg

Hellwald, Friedrich Anton Heller von 1877–1878: Die Erde und ihre Völker. Ein geographisches Hausbuch, 2. Aufl., 2 Bde., Stuttgart

Hellwald, Friedrich Anton Heller von 1882: Naturgeschichte des Menschen, Stuttgart

Lecky, William Edward Hartpole 1879: Sittengeschichte Europas von Augustus bis auf Karl den Grossen, Bd. 1, Leipzig/Heidelberg

Treiber, Hubert 1993: Zur Genealogie einer „science positive de la morale en Allemagne“. Die Geburt der „r(é)alistischen Moralwissenschaft“ aus der Idee einer monistischen Naturkonzeption, in: Nietzsche-Studien 22, 165–221

van Tongeren, Paul 1989: Die Moral von Nietzsches Moralkritik. Studien zu *Jenseits von Gut und Böse*, Bonn

Wundt, Wilhelm 1886: Ethik. Eine Untersuchung der Thatsachen und Gesetze des sittlichen Lebens, Stuttgart

8

Andreas Urs Sommer

Philosophen und philosophische Arbeiter

Das sechste Hauptstück: „wir Gelehrten"

Das sechste Hauptstück von *Jenseits von Gut und Böse* als Ganzes steht selten im Zentrum forschender Aufmerksamkeit. Zu gewichtig erscheint das unmittelbar vorangehende Hauptstück, das mit seinen Beobachtungen „zur Naturgeschichte der Moral" die *Genealogie der Moral* präludiert, zu verheißungsvoll das von „unsere[n] Tugenden" handelnde, unmittelbar folgende Hauptstück, als dass die Ausführungen „wir Gelehrten" in der Rezeptionsgeschichte noch ein reiches Eigenleben hätten entwickeln können. Dennoch müsste schon das in der Überschrift benutzte Personalpronomen der ersten Person Plural für eine gewisse Irritation sorgen: Es ist das einzige Hauptstück, dessen Titel die „Wir" aufrufen. Diese „Wir" scheinen direkt auf Nietzsche zurückzuverweisen, der dieses Personalpronomen häufig nutzt, um seine eigenen Perspektiven zu markieren und gleichzeitig die (mehr oder weniger) geneigten Leser zu vereinnahmen. Die Irritation rührt nun weniger daher, dass das „Wir" in den Hauptstück-Überschriften singulär ist, sondern vor allem daher, dass es mit „Gelehrten" kombiniert wird – mit einer Spezies Mensch, zu der Nietzsche seit seinem frühen Ausscheren aus dem Normalkonsens der Gelehrtenrepublik in der *Geburt der Tragödie* kein positives Bekenntnisverhältnis mehr unterhielt. Die Wendung „wir Gelehrten" kommt im Text des sechsten Hauptstücks auch nicht vor; die gelegentlich sprechenden „Wir" perspektivieren den Typus des Gelehrten, des Wissenschaftlers vielmehr kritisch (JGB 206; KSA 5, 133; JGB 207; KSA 5, 135) oder treten mit einem sie anders bestimmenden Attribut auf („wir Europäer" – JGB 209; KSA 5, 140). Den „Philosophen", die in Nietzsches Gegenwart eine so prekäre Rolle spielen, wird in vorgeblich zitierter Rede ebenfalls ein „Wir" in den Mund gelegt (JGB 212; KSA 5, 146), überdies Sokrates, der seine Mit-Athener ironisch in einem „Wir" zusammenfasst (147). In einer Vorstufe zu JGB 210 aus Heft W I 6 begreifen sich die „Wir" schließlich in pointiertem Gegensatz zu den bloßen Gelehrten: „Uns selber als eine neue Schaar von Kritikern und Analytikern zu bezeichnen, welche sich des *Experiments* im weitesten Sinne bedienen – das wäre vielleicht eine erlaubte Tartüfferie zu der uns Manches überreden könnte. Wir schätzen als Eine der Vorbedingungen solcher Wesen wie wir sind, die den Besitz von Eigenschaften, welche für sich allein vielleicht starke Kritiker machen: den beherzten gewitzten Muth, das Alleinstehen und Sich=Verantworten können, die Lust am Neinsagen und Zergliedern, die Sicherheit der Hand, welche das Messer führt ‚auch wenn dabei das Herz blutet'. Wir haben mit den Kritikern einen schnell bereiten Ekel gemeinsam: vor allem Schwärmerischen, Idealistischen, Feministischen, Hermaphroditischen; und wer uns bis in unsre Herzenskammer zu verfolgen wüßte, würde schwerlich dort die Absicht vorfinden, christliche Gefühle mit dem antiken Geschmacke und vielleicht noch mit dem modernen Parlamentarismus zu ‚versöhnen'" (KGW IX 4, W I 6, 5, vgl. KSA 14, 363f.).

8.1 Philosophen gegenwärtig und künftig

Vordergründig geht es also im sechsten Hauptstück gar nicht um „uns" als Gelehrte, sondern darum, „uns" und die „Philosophen der Zukunft" (JGB 210; KSA 5, 142) von den „Gelehrten" abzugrenzen, die sich als „wissenschaftliche Durchschnittsmensch[en]" (JGB 206; KSA 5, 133) heutzutage von der Philosophie unabhängig wähnen. Aber eine eingehendere Lektüre rät von vorschnellen Urteilen ab. Das „Ich", das anstelle der „Wir" das Wort führt, erklärt sich nicht für identisch mit den Philosophen der Zukunft. Dieses „Ich" tritt gleich in der dritten Zeile des ersten Abschnittes im sechsten Hauptstück auf den Plan, und zwar als eines, das der „ungebührlichen und schädlichen Rangverschiebung" entgegentritt (JGB 204; KSA 5, 129), die sich zwischen Philosophie und Wissenschaft gegenwärtig fast unbemerkt eingeschlichen habe. So weit, so klar, könnte es scheinen: Die Philosophie, zu der das „Ich“ sich bekennt, steht auf der einen Seite und ist bedroht von der auf der anderen Seite stehenden Wissenschaft, sei doch die „Emancipation von der Philosophie [...] eine der feineren Nachwirkungen des demokratischen Wesens und Unwesens“ (ebd.). Schon JGB 6 hat einen Gegensatz von Philosoph und Gelehrtem postuliert und dem Philosophen (auch in seiner bisherigen, meist lebensfeindlichen Erscheinungsform) zumindest zugebilligt, dass er nicht einem ominösen Erkenntnistrieb diene, sondern der Durchsetzung seiner „moralischen (oder unmoralischen) Absichten“ (19), denn am Philosophen sei im Unterschied zum Gelehrten „ganz und gar nichts Unpersönliches“ (20).

Beim Lesen von JGB 204 gewinnt man eingangs den Eindruck, gerade „heute“ (129) vollziehe sich die „Rangverschiebung“ zwischen Wissenschaft und Philosophie. Im Fortgang wird konträr zu diesem Eindruck argumentiert, dass die Philosophie schon lange ihren Rang eingebüßt habe und dass die „Armseligkeit der neueren Philosophen“ (131) nicht einmal von Ferne an die „königlichen und prachtvollen Einsiedler des Geistes“ (ebd.) heranreiche, die das griechische Altertum uns biete. Diesen habe die „Herren-Aufgabe und Herrschaftlichkeit der Philosophie“ (ebd.) noch deutlich vor Augen gestanden, während die Philosophen der Gegenwart mit schwindsüchtigen Disziplinen wie Erkenntnistheorie ihre Ohnmacht, ja ihre „Agonie“ (132) nur allzu deutlich demonstrierten. Was zu Beginn des Abschnitts wie ein sich gegenwärtig vollziehender Prozess anmutet, erweist sich im weiteren Verlauf als eine Jahrtausende umspannende Entwicklung, bei der weniger eine direkte Auseinandersetzung von Wissenschaft und Philosophie als vielmehr ein selbstverschuldeter, innerer Kräftezerfall für das Elend der Philosophie verantwortlich ist. Obwohl das „Ich“ gemäß den Anfangssätzen der „Rangverschiebung“ entgegentreten will und sich mit Honoré de Balzac auf seine *plaies*, seine Wunden beruft, wird am Ende des Textes der Eindruck unabweisbar, diese „Rangverschiebung“ sei nicht nur längst vollzogen, sondern angesichts des desolaten Zustandes heutiger Philosophie unvermeidlich, ja geradezu wünschenswert. Ganz offensichtlich hat das „Ich“ eine ganz andere Philosophie im Sinn als diejenige der Gegenwart – eine Philosophie, die sich selbstbewusst und herrschaftlich gibt. Das wird in JGB 211 zum Programm erhoben: „*Die eigentlichen Philosophen aber sind Befehlende und Gesetzgeber*: sie sagen ‚so soll es sein!‘, sie bestimmen erst das Wohin? und Wozu? des Menschen und verfügen dabei über die Vorarbeit aller philosophischen Arbeiter“ (145). Der vermeintlichen Leitdifferenz von Wissenschaft und Philosophie ist die Leitdifferenz zwischen jetziger, desolater und künftiger, machtvoller Philosophie an die Seite zu stellen – letztere wiederum hat ihren Antitypos im Alten Griechenland.

Das sprechende „Ich" schlägt sich nun nicht einfach kühn auf die Seite der Zukunft; es kann diese Zukunft nicht vorwegnehmen. Eher erscheint das sechste Hauptstück als Sammlung von Andeutungen, wie es um die Philosophie der Zukunft, zu der laut Untertitel von JGB das gesamte Werk ein „Vorspiel" sein soll, dereinst bestellt sein *könnte*. Dieses „Ich" selbst steht noch im alten Äon; ja, es kommt zunächst im Gewand des Gelehrten daher.[1] Die Unterscheidungen, die es macht, sind gelehrte Unterscheidungen. Dieses „Ich" verkündet keine Gesetze, sondern heftet sich auf die Spur empirischer Differenzen zwischen Philosophie und Wissenschaft, für die es zunächst eine scheinbar wissenschaftliche Erklärung – das Überhandnehmen demokratischer Wertungsweisen – zu geben versucht. Es prunkt das ganze Hauptstück über mit gelehrten Einsprengseln, angefangen mit literarischen Anspielungen wie auf Balzac[2] bis hin zu historischen

1 Auch die freien Geister im zweiten Hauptstück von JGB sind nach Strauss 1983, 175 noch nicht die Philosophen der Zukunft, sondern erst deren Herolde. Das Personalpronomen der ersten Person zeigt für Strauss an, dass Nietzsche – außer ein Vorläufer der Philosophen der Zukunft – eben doch auch noch ein Gelehrter sei und nicht z. B. ein Dichter oder homo religiosus (Strauss 1983, 186).

2 Der erste Abschnitt des Hauptstücks setzt gleich mit einer gelehrten Anspielung ein: „Auf die Gefahr hin, dass Moralisiren sich auch hier als Das herausstellt, was es immer war — nämlich als ein unverzagtes montrer ses plaies, nach Balzac" (JGB 204, KSA 5, 129, vgl. die Vorstufe in KGW IX, W I 8, 165). Nietzsche verarbeitet – ebenfalls ganz nach Gelehrtenmanier – ein früheres Exzerpt, nämlich NL 1881, 15 [72]; KSA 9, 658: „Balzac: pour moraliser en littérature, le procédé a toujours été *de montrer la plaie*". Das Zitat stammt, wie Campioni/Morillas Esteban 2008, 275 nachweisen, ursprünglich aus Honoré de Balzacs in der *Semaine* vom 11. Oktober 1846 erschienenen *Lettre a Hippolyte Castille* (Balzac 1876, 22, 367f.). Aber Nietzsche dürfte nach Campioni/Morillas Esteban 2008, 276 das Zitat nicht in seinem ursprünglichen Zusammenhang gefunden haben, sondern vielmehr in der Einleitung *L'histoire de Chamfort* von P. J. Stahl zu seiner Chamfort-Ausgabe. Dort heißt es: „Le secret du caractère de Chamfort est tout entier dans ces mots qu'il répétait souvent, dit Roederer: ‚Tout homme qui, à quarante ans, n'est pas misanthrope, n'a jamais aimé les hommes.' Ce n'est pas manquer de coeur que ne voir avec douleur et colère mème les vices de l'humanité, que de les considérer comme des fléaux et que d'en souffrir comme on souffre d'une maladie, que d'en parler à la fois – et c'est le fait de Chamfort – en satiriste qui veut corriger et en moraliste qui veut instruire, ‚Pour moraliser en littérature, a dit Balzac (un vrai penseur, lui aussi), le procédé a toujours été de montrer la plaie.' Le véritable ennemi des hommes ne les évite pas; il reste au milieu d'eux pour rire de leurs fautes. Il se garderait bien d'ètre amer, il n'est qu'impertinent." (Chamfort o. J., 32). Nietzsches Verwendung des Balzac-Zitats zu Beginn des Hauptstücks über die Gelehrten ist ein sprechender Beleg dafür, dass Nietzsche gerade kein Gelehrter ist, sondern bloß in die Rolle des Gelehrten schlüpft und gelegent-

Details beispielsweise über Friedrich II. von Preußen (JGB 209; KSA 5, 140f.). Und doch ist die Gelehrsamkeit nur vorgetäuscht, missachtet das sprechende „Ich" doch souverän die Gepflogenheit des gelehrten Austausches; es befleißigt sich weder einer geordneten, auf Nachvollziehbarkeit und strenge Folgerichtigkeit bedachten Argumentationstechnik, noch findet das „Ich" es nötig, seine Zitate nachzuweisen. Es bedient sich des gelehrten Ertrags wie nach JGB 211 die *„eigentlichen Philosophen"* „über die Vorarbeit aller philosophischen Arbeiter, aller Überwältiger der Vergangenheit" verfügen „ – sie greifen mit schöpferischer Hand nach der Zukunft, und Alles, was ist und war, wird ihnen dabei zum Mittel, zum Werkzeug, zum Hammer" (145). Dann wäre das sprechende Ich womöglich ein philosophischer Zukunftswolf im vergangenheitsimprägnierten Schafspelz des Gelehrten?

Das sechste Hauptstück operiert nicht nur mit einer Differenz zwischen Gelehrten und Philosophen, einer Differenz zwischen den antiken „Einsiedler[n] des Geistes" und den dekadenten Gegenwartsphilosophen (einschließlich „jener Mischmasch-Philosophen, die sich ‚Wirklichkeits-Philosophen' oder ‚Positivisten' nennen", JGB 204; KSA 5, 131) sowie einer Differenz zwischen den Philosophen der Vergangenheit und Gegenwart einerseits und den Philosophen der Zukunft andererseits. Eingetragen wird in diese Differenzen auch noch eine politische Dimension: das willensgeschwächte Europa der Gegenwart, das unter dem Druck Russlands „sich entschliessen müsste, gleichermaassen bedrohlich zu werden, nämlich *Einen Willen zu bekommen*, durch das Mittel einer neuen über Europa herrschenden Kaste" (JGB 208; KSA 5, 140), sprich: der Zukunftsphilosophen. Den lange als tumbe, willensschwache Toren verschrienen Deutschen prophezeit das sprechende „Ich" im neuen, mutmaßlich kriegerischen Europa

lich ein Gelehrter zu sein vorgibt: Zu den elementaren Techniken der Gelehrsamkeit gehört es, Zitate in ihrem ursprünglichen Kontext aufzusuchen und sie nicht einfach kritiklos aus einer sekundären Quelle zu übernehmen. In dieser sekundären Quelle sowie in NL 1881 15[72]; KSA 9, 658 ist Balzacs Wortlaut immerhin einigermaßen genau wiedergegeben, während Nietzsche ihn in JGB 204 nun dezidiert entstellt: anstelle des bestimmten Artikels „la" tritt das Possessivpronomen „ses", anstelle des Singulars „plaie" der Plural „plaies". „Seine Wunden zeigen", „montrer ses plaies", ist wiederum eine eingespielte theologische Sprechweise, die sich auf die Wundmale bezieht, die der auferstandene Christus dem ungläubigen Thomas präsentiert hat (Johannes 20, 25-29). Die Formulierung findet sich beispielsweise in einer Osterdienstagspredigt des berühmten Kanzelredners Antoine Anselme (1652-1737): „Leur [sc. den Jüngern] montrer ses plaies était donc la preuve la plus propre", nämlich für die Auferstehung (Anselme 1845, 852).

eine Vorreiterrolle (JGB 209; KSA 5, 141f.). Besonders schwer wiegt die Differenz zwischen den Philosophen als „Befehlende[n] und Gesetzgeber[n]" und den „philosophischen Arbeiter[n]". Dabei wird beileibe nicht nur der durchschnittliche Philosophieprofessor unter der letzten Rubrik gefasst, vielmehr gelten als „edle[ ] Muster" des philosophischen Arbeiters keine Geringeren als Kant und Hegel: „Jene philosophischen Arbeiter nach dem edlen Muster Kant's und Hegel's haben irgend einen grossen Thatbestand von Werthschätzungen – das heisst ehemaliger Werth*setzungen*, Werthschöpfungen, welche herrschend geworden sind und eine Zeit lang ‚Wahrheiten' genannt werden – festzustellen und in Formeln zu drängen, sei es im Reiche des *Logischen* oder des *Politischen* (Moralischen) oder des *Künstlerischen*. Diesen Forschern liegt es ob, alles bisher Geschehene und Geschätzte übersichtlich, überdenkbar, fasslich, handlich zu machen, alles Lange, ja ‚die Zeit' selbst, abzukürzen und die ganze Vergangenheit zu *überwältigen*: eine ungeheure und wundervolle Aufgabe, in deren Dienst sich sicherlich jeder feine Stolz, jeder zähe Wille befriedigen kann" (JGB 211; KSA 5, 144f.). Die philosophischen Arbeiter, einschließlich Kant und Hegel, bleiben bei all der Subtilität ihrer Kritik und all der Großartigkeit ihrer Systemarchitektur letztlich *rezeptiv*; sie codifizieren und logifizieren den Status quo, die herrschende Weltsicht und die in sie eingegossenen Wertungsweisen oder Moralen. Der „eigentliche" Philosoph soll demgegenüber *kreativ*, werteschöpferisch tätig sein (vgl. Sommer 2003).

Die verschiedenen Differenzierungsschemata – es kommen noch weitere hinzu, beispielsweise in JGB 208 und 209 dasjenige zwischen einer schwachen und einer starken Skepsis (vgl. Sommer 2007) – scheinen vor allem einem Zweck zu dienen, nämlich demjenigen, eine *negative* Bestimmung der Philosophen der Zukunft zu geben. Die Philosophen der Zukunft werden in mancher Hinsicht Skeptiker sein, aber nicht so, wie man heute aus Angst vor Festlegung und ermüdetem Lebenswillen in Europa und unter Philosophen Skeptiker sei. Überdies werden sie manche Eigenschaften von „Kritikern" in sich tragen: „diese Kommenden werden am wenigsten jener ernsten und nicht unbedenklichen Eigenschaften entrathen dürfen, welche den Kritiker vom Skeptiker abheben, ich meine die Sicherheit der Werthmaasse, die bewusste Handhabung einer Einheit von Methode, den gewitzten Muth, das Alleinstehn und Sich-verantworten-können" (JGB 210; KSA 5, 142f.). Das sprechende „Ich" prophezeit zudem: „sicherlich werden es Menschen der Experimente sein.

Durch den Namen, auf welchen ich sie zu taufen wagte, habe ich das Versuchen und die Lust am Versuchen schon ausdrücklich unterstrichen“ (142). Skeptisch Werte zersetzen, sich kritisch und sicher anderer, eigener Werte bedienen, experimentell neue Werte erproben und schließlich als Gesetzgeber neue Werte schaffen – diese Tätigkeiten gelten als die gegenwärtig prognostizierbaren Charakteristika der künftigen Philosophen, ohne dass das „Ich“ doch in der Gegenwart vorwegnehmen könnte, was sie künftig sein und bedeuten werden.

Im Blick auf die Zeitgenossen ist das Urteil niederschmetternd: Die Philosophen der Zukunft sind all das, was „wir“ nicht sind. Dennoch gibt das sechste Hauptstück mit seinen Äußerungen zur Skepsis wichtige Hinweise für das Verständnis von JGB insgesamt. Es zeigt den promissorischen, den protreptischen und den temptatorischen Charakter der Schrift *in nuce*: Es verspricht eine neue Morgenröte der Philosophie, es führt in ein neues Philosophieren ein und führt die Leser in Versuchung, mit sich selbst Experimente neuen Denkens zu machen.

Im sechsten Hauptstück geht es trotz des Titels nicht in erster Linie um „uns Gelehrte“, sondern um einen Ausblick aus der Perspektive von „uns Gelehrten“ auf die Philosophen der Zukunft, die völlig anders sind als wir, die wir Nietzsches Texte als seine Zeitgenossen oder als seine Nachgeborenen lesen. Zwar schlüpft Nietzsche in diesem Hauptstück in das Gewand des Gelehrten, aber doch nur, um diese Rolle in der Reflexion auf den Standort des Gelehrten gleich wieder zu transzendieren. Das sprechende „Ich“ kann und will überdies seine partielle Ähnlichkeit mit dem philosophischen Arbeiter nicht verbergen, bringt es doch die Jetztzeit mit ihrer spezifischen Moral, mit ihrer spezifischen Wertungsweise auf den Begriff. Das „Ich“ beschreibt und logifiziert das Gegebene und gibt ihm auf der Textoberfläche noch keine Gesetze vor, prägt es scheinbar noch nicht nach seinem Willen um. Dennoch kommt subkutan auch das legislatorische Moment bereits zum Tragen, denn dekretiert das sechste Hauptstück nicht, die Philosophen sollten Gesetzgeber sein (sie sind es ja gegenwärtig noch nicht)? Ist das nicht schon eine präskriptive statt eine deskriptive Rede?

Gleich der Beginn von JGB 204 markiert, dass sich das sprechende „Ich“ nicht mit bloßem Diagnostizieren bescheiden, sondern dass es einer bestimmten, demokratisch-nivellierenden Zeittendenz entgegentreten will, eben der „Rangverschiebung“ zwischen Wissenschaft und Philosophie. *Dass* der Philosophie die Priorität gebühre, und zwar entgegen den demokratischen und wissenschaftlichen Überzeugungen der Gegenwart, und damit entgegen der herrschenden

Moral, ist für denjenigen, der hier entgegentritt, keine Frage. Das „Ich" positioniert sich gegen die herrschende Moral; es präludiert damit – auch wenn man ihm den „cäsarischen Züchter und Gewaltmenschen der Cultur" noch nicht ansieht, als der der Philosoph in JGB 207 (KSA 5, 136) gilt – durchaus schon den Philosophen als Gesetzgeber, der Nietzsche zwei Jahre später mit der „Umwerthung aller Werthe" im *Antichrist* selbst zu sein beanspruchen wird. Das ganze sechste Hauptstück zeichnet die Selbstabkoppelung, die Metamorphose des Gelehrten, des philosophischen Arbeiters zum Philosophen nach, um den Typus des Zukunftsphilosophen im Modus der Negation mit neuen Attributen anzureichern. „Es mag zur Erziehung des wirklichen Philosophen nöthig sein, dass er selbst auch auf allen diesen Stufen einmal gestanden hat, auf welchen seine Diener, die wissenschaftlichen Arbeiter der Philosophie, stehen bleiben" (JGB 211; KSA 5, 144). Aber das Ziel ist eben ein anderes; das Ungewisse, auf das sich der zum Philosophendasein Strebende einlässt (vgl. schon JGB 1; KSA 5, 15 und JGB 24; KSA 5, 41), soll nicht einfach ein Mittel schwach-skeptischer Selbstbetäubung sein – oder ein Selbstzweck für Ermattete (vgl. JGB 208; KSA 5, 138). Der schon in den ersten beiden Hauptstücken von JGB beschworene „Wille[..] zum Nicht-Wissen, zum Ungewissen" (JGB 24; KSA 5, 41, vgl. JGB 1; KSA 5, 15) zielt auf existenzielle Destabilisierung: Die Sicherheit des Gelehrtendaseins entfällt: „der rechte Philosoph – so scheint es uns, meine Freunde? – lebt ‚unphilosophisch' und ‚unweise', vor Allem *unklug*, und fühlt die Last und Pflicht zu hundert Versuchen und Versuchungen des Lebens: – er risquirt *sich* beständig, er spielt *das* schlimme Spiel....." (JGB 205; KSA 5, 133).

8.2 Versucher und Versuchende

Die letzte Bestimmung des „rechten Philosophen" – ist er auch derjenige der Zukunft? – macht auf die Weite, wenn nicht Widersprüchlichkeit in der Annäherungscharakteristik der Zukunftsphilosophen aufmerksam: einerseits sollen sie ja Gesetzgeber sein, stehen damit für Festlegung – was immer sie festlegen werden –, andererseits halten sie als Versucher und Versuchende alles im Fluss: Werden sie als „Menschen der Experimente", „als Kritiker an Leib und Seele, sich des Experiments in einem neuen, vielleicht weiteren, vielleicht gefährlicheren Sinne zu bedienen lieben?" (JGB 210; KSA 5, 142). In JGB 208, damit im Abschnitt, der das gegenwärtige Europa unter das Vorzeichen grassierender Willensschwäche stellt, wird die allgemeinen „Nervenschwäche und Kränklichkeit" (138) auf eine plötzliche Rassen- oder Ständemischung zurückgeführt, die ein Geschlecht hervorgebracht habe, in dem noch „Alles Unruhe, Störung, Zweifel, Versuch" (ebd.) sei. Wären das Experimentelle und mit ihm das Temptatorische damit nur eine Übergangsphase auf dem Weg zur legislatorischen Philosophie der Zukunft – oder wird beides auch künftig komplementär zur legislatorischen Kompetenz bleiben, die das „Ich" dem Zukunftsphilosophen zuschreibt?

Gewiss jedenfalls hintertreibt dieses „Ich" die Rolle des Gelehrten, des Wissenschaftlers und des philosophischen Arbeiters ironisch, indem es Experimente anstellt und sich selbst als „philosophische[r] Cagliostro und Rattenfänger der Geister, kurz" als „Verführer" gebärdet (JGB 205; KSA 5, 132, zur Rattenfängerei siehe Born 2010). Das „Ich" will mit seiner Schein-Wissenschaft, seinem Imitat eines Gelehrten-Diskurses herausfordern, die möglichen künftigen Philosophen aus ihrem Schlummer reißen. Denn immerhin kann das Gelehrtendasein nach JGB 211 durchaus ein Übergangsstadium zum Philosophendasein darstellen. Aber Gelehrsamkeit allein reicht nicht – reicht nicht einmal in ihrer fiktionalisierten Form, wie sie das sechste Hauptstück präsentiert, um mehr als einen Vorbegriff dessen zu gewinnen, was der Philosoph der Zukunft sein könnte. Das „Ich" zeigt sich selbst als Übergangsfigur, als Werkzeug einer künftigen philosophischen Existenzform. Denn das „Ich" ist unfertig; es nimmt den Philosophen der Zukunft noch nicht vorweg, es kann von ihm noch keine wissenschaftliche Beschreibung geben, sondern muss sich mit Thesenhaftem, Angedeutetem, Vagem begnügen. Konkreter könnte erst das „unsere Tugenden" überschriebene siebente Hauptstück werden. Das sechste Hauptstück selbst ist die Coda zum ersten und zweiten Hauptstück, die darlegen, was der Philosoph der Zukunft alles nicht sein wird, nämlich weder ein Philosoph im alten Stil noch ein bloßer Freigeist, wie die Freigeister bislang freigeistig waren.

Traut man dem letzten Abschnitt des sechsten Hauptstücks, JGB 213, kann man weder lernen noch lehren, was ein Philosoph ist, sondern man müsse es „‚wissen', aus Erfahrung" (147). *Jenseits von Gut und Böse*, namentlich das sechste Hauptstück, zielt daher darauf ab, diese Erfahrung erlebbar zu machen: Es geht, ganz maieutisch, promissorisch und temptatorisch, darum, den Leser durch permanente Herausforderung und Irritation dazu anzuleiten, an sich diese Erfahrung zu machen. Die Leser, an die sich das sechste Hauptstück wendet, sind –

denn sonst müssten sie JGB nicht lesen – noch nicht auf der Stufe der Zukunftsphilosophen angelangt, sondern stehen aller Wahrscheinlichkeit nach auf der Stufe der Gelehrten und der philosophischen Arbeiter. Aber vielleicht sind sie dazu nicht geboren, sondern tragen das Potential zur Selbstüberwindung, zur Philosoph-Werdung in sich. Wem dieses Potential völlig fehlt, so die textstrategische Kalkulation, der wird sich angewidert von diesem Buch abwenden, das ihn zu einem bloßen Werkzeug in der Hand philosophischer Gesetzgeber degradiert. Das sechste Hauptstück soll also eine *selektive Wirkung* haben: Es wählt diejenigen aus, die das Potential zum künftigen Philosophendasein haben, und sondert diejenigen aus, die es nicht haben – je nachdem, wie der Leser auf den Text, auf das mit ihm gemachte Experiment reagiert.

„Der objektive Mensch, [...] der *ideale* Gelehrte, in dem der wissenschaftliche Instinkt nach tausendfachem Ganz- und Halb-Missrathen einmal zum Auf- und Ausblühen kommt, ist sicherlich eins der kostbarsten Werkzeuge, die es giebt: aber er gehört in die Hand eines Mächtigeren. Er ist nur ein Werkzeug, sagen wir: er ist ein *Spiegel*, – er ist kein ‚Selbstzweck'" (JGB 207; KSA 5, 135). Der „Mächtigere", in dessen „Hand" der Wissenschaftler und objektive Mensch gehört, den keine Leidenschaft plagt, soll nun eben der Philosoph qua „cäsarischer Züchter" und „Gewaltmensch" (136) sein. Der kleine Schönheitsfehler, an dem das Bild von den Philosophen als Gesetzgebern und den Wissenschaftlern als Werkzeugen krankt, ist nur der, dass heutzutage gemäß dem ersten Abschnitt des sechsten Hauptstücks die Wissenschaftler und nicht die Philosophen das Sagen haben – dass sie faktisch diejenigen sind, die die Richtung der Kultur bestimmen, und zwar eine demokratisch-egalisierende Richtung. Das Postulat vom Herrscher-Philosophen ist für die Gegenwart genauso kontrafaktisch wie es das zur Zeit von Platons *Politeia* war und während der gesamten Geschichte der abendländischen Philosophie über blieb – auch wenn man zugestehen mag, dass Philosophen wie Platon oder Aristoteles durch ihre begrifflichen Innovationen das abendländische Wirklichkeitsverständnis tief geprägt haben. Dennoch – wie es am Ende von JGB 204 geschieht – von der „Agonie" der Philosophie zu sprechen, die doch eigentlich „*herrschen*" solle (132), ist zumindest schönfärberischer, denn wann war die Philosophie je in der Lage zu herrschen? Der Frage muss sich Nietzsche am Ende von JGB 211 selber stellen: „Ihr [sc. der Philosophen] ‚Erkennen' ist *Schaffen*, ihr Schaffen ist eine Gesetzgebung, ihr Wille zur

Wahrheit ist – *Wille zur Macht*. – Giebt es heute solche Philosophen? Gab es schon solche Philosophen? *Muss* es nicht solche Philosophen geben? ...“ (145).

Die letzte Frage beantwortet das sechste Hauptstück indirekt, wenn wir die Feststellung ganz zu Beginn, dass nämlich die Herrschaft der Gelehrten oder Wissenschaftler sich der allgemeinen Demokratisierung verdanke (JGB 204; KSA 5, 129), nicht nur konstativ, sondern normativ verstehen, nämlich dahingehend, dass eine demokratische Kultur verderblich sei. Dass sie dies sei, sagen die „Wir“ ausdrücklich, die im letzten Abschnitt des fünften Hauptstücks „zur Naturgeschichte der Moral“ das Wort führen und offenkundig nicht „wir Gelehrten“ sind: „Wir, die wir eines andren Glaubens sind –, wir, denen die demokratische Bewegung nicht bloss als eine Verfalls-Form der politischen Organisation, sondern als Verfalls-, nämlich Verkleinerungs-Form des Menschen gilt, als seine Vermittelmässigung und Werth-Erniedrigung: wohin müssen wir mit unsren Hoffnungen greifen? – Nach *neuen Philosophen*, es bleibt keine Wahl; nach Geistern, stark und ursprünglich genug, um die Anstösse zu entgegengesetzten Werthschätzungen zu geben und ‚ewige Werthe‘ umzuwerthen, umzukehren“ (JGB 203; KSA 5, 126).

Die Bringschuld dieser „neuen Philosophen“ ist gewaltig. Entsprechend lässt sich das sechste Hauptstück, dessen Titel-„Wir“ sich als „Gelehrte“ bescheidener geben, auch als Reduktion dieser Bringschuld lesen, denn diese „Wir“ nehmen für sich nicht in Anspruch, das enorme Leistungsprogramm zu erfüllen und damit die Hypothek auf eine bessere Zukunft abzutragen. Sie vermehren nur die Fülle der Hoffnung auf Zukunftsphilosophen, vollziehen aber noch nicht die Umwertung, von der JGB 203 ausdrücklich spricht. Erst mit dem *Antichrist* (1888) wird Nietzsche schließlich selbst als Umwerter aller Werte auftreten.

Gewiss werden auch die Wissenschaftler fragen, warum es solche gesetzgebenden Philosophen geben müsse, zumal wenn es sie nie gegeben hat. Sie werden nicht die Empfindung haben, an einem Defizit zu leiden. Und vielleicht werden sie, in Nietzsches moralkritischem Misstrauen geschult, auch die Gegenfrage stellen, ob denn die Vision vom Philosophen als Gesetzgeber und vom Wissenschaftler als Philosophen-Werkzeug nicht bloß ein Produkt der Ohnmacht sei – ein Produkt zur Kompensation der Ohnmacht, an der die Philosophen nach Nietzsches eigener Diagnose leiden, eine bloße Ressentiment-Phantasie. Nietzsche tut wenig, um diese Gegenfrage aus dem Weg zu räumen.

8.3 Das Ende der Hauptlehren

Wissenschaftlich, genauer: philosophiewissenschaftlich wird auch eine andere Frage sein, die das Ende von JGB 211, vor allem aber den sekundärliterarischen Umgang mit Nietzsche betrifft, nämlich die Frage nach dem *Stellenwert von Nietzsches angeblichen Hauptlehren* in *Jenseits von Gut und Böse*. Es hat sich schon seit den ersten philosophischen Annäherungen an Nietzsche zu Beginn des 20. Jahrhunderts die Tendenz in diesen sekundärliterarischen Umgang eingeschlichen, Nietzsches Schriften auf bestimmte Hauptlehren, namentlich diejenige des Willens zur Macht, der Ewigen Wiederkunft des Gleichen sowie des Übermenschen hin zu perspektivieren – um nicht zu sagen: auszudünnen. Folgerichtig wird dann bei der Interpretation von JGB der Akzent auf bestimmte Aphorismen gelegt, die scheinbar mit diesen als Kerngedanken des gesamten Werkes ausgegebenen Lehren beschäftigt sind (ein extremes Beispiel für einen solchen Interpretationsansatz gibt Lampert 2001, vgl. dazu van Tongeren 2010). Zieht man nun das sechste Hauptstück heran, in dem weder die Ewige Wiederkunft noch der Übermensch explizit zur Sprache kommen, wird man dieses Hauptstück mit der Hauptlehren-Hermeneutik entweder für irrelevant erklären oder aber die Hauptlehren implizit thematisiert finden. Dazu muss man jedoch – wie Leo Strauss – mit einer prinzipiellen Unterscheidung von esoterischem und exoterischem Nietzsche operieren, die den Reichtum und die Gradualität der Entbergungs- und Verbergungsstrategien seiner Texte nur ungenügend einzufangen vermag. Und etwas – „Hauptlehren" – in einen Text hineinzulesen, was nicht im Text drinsteht, ist gleichfalls hermeneutisch nicht unbedenklich.

Der „Wille zur Macht" nun, der dritte Hauptlehren-Kandidat, kommt im sechsten Hauptstück immerhin explizit vor, aber nur an einer einzigen Stelle, nämlich an der zitierten vom Ende des Abschnitts 211. Hier erscheint der „Wille zur Macht" beileibe nicht als allgemeines ontologisches Prinzip, als letzter Bezugspunkt eines angemessenen Wirklichkeitsverständnisses, sondern vielmehr als Charakterzug jener „eigentlichen Philosophen", die Schaffende und Gesetzgebende sein sollen. Dass ihr „Wille zur Wahrheit [...] *Wille zur Macht*" (145) sei, impliziert wiederum, dass dies bei den „philosophischen Arbeitern", von denen der erste Teil des Abschnitts 211 handelt, nicht der Fall ist. „Wille zur Macht" ist im Gebrauch, der im sechsten Hauptstück von diesem Begriff gemacht wird, gerade kein allgemeines ontologisches Prinzip, kein irreduzibler Realitätsbaustein.

Das Dasein der Zukunftsphilosophen ist entschieden politisch. Das „Ich" stellt sie nicht einfach als markige Begriffspräger in Aussicht, sondern als Gestalter einer künftigen gesellschaftlichen Ordnung. Wenn es, könnte man ergänzen, einem Philosophen wie Arthur Schopenhauer gelungen ist, die Willensverleugnung, den Pessimismus als Denksystem auszuformen, das genau den nihilistischen Bedürfnissen der dekadenten Abendländer entsprach, zeigt sich daran, wie mächtig die Philosophie noch in Nietzsches Gegenwart zu sein vermochte. Die Philosophen der Zukunft sollen diesem Anspruch nach Gesetzgebung gerecht werden und ihn noch überflügeln; sie sollen „Grösse" haben, die zu haben der demokratisch-egalitären Gegenwart so schwer fällt (vgl. JGB 212; KSA 5, 147). Indes wird das Profil der künftigen Größe und ihrer Sachwalter im sechsten Hauptstück nicht recht plastisch, so dass man sich zur Frage versteigen könnte, ob nicht unser gegenwärtiges Europa, mit seinen über- oder außerdemokratischen Entscheidungsinstanzen und dem in ihm obwaltenden Willen gesellschaftlicher Überdeterminierung und Freiheitsberaubung nicht gerade Nietzsches Vision großer Politik verwirklicht: „Die Zeit für kleine Politik ist vorbei: schon das nächste Jahrhundert bringt den Kampf um die Erd-Herrschaft, – den *Zwang* zur grossen Politik" (JGB 208; KSA 5, 140). Sicher, als Philosophen bekennen sich die heutigen Gesetz- und Willensgeber Europas nicht, aber ist diese Herrschaft demokratisch allenfalls *pro forma* legitimierter Kommissionäre und Funktionäre, die ein Nietzsche äquivalentes Elitebewusstsein ausbilden, nicht womöglich die karikatureske Verwirklichung der im sechsten Hauptstück artikulierten politisch-philosophischen Vision?

Kant hatte in der *Grundlegung zur Metaphysik der Sitten* (A 70) den „*Willen[.] jedes vernünftigen Wesens als eine[n] allgemein gesetzgebenden Willen*" verstanden wissen wollen. Seine Pointe war, dass eben die Vernunft vor aller Erfahrung im Menschen gesetzgebend sein sollte. Demgegenüber stellt Nietzsche wenige philosophische Gesetzgeber dem Gesetzgeber Vernunft in uns allen entgegen – Gesetzgeber-Sein zeichnet das große Individuum aus. Aber – wird man nicht erst mit der Erfahrung des 20. und 21. Jahrhunderts anmerken – nicht jeder Gesetzgeber ist als solcher schon ein großes Individuum.

Von ihren Leseeindrücken verstörte Philosophietreibende könnten geneigt sein, als Kernbotschaft des sechsten Hauptstückes die Aufforderung zu destillisieren, nun Politik, möglichst große Politik zu treiben. Ob sie dem Anforderungsprofil entsprechen, das Nietzsche für die Philosophen der

Zukunft skizziert, darf allerdings bezweifelt werden, denn allein die Tatsache, nachgeboren zu sein, qualifiziert mitnichten für ein Zukunftsphilosophendasein. Das sechste Hauptstück, von Philosophietreibenden im 21. Jahrhundert gelesen, zeitigt einen viel naheliegenderen Effekt als die Züchtung herrischer Zukunftsphilosophen: Es destabilisiert das Selbstverständnis der Philosophiewissenschaft, wie sie im 19. Jahrhundert aufkam und wie sie sich im 20. Jahrhundert festigte. Es enthält *in nuce* die Fundamentalkritik der Philosophie als Wissenschaft – als einer Disziplin, die sich den wissenschaftlichen Wertungsweisen unterworfen und damit demokratischer Gesinnung gemein gemacht hat. Das Kapitel „wir Gelehrten" enthüllt – und vielleicht ist die Nietzsche-Forschung deshalb eher schamhaft darüber hinweggegangen – schmerzlich die Belanglosigkeit und die Impotenz akademischer Philosophie. Es wirkt wie ein Gnadenakt, wenn Nietzsche konzediert, dass der philosophische Arbeiter durchaus einen Daseinszweck habe – nämlich Mittel zu sein in der Hand des wirklichen Philosophen. Der Philosophiewissenschaftler oder philosophische Arbeiter muss den Beweis erbringen, dass er zu etwas nütze ist. Er muss vor allem zeigen, dass er nicht bloß die allgemeinen Vorurteile, sprich: die Moral (oder „Weltanschauung") seiner Zeit reproduziert und argumentativ absichert. Er muss zeigen, dass er sich nicht fremdbestimmen lässt, sondern wirklich selbstbestimmt ist. Das sechste Hauptstück geht viel weiter als Schopenhauers berühmte Philosophenschelte. Es nötigt die Philosophen dazu, sich und die Philosophie neu zu erfinden. Vielleicht ganz anders als Nietzsche es vorschwebte.

Literaturverzeichnis

Anselme, L'Abbé [Antoine] 1845: Œuvres complètes, première partie = Collection intégrale et universelle des auteurs sacrés, […], publiée, selon l'ordre chronologique […] par M. l'Abbé [Jacques Paul] Migne, Bd. 20, Paris

Balzac, Honoré de 1876: Œuvres complètes, Bd. 22, Paris

Born, Marcus Andreas 2010: Nietzsches Rattenfängerei. Die Aufgabe des Philosophen im Staat, in: H.-M. Schönherr-Mann (Hrsg.): Der Wille zur Macht und die „große Politik". Friedrich Nietzsches Staatsverständnis, Baden-Baden, 213–234

Burnham, Douglas 2007: Reading Nietzsche. An Analysis of *Beyond Good and Evil*, Stocksfield

Campioni, Giuliano/Morillas Esteban, Antonio 2008: Beiträge zur Quellenforschung. Nachweis aus Honoré de Balzac, *Lettre à Hippolyte Castille* (1846–1876) und Nachweis aus P. J. Stahl, *L'histoire de Chamfort* (1856), in: Nietzsche-Studien 37, 275–276

Campioni, Giuliano/D'Iorio, Paolo/Fornari, Maria Cristina/Fronterotta, Francesco/Orsucci, Andrea (Hrsg.), unter Mitarbeit von Müller-Buck, Renate 2003: Nietzsches persönliche Bibliothek, Berlin/New York

Chamfort, Sébastian Roch Nicolas o.J. [1856]: Pensées – maximes – anecdotes – dialogues précédés de l'histoire de Chamfort par P. J. Stahl. Nouvelle édition revue et augmentée, contenant des pensées complètement inédites et suivie des lettres de Mirabeau à Chamfort, Paris

Lampert, Laurence 2001: Nietzsche's Task. An Interpretation of *Beyond Good and Evil*, New Haven/London

Nehamas, Alexander 1988: Who Are „The Philosophers of the Future"? A Reading of *Beyond Good and Evil*, in: R. C. Solomon/K. M. Higgins (Hrsg.): Reading Nietzsche, New York/Oxford, 46–67

Sommer, Andreas Urs 2003: Was (er)schafft die Umwertung aller Werte? Zu Nietzsches Kreativitätsmythologemen, in: O. Krüger/R. Sariönder/A. Deschner (Hrsg.): Mythen der Kreativität. Das Schöpferische zwischen Innovation und Hybris, Frankfurt am Main, 191–206

Sommer, Andreas Urs 2007: Skeptisches Europa? Einige Bemerkungen zum Sechsten Hauptstück: wir Gelehrten (Friedrich Nietzsche, *Jenseits von Gut und Böse*, Aphorismen 204–213), in: Nietzscheforschung 14, 67–78

Strauss, Leo 1983: Note on the Plan of Nietzsche's *Beyond Good and Evil* [1973], in: ders.: Studies in Platonic Political Philosophy. With an Introduction by Thomas L. Pangle, Chicago/London, 174–191

van Tongeren, Paul 2000: Reinterpreting Modern Culture. An Introduction to Friedrich Nietzsche's Philosophy, West Lafayette

van Tongeren, Paul 2010: Drei Studien zu *Jenseits von Gut und Böse*. Zur Aufgabe eines Nietzsche-Kommentars, in: Nietzsche-Studien 39, 620–627

9

Paul van Tongeren

Nietzsches „Redlichkeit“

Das siebte Hauptstück: „unsere Tugenden“

9.1 Zur Einführung

Das siebte Hauptstück hat einen provokativen Titel: „unsere Tugenden“. Zwar ist nicht ohne Weiteres klar, *wer* mit „wir“ gemeint ist, es liegt aber nahe, dass Nietzsche jedenfalls sich selber mit einschließt, so dass der große Moral-Kritiker hier zumindest auch von seinen eigenen Tugenden zu sprechen scheint. Dass dies bemerkenswert und keineswegs selbstverständlich ist, wird unmittelbar am Anfang des ersten Aphorismus des Hauptstücks bestätigt: Nietzsche wiederholt hier den Titel, fügt ihm aber ein Fragezeichen hinzu, um dem Erstaunen über die eigene Selbstzuschreibung Ausdruck zu verleihen. Er beantwortet seine Frage daraufhin mit der These, dass „auch wir noch unsere Tugenden haben“ werden, „ob[wohl] es schon billigerweise“ andere sein werden als die Tugenden unserer „Grossväter“ (JGB 214; KSA 5, 151). Das Thema scheint damit bestimmt: es wird hier wahrscheinlich um die Frage gehen, inwieweit „[w]ir Europäer von Übermorgen, wir Erstlinge des zwanzigsten Jahrhunderts“, wir, die wir die Moral kritisiert haben, auch selber noch von einer Moral geführt werden und inwieweit sich diese, unsere Moral, von der kritisierten Moral unterscheidet.

Das siebte Hauptstück könnte so vielleicht als ein Übergang betrachtet werden: als eine Brücke zwischen dem fünften und dem neunten Hauptstück, in denen jeweils die als Moralkritik gemeinte „Naturgeschichte der [herrschenden] Moral“ und Nietzsches eigenes Ideal der Vornehmheit thematisiert werden. Das

Hauptstück wäre demnach die Mitte oder die Achse im zweiten Teil des Buches (fünftes bis neuntes Hauptstück), in welchem die Moral im Zentrum steht, während im ersten Teil (erstes bis viertes Hauptstück) eher die Philosophie die Hauptrolle spielt. In dieser Mitte würde der Übergang von der Moral von Gut und Böse und ihrer Kritik zu einer Moral jenseits von Gut und Böse stattfinden. Es ist durchaus möglich, dass auch dieser Übergang – genau wie derjenige, über den Zarathustra redet (vgl. Za I Vorrede 4; KSA 4, 16ff.) – sich als ein Untergang erweisen wird. Bevor wir die Eigenart dieses Übergangs weiter herausarbeiten, muss aber zunächst die Hypothese, dass es sich in diesem Hauptstück um einen solchen handelt, durch einen ersten Blick auf die Struktur des Hauptstücks überprüft werden.

9.2 Zur Struktur des Hauptstücks

Man sollte nicht annehmen, dass Nietzsche eine Struktur im Kopf hatte, die er dann wieder versteckte, um den Lesern sein Buch als ein Rätsel anzubieten. Noch weniger hat er die Aphorismen als einen durchgehenden, diskursiven Text geschrieben, den er erst nachher zerstückelte. Nietzsche hat nie ein Hauptstück über „unsere Tugenden" geschrieben, sondern er hat zu einem bestimmten Zeitpunkt Aphorismen, die er an mehreren Orten und in unterschiedlichen Momenten konzipiert, geschrieben und überarbeitet hat, auf eine gewisse Weise gesammelt und geordnet. Die Ordnung wurde teilweise durch die Bedeutung der Aphorismen motiviert, wobei die Aphorismen durch ihre Position in einem Hauptstück eine zum Teil neue oder zugefügte Bedeutung bekamen. Wenn wir versuchen, eine Struktur im Text zu entdecken, müssen wir zwar einerseits dem Text gerecht werden, können aber andererseits wiederum neue Bedeutungsmöglichkeiten erschließen.[1]

Der Titel des Hauptstücks ist keine neutrale Bezeichnung, unter welcher alles gesammelt wurde, was mit Tugenden zu tun hat. Es gibt auch außerhalb dieses Hauptstücks Dutzende von Aphorismen, in denen Tugenden eine (mehr oder weniger wichtige) Rolle spielen. Dies trifft auch auf „unsere Tugenden" zu, d. h.

1 Jeder Versuch einer Strukturierung von Nietzsches Texten ist ein Vorschlag für eine Interpretation und zugleich von einer Interpretation geführt. Zum weiteren Rahmen meiner Interpretation von JGB vgl. van Tongeren 1989.

auf solche, die sich Nietzsche ausdrücklich selber zuschreibt (vgl. z. B. JGB 284). Dagegen ist im siebten Hauptstück der Terminus „Tugend“ nur in etwa einem Drittel der Aphorismen belegt. In den meisten dieser Aphorismen bilden außerdem weder die Tugenden im Allgemeinen noch „unsere Tugenden“ das zentrale Thema.

Dass der Titel dennoch ein wichtiges Indiz zur Struktur des Hauptstücks gibt, wird dadurch suggeriert, dass er nicht nur, wie schon bemerkt wurde, im ersten Aphorismus wiederholt wird, sondern auch dadurch, dass er am Anfang des mittleren Aphorismus wieder auftaucht. Aphorismus 227 kann als der mittlere Aphorismus angesehen werden, da die Nummer 237 zweimal erscheint, und es – wenn man die „*Sieben Weibs-Sprüchlein*“ (JGB 237; KSA 5, 173f.) als einen Aphorismus nimmt – insgesamt 27 Aphorismen im Hauptstück gibt. Aphorismus 227 steht also in der Mitte zwischen zwei mal 13 Aphorismen: immerhin eine kunstvoll verhüllte Stelle! Der Anfang dieses mittleren Aphorismus verweist deutlich auf die im Titel angesprochene Thematik: „Redlichkeit, gesetzt, dass dies unsere Tugend ist“ (JGB 227; KSA 5, 162).

Wir stellen fest, dass der Titel des Hauptstücks den Gegenstand einer Suche anzeigt. Im ersten Aphorismus wird die Suche als solche eingeführt, wobei – wahrscheinlich auf Grund dessen, was bis dahin unternommen wurde – eine Hypothese formuliert wird. Möglicherweise werden wir am Ende das Gesuchte finden. Wie ein solches aber in der Reihe von „anti-feministischen“ Texten am Ende des Hauptstücks gefunden werden kann, bleibt jetzt noch offen.

Zunächst müssen wir noch ein wichtiges Merkmal der beiden Schlüssel-Aphorismen beachten und zwar deren bewusste Ambivalenz. In Aphorismus 214 wird die Suche nach „unseren Tugenden“ zwar angezeigt, aber gleichzeitig wird diese Suche selber in Frage gestellt. „Wir“ suchen „*unsere* Tugenden“ und setzen voraus, dass „wir“ andere Tugenden als „unsere Großväter“ haben werden. Aber „nach seinen eigenen Tugenden *suchen*“ heißt „beinahe schon: an seine eigene Tugend *glauben*“ und dies dürfte wohl „dasselbe [sein], was man ehedem sein ‚gutes Gewissen‘ nannte“ (JGB 214; KSA 5, 151), d. h. gerade die Tugendhaftigkeit, von der man sich zu unterscheiden meinte. Eine vergleichbare Ambivalenz finden wir in Aphorismus 227. Dort wird die Redlichkeit als mögliche Antwort auf die Frage nach „*unseren* Tugenden“ vorgeschlagen. Aber am Ende des Aphorismus warnt Nietzsche sowohl sich selbst als auch den Leser davor, diese Redlichkeit nicht zur Dummheit, d. h. zur Tugend werden zu lassen. Die angezeigte

Ambivalenz hat vielleicht mit einer Ambiguität im Personalpronomen „wir" zu tun, von dem ja nicht unbedingt klar ist, wer damit gemeint ist.

Wir dürfen vorläufig schließen, dass wir uns in diesem Hauptstück in einer für Nietzsches Denken typischen Lage befinden: die kritische Befragung der Moral wird auch auf den Fragenden selber angewendet, so dass sein Fragen selbst fragwürdig wird. Wir kennen diese Strategie aus dem ersten Aphorismus des ersten Hauptstücks. Dort hat Nietzsche genau die gleiche Thematik angezeigt: nicht nur die herkömmliche Philosophie, sondern auch „unser" Fragen wird durch einen Willen zur Wahrheit motiviert, der jetzt aber auch selber in Frage gestellt werden muss. Das Ergebnis ist „ein Stelldichein, wie es scheint, von Fragen und Fragezeichen" (JGB 1; KSA 5, 15). Was dort schon bezüglich des Willens zur Wahrheit und der Philosophie (die kritisierte sowie die eigene) thematisiert wurde, wird jetzt wieder aufgegriffen und unter dem Namen der Tugend der Redlichkeit auf die Moral (wiederum: die kritisierte sowie die eigene) angewendet. Wenn wir uns jetzt Aphorismus 214 zuwenden, werden wir sehen, wie sich die schon erwähnte Ambiguität des „wir" aus dieser Problematik entwickelt.

9.3 JGB 214: Im Labyrinth des Fragens

„Wir Europäer von Übermorgen, wir Erstlinge des zwanzigsten Jahrhunderts, – mit aller unsrer gefährlichen Neugierde, unsrer Vielfältigkeit und Kunst der Verkleidung, unsrer mürben und gleichsam versüssten Grausamkeit in Geist und Sinnen" (JGB 214; KSA 5, 151).

„Wir" werden in Aphorismus 214 als „Europäer von Übermorgen" bezeichnet, d. h. nicht als die heutigen Europäer, die vom Christentum vergiftet (vgl. JGB 62), durch die Herdenmoral verkümmert (vgl. JGB 199 und 201) und durch die Demokratisierung zur Halbbarbarei verkommen sind (vgl. JGB 224). Obwohl diese „wir" anders als die heutigen Menschen sind, erstere sind ja „von Übermorgen", heißt es am Ende des Aphorismus: „wir letzten Europäer mit gutem Gewissen" (JGB 214; KSA 5, 152). Die Europäer von Übermorgen sind einerseits anders, andererseits aber doch wieder nicht. Es handelt sich um Menschen eines neuen Zeitalters, die noch in einer entfernten Zukunft verweilen und daher noch unbestimmt sind. Nietzsche schreibt: „Erstlinge des zwanzigsten Jahrhunderts". Man sollte aber nicht vergessen, dass Erstlinge geopfert werden müssen (vgl. JGB 295). „Wir" kennen eine „gefährlich[e] Neugierde", die gefährlich ist, weil sie die geltenden Grenzen nicht respektiert, wenn sie nach dem fragt, wonach nicht gefragt werden darf, wenn sie – wie der im ersten Aphorismus genannte Oedipus – auf die Suche nach ihrem Ursprung geht, d. h. auf die Suche nach ihren eigenen Tugenden. Tugenden sind ja die Dispositionen, aufgrund deren man handelt. In Aphorismus 227 wird Nietzsche die Hypothese formulieren, die Redlichkeit sei diese uns motivierende Tugend. Diese Redlichkeit wird in Aphorismus 229 und 230 als Grausamkeit beschrieben, d. h. in den Texten, die den letzten „anti-feministischen" Teil des Hauptstücks einleiten. Hier in Aphorismus 214 spricht Nietzsche von einer „mürben und gleichsam versüssten Grausamkeit in Geist und Sinnen". „[M]ürb" und „versüsst" ist sie, solange sie sich selber nicht als Grausamkeit, sondern als Tugend, als die Tugend Redlichkeit vorführt oder verkleidet. „[U]nsre[ ] Vielfältigkeit und Kunst der Verkleidung" machen es nicht einfach, „uns" zu identifizieren.

Wie schon angedeutet wurde, zeigt sich die beschriebene Ambivalenz als bewusst gemeint und den Duktus des Aphorismus bestimmend, sobald wir die Entwicklung der Frage, mit der er beginnt, beachten. Ebenso wie Nietzsche in JGB 1 beschreibt, was passiert, wenn wir uns auf unseren Willen zur Wahrheit besinnen, so weist er hier das Schicksal der Frage nach unseren Tugenden auf. Der Aphorismus bringt eine Bewegung von prätendierter Andersartigkeit hin zur offenkundigen Identität sowie ein Vorausblicken auf wirkliche Andersartigkeit zum Ausdruck. Sehen wir uns diese Entwicklung genauer an.

Anfänglich wird davon gesprochen, dass „wir" zwar auch Tugenden haben werden, aber vollkommen andere als „unsere Großväter". Es ist nur unter Vorbehalt von „unsere[n] Tugenden" die Rede. Es wird zwar als „wahrscheinlich" (JGB 214; KSA 5, 151) erachtet, dass auch „wir" noch „unsere Tugenden" haben, doch sicher weiß man das nicht. Selbst „wahrscheinlich" ist wohl noch zu viel gesagt, wenn es in der Folge heißt: „*wenn* wir Tugenden haben sollten" (ebd.). Es ist die Entschiedenheit dieses Vorbehalts, welche die Suche nach „unseren Tugenden" in Gang setzt, zugleich aber auch erschwert und die das eigentliche Thema des Textes darstellt.

Wenn Nietzsche schreibt, dass „wir" wahrscheinlich nur solche Tugenden haben werden, „die sich mit unsren heimlichsten und herzlichsten Hängen, mit unsren heissesten Bedürfnissen am besten vertragen lernten", dann wird klar, dass „unsere" Tugenden, „*wenn* wir [solche] haben sollten", andere sein werden als „jene treuherzigen und vierschrötigen Tugenden“ unserer Großväter (ebd.). „Unsere“ Tugenden werden wohl raffinierter und durch misstrauische Befragung vorsichtiger und unsicherer geworden sein. Dieses Misstrauen, diese „gefährlich[e] Neugierde“ und „Grausamkeit“, will zumindest anders sein als die großväterliche Tugend, wenn es auch anerkennen muss, möglicherweise mit dieser verwandt zu sein.

Während wir Nietzsche zufolge nach unseren Tugenden suchen, zeigen wir, dass wir noch immer an unsere Tugendhaftigkeit glauben. Dieser Glaube unterscheidet uns jedenfalls nicht von unseren Großvätern: „auch wir noch tragen ihren Zopf“ (ebd.). Das gute Gewissen, mit dem wir an unsere Tugendhaftigkeit glauben, zeigt, dass wir uns immer noch im Rahmen der Moral bewegen, die wir kritisieren. Wie sehr wir auch versuchen, anders zu sein, wir bleiben der Circe Moral verpflichtet. Aber an diesem Punkt, am Ende des Aphorismus, wird das „wir“ aufgeteilt in ein „ihr“ einerseits und das „Ich“ des Autors andererseits: „Ach! Wenn ihr wüsstet, wie es bald, so bald schon – anders kommt! ...“ (152). Dies kann für denjenigen, der gut („das heisst langsam, tief, rück- und vorsichtig, mit Hintergedanken, mit offen gelassenen Thüren, mit zarten Fingern und Augen“, M Vorrede 5; KSA 3, 17) gelesen hat, kaum als eine Überraschung kommen.

Die am Anfang des Aphorismus erwähnte „gefährlich[e] Neugierde“ verweist auf den „Abenteuerer-Muth“ (von Nietzsche umschrieben als „unsre gewitzte und verwöhnte Neugierde“, JGB 227; KSA 5, 162), dem wir in Aphorismus 227 begegnen und der uns an den letzten Aphorismus des ersten Hauptstücks erinnert, in dem Nietzsche seine abenteuerliche Entdeckungsreise in die Moral ankündigt. Dort lesen wir aber auch Folgendes: „nun! wohlan! jetzt tüchtig die Zähne zusammengebissen! die Augen aufgemacht! die Hand fest am Steuer! – wir fahren geradewegs über die Moral *weg*, wir erdrücken, wir zermalmen vielleicht dabei unsren eignen Rest Moralität, indem wir dorthin unsre Fahrt machen und wagen“ (JGB 23; KSA 5, 38f.). Wenn Nietzsche in Aphorismus 214 nach „unseren Tugenden“ sucht, erinnert er sich daran und warnt abermals: „wohlan, suchen wir einmal nach ihnen in unsren Labyrinthen! – woselbst sich, wie man weiss, so mancherlei verliert, so mancherlei ganz verloren geht“ (JGB 214; KSA 5, 151).

Die Ambiguität des „wir“ zeigt eine dramatische Entwicklung an: dadurch, dass der freie Geist entdeckt, dass in seiner Moralkritik die alte Moral wieder auftaucht, und dadurch, dass er deshalb seine Kritik auf sich selber anwenden muss, geht etwas definitiv verloren. Wir werden sehen, dass in dieser Suche die Tugend sich selber bzw. dass in ihr der Tugendhafte seine eigene Tugend verliert. Viele werden hier zurückscheuen. Nur wenige werden hier weitermachen; „wir" wird „ihr". Erstlinge müssen geopfert werden. Dem Schlusssatz des Textes zufolge soll sich das „bald schon" (152) ergeben: es wird tatsächlich nur ein halbes Hauptstück dauern. Bis dahin finden wir eine Art Zusammenfassung von Nietzsches Moralkritik, so wie wir sie auch aus anderen Büchern kennen. Gegen Kant verweist er auf die Vielheit moralischer Bestimmungen (vgl. JGB 215). „Moral als Attitüde" geht uns allmählich gegen den Geschmack (JGB 216; KSA 5, 152) und denjenigen, die doch noch „einen hohen Werth" auf ihren „moralischen Takt und Feinheit" legen, werden wir lieber aus dem Wege gehen (JGB 153; KSA 5, 217) oder mit verhüllenden Sätzen „schmeicheln" (JGB 219; KSA 5, 154). Angeblich „uninteressierte" Handlungen sind in Wahrheit „*sehr* interessante und interessirte" (JGB 220; KSA 5, 155). Die Moral des Mitleidens ist Ausdruck der (nihilistischen) „*Selbst-Verachtung*" des heutigen Menschen (JGB 222; KSA 5, 156) und wird von Nietzsche einem anderen Mitleid („unser *umgekehrtes* Mitleid", JGB 225; KSA 5, 161) gegenübergestellt: Mitleid nicht mit dem Menschen als Geschöpf, sondern mit ihm als Schöpfer (ebd.). Zwischen diesen beiden Aphorismen über das Mitleiden finden wir Nietzsches Diagnose des heutigen Europäers: „ein leidlich hässlicher Plebejer", der nur noch die Sammlung aller „Moralen, Glaubensartikel, Kunstgeschmäcker und Religionen" aus der Geschichte Europas darstellt, ohne selber jemand zu sein (JGB 223; KSA 5, 157), ein Mischmasch von Möglichkeiten ohne Wirklichkeit, ein Mensch mit einem maßlosen musealischen Geschmack für Alles, der dadurch „mit Alledem vielleicht nicht sehr ‚geschmackvoll'" (JGB 224; KSA 5, 159) umgeht. Die Selbstbezüglichkeit der Kritik wird nicht ausgelassen. Sie kommt in Aphorismus 218 (obwohl dort zunächst auf „[d]ie Psychologen Frankreichs" (KSA 5, 153) bezogen) und vor allem in Aphorismus 221 zum Ausdruck, tritt aber erst in JGB 227 tatsächlich in den Vordergrund.

9.4 JGB 227: Redlichkeit?

Am Ende der ersten Hälfte des siebten Hauptstücks wird die Frage nach „unseren Tugenden", wie sie im Titel und vor allem im ersten Aphorismus gestellt wurde, wieder aufgegriffen, gleichsam als wollte Nietzsche auf den nächsten Schritt der Suche vorbereiten: der Ausdruck „unsere Tugenden" steht in JGB 224 für die Tugenden des modernen Menschen, des Menschen „des ‚historischen Sinnes': [...] anspruchslos, bescheiden, tapfer, voller Selbstüberwindung, voller Hingebung, sehr dankbar, sehr geduldig, sehr entgegenkommend" (JGB 224; KSA 5, 159). Hier erkennen wir wieder die Doppeldeutigkeit, die wir in Aphorismus 214 schon gesehen haben: zum einen werden die genannten Tugenden auch von Nietzsche wenigstens teilweise durchaus positiv bewertet, zum anderen wird diese Tugendhaftigkeit aber ganz eindeutig als „nicht sehr ‚geschmackvoll'" kritisiert. In Aphorismus 225 wird dann dem moralischen Mitleid ein anderes *„umgekehrtes* Mitleid", *„unser* Mitleid", gegenübergestellt. Es scheint also, dass Nietzsche hier der moralischen Tugend eine andere („unsere"?) Tugend gegenüberstellt. Aber am Ende des Textes wird diese Interpretation zweifelhaft. Zumindest scheint nicht nur die Tugend, sondern auch ihr Stellenwert gründlich verändert zu sein: „Aber, nochmals gesagt, es giebt höhere Probleme als alle Lust- und Leid- und Mitleid-Probleme; und jede Philosophie, die nur auf diese hinausläuft, ist eine Naivetät. –" (JGB 225; KSA 5, 161).

Der nächste Aphorismus erinnert durch seinen Titel – *„Wir Immoralisten"* (JGB 226; KSA 5, 162) – unmittelbar an das Problematische der Suche nach „unseren Tugenden". In diesem Aphorismus findet aber zum einen die Untersuchung der Moral, wie sie von diesen Immoralisten unternommen wird, in den Kategorien der Pflicht anstatt der Tugend statt und zum anderen wird die Wirkung der oben angesprochenen Ambiguität auf die Art und Weise, in der man „uns" versteht bzw. missversteht, skizziert: „Wir sind in ein strenges Garn und Hemd von Pflichten eingesponnen und *können* da nicht heraus –, darin sind wir ‚Menschen der Pflicht', auch wir! [...] Aber wir mögen thun, was wir wollen: die Tölpel und der Augenschein sagen gegen uns ‚das sind Menschen *ohne* Pflicht' – wir haben immer die Tölpel und den Augenschein gegen uns!" (ebd.).

Damit sind wir vorbereitet auf die zweite und gründlichere Auseinandersetzung mit der Frage nach „unseren Tugenden", wie sie in Aphorismus 227 stattfindet.[2] Es hat den Anschein, als ob Nietzsche hier die Frage eindeutig beantwortet: Redlichkeit ist unsere Tugend. Und viele Interpreten haben den Text tatsächlich so gelesen.[3] Unverkennbar spricht ein gewisses Engagement mit der Redlichkeit aus dem, was Nietzsche in diesem und auch in weiteren Texten schreibt. Dennoch gibt es Gründe dafür, etwas genauer hinzusehen, um herauszufinden, was es mit dieser Tugend auf sich hat und was mit ihr geschieht.

Ein Vergleich mit der im Kommentarband der KSA zitierten Vorstufe (KSA 14, 365) zeigt, dass Nietzsche erst in der definitiven Version dieses Textes einen Vorbehalt angebracht hat: „Redlichkeit, *gesetzt*, *dass* dies unsre Tugend ist“ (Hervorhebung von PvT). Diese Version suggeriert, dass die Antwort auf die Frage nach „unseren Tugenden“ nicht an dieser Stelle gegeben wird, sondern dass sie bereits zuvor gegeben wurde und dass Nietzsche hier lediglich die zuvor gegebene Antwort „Redlichkeit“ kommentiert. „Redlichkeit“ ist dabei nicht ohne Weiteres auch *seine* Antwort. Möglicherweise handelt es sich um eine Antwort, die er bereits früher gegeben hat, z. B. in der *Morgenröthe* (vgl. dort z. B. die Aphorismen 370, 456 und 556), und gewiss um eine, die ihm nicht gänzlich fremd ist, der er aber jetzt nicht ohne Vorbehalt zustimmen möchte. Weder im siebten Hauptstück noch im übrigen Verlauf des Buches wird die These aufgestellt, die Redlichkeit sei die Tugend von „uns freien Geistern“, geschweige denn, dass sie als solche dargestellt oder verteidigt würde. Nietzsche gibt in diesem Text seine Antwort distanziert, legt sie gleichsam in den Mund eines Außenstehenden. In Aphorismus 230 macht er dies sogar explizit: „In der That, es klänge artiger, wenn man uns, statt der Grausamkeit, etwa eine ‚ausschweifende Redlichkeit‘ nachsagte, nachraunte, nachrühmte“ (JGB 230; KSA 5, 168f.). Durch diese Zuschreibung schafft er Raum für einen Kommentar zu dieser Antwort und letzten Endes – wie wir sehen werden – sogar für einen Kommentar zur Frage selbst.

Die Formel „(voraus)gesetzt, dass“ kommt in *Jenseits von Gut und Böse* so häufig und so oft an wichtigen Stellen vor, dass man sie gleichsam als ein struktu-

2 Das Folgende ist eine überarbeitete Fassung zweier Paragraphen meines oben erwähnten Buches (van Tongeren 1989).

3 Vgl. z. B. Heidemann 1972, 111; Miller 1973, 171 und 187; Pütz 1974, 178; und am ausführlichsten (und meine Interpretation diskutierend): Zibis 2007, 134ff. Vgl. auch Lampert 2001, 221ff.; Burnham 2007, 163f.; Acampora/Pearson 2011, 159f. Alan White (2001, 63–78) problematisiert zwar die Bedeutung der Nietzscheschen Redlichkeit, ohne sie aber als Nietzsches Tugend in Frage zu stellen.

rierendes Element des Buches bezeichnen kann.[4] Von vielen der betreffenden Aphorismen werden in Band 14 der KSA frühere Fassungen zitiert. Ein Vergleich der Texte mit ihren früheren Versionen zeigt, dass Nietzsche die besagte Formel in allen Fällen erst in der endgültigen Version hinzugefügt hat. Das legt die Vermutung nahe, dass es sich hier um einen Charakterzug von Nietzsches Denken handelt, der für ihn selbst selbstverständlich war, der jedoch ausdrücklich hervorgehoben werden musste, sobald dieses bewegliche Denken für eine Publikation festgelegt wurde. Nietzsche war ja immer daran gelegen, die Erstarrung, die der geschriebenen Form des Denkens eignet, zu durchbrechen. Auch die Formel „gesetzt, dass" deutet darauf hin. Sie kennzeichnet Nietzsches Denken als perspektivisch, hypothetisch und vorläufig.

Als perspektivisch unterstellt sein Denken entweder Unerhörtes („Vorausgesetzt, dass die Wahrheit ein Weib ist", JGB Vorrede; KSA 5, 11), oder lässt das Selbstverständliche zur Unterstellung werden („Gesetzt, wir wollen Wahrheit", JGB 1; KSA 5, 15). In beiden Fällen werden diesen Unterstellungen andere Möglichkeiten gegenübergestellt. Auch die Redlichkeit dürfte nur aus einer gewissen Perspektive „unsere Tugend" heißen. Der freie Geist muss Nietzsche zufolge lernen, „das Perspektivische in jeder Werthschätzung [zu] begreifen" (MA I Vorrede 6; KSA 2, 20); er muss „Herr über [s]ich werden, Herr auch über die eigenen Tugenden" (ebd.). Auch die Redlichkeit soll nicht den einzigen und definitiven Horizont bilden: „sorgen wir dafür, dass sie nicht [...] unsre Grenze, unsre Dummheit werde!" (JGB 227; KSA 5, 163).

Als hypothetisch ist Nietzsches Denken wahrhaft experimentell und abenteuerlich (vgl. JGB 23). Seine Hypothesen erlauben ihm, Neuland zu entdecken, „*auf den Versuch* hin" zu denken und „und sich dem Abenteuer anbieten zu dürfen: das Meisterschafts-Vorrecht des freien Geistes!" (MA I, 1 Vorrede 4; KSA 2, 18). Auch im Hinblick auf „unsere Tugenden" ist noch viel unentdeckt. Die Hypothese, dass Redlichkeit „unsere Tugend" sei , stellt lediglich den Ausgangspunkt der Reise dar. Sie bestimmt nicht auf Dauer die einzuschlagende Richtung, ganz zu schweigen davon, dass sie dazu geeignet wäre, den Zielpunkt

4 In JGB steht die Formel an einer für die Struktur des Textes wichtigen Stelle in der Vorrede und den Aphorismen JGB 3, 22, 25, 29, 36, 201, 210, 227, 231, 255, 269 und 283. Sie findet sich des Weiteren in: JGB 1, 15, 23, 25, 36, 39, 62, 201, 228 und 264. Vgl. im Übrigen auch Aphorismen mit einem hypothetischen Satzbau oder mit vergleichbaren Formeln wie z. B. JGB 199, 204 und 265.

festzulegen: „Und was wissen wir zuletzt von uns? Und wie der Geist *heissen* will, der uns führt? [...] Und wie viele Geister wir bergen?“ (JGB 227; KSA 5, 163).

Als vorläufig ist Nietzsches Denken ein Vorspiel, eine Vorbereitung auf etwas, das völlig anders sein dürfte. In Bezug auf die Redlichkeit spricht er den Wunsch aus, dass „ihr Glanz einmal wie ein vergoldetes blaues spöttisches Abendlicht über dieser alternden Cultur und ihrem dumpfen düsteren Ernste liegen bleiben“ mag (162). Er vergleicht die Tugend der Redlichkeit mit der untergehenden Sonne einer alternden Kultur und deutet damit auf eine neue „Morgenröte“ hin. Doch wer sagt uns, welches Licht dann scheinen wird? Gewiss kein Abendlicht! Wer weiß, ob Redlichkeit den freien Geistern noch etwas bedeuten wird, sofern sie Menschen des *neuen* Tages bzw. „Europäer von Übermorgen“ sind? Die Redlichkeit bildet den Ausgangspunkt und Anlass dieser Fragen, nicht die Antwort auf sie. „Wir“, die diese Fragen stellen, dürfen „[n]icht an unsern eignen Tugenden hängen bleiben“ (JGB 41; KSA 5, 59).

9.5 Die letzte Tugend

Zarathustra nennt die Redlichkeit „jene jüngste der Tugenden“ (Za I Hinterweltlern; KSA 4, 37). Tatsächlich ist sie Nietzsche zufolge „eine der jüngsten Tugenden“, weil sie „weder unter den sokratischen, noch unter den christlichen Tugenden [...] vorkommt“ (M 456; KSA 3, 275). Die Redlichkeit ist für Nietzsche aber nicht nur in diesem Sinne die „jüngste“ Tugend, sondern darüber hinaus in einem anderen Sinne „die letzte“. In einer nachgelassenen Notiz findet sich als Entwurf für eine Überschrift: „*Die letzte Tugend.* Eine Moral für Moralisten“ (NL 1885/1886 1[144]; KSA 12, 44). Im unmittelbar anschließenden Notat verdeutlicht Nietzsche: „diese letzte Tugend, *unsere* Tugend heißt: Redlichkeit“ (NL 1885/1886 1[145]; KSA 12, 44). Gehen wir der Frage nach, warum und in welchem Sinne die Redlichkeit eine „letzte Tugend“ ist.

Nietzsche kritisiert die bisherigen Moralphilosophen wiederholt dafür, dass sie nicht bis zum „Problem der Moral“ (JGB 186; KSA 5, 106) durchdringen. Statt die Moral zu untersuchen, versuchen sie die Moral zu begründen: „Was die Philosophen ‚Begründung der Moral‘ nannten und von sich forderten, war, im rechten Lichte gesehen, nur eine gelehrte Form des guten *Glaubens* an die herrschende Moral, ein neues Mittel ihres *Ausdrucks*, also ein Thatbestand selbst innerhalb einer bestimmten Moralität [...] und jedenfalls das Gegenstück einer Prüfung, Zerlegung, Anzweiflung, Vivisektion eben dieses Glaubens" (ebd.). Diese Kritik, wie sie am Anfang des fünften Hauptstücks, das die Moralkritik betrifft, geäußert wurde, wird im siebten Hauptstück, unmittelbar nach unserem Text über die Redlichkeit wiederholt: Bis jetzt waren die Moral-Philosophen eigentlich „Fürsprecher" der Tugend; sie hatten kein „Begriff davon [...], dass das Nachdenken über Moral gefährlich, verfänglich, verführerisch getrieben werden konnte" (JGB 228; KSA 5, 163). Nietzsche illustriert dies am Beispiel der „englischen Utilitarier" (164) und kontrastiert diese angebliche Moral-Philosophie mit dem, was sie seines Erachtens sein sollte. Merkwürdigerweise formuliert Nietzsche seine eigene Auffassung dann nur in Klammern und in Form einer (wohl rhetorischen) Frage: „(Ist ein Moralist nicht das Gegenstück eines Puritaners? Nämlich als ein Denker, der die Moral als fragwürdig, fragezeichenwürdig, kurz als Problem nimmt? Sollte Moralisiren nicht – unmoralisch sein?)" (ebd.).

Nun muss Nietzsche aber anerkennen, dass auch seine eigene Moralkritik wiederum durch einen moralischen Wert motiviert zu sein scheint, und zwar durch die Redlichkeit bzw. „die Einsicht in diese lange eingefleischte Verlogenheit" der moralischen Welt-Interpretation (NL 1887 5[71]; KSA 12, 211). Die moralische Interpretation ist eine Zurechtfälschung, „die ganze Moral ist eine beherzte lange Fälschung" (JGB 291; KSA 5, 235) und der Kritiker wird das redlich eingestehen. Aber in seiner Redlichkeit steckt wieder die Moral: „*Sie selbst zwingt* als Redlichkeit zur Moral-Verneinung" (NL 1886/1887 5[58]; KSA 12, 206). Schon im Frühjahr 1884 notiert Nietzsche das Problem, in das er sich zu verstricken droht: „Es ist also im Wesen der Moral Etwas, das *wider* die Redlichkeit geht [...]. Wie ist es nun möglich, daß es eine ‚Redlichkeit' giebt, welche die Moral selber zersetzt?" (NL 1884 25[101]; KSA 11, 35) Hier steht zum zweiten Mal die Redlichkeit, seine „Redlichkeit", zwischen Anführungszeichen, um sie von der kritisierten Moral und ihrer Redlichkeit zu unterscheiden. Inzwischen weiß Nietzsche aber, dass es sich nicht um eine andere Redlichkeit handelt. Es ist die Moral selbst, die in seiner Moralkritik durchklingt. Oder wie er es in *Zur Genealogie der Moral* formuliert: „Wahrscheinlich sind auch wir noch ‚zu gut' für unser Handwerk, wahrscheinlich sind auch wir noch die Opfer, die Beute, die Kranken dieses vermoralisirten Zeitgeschmacks, so sehr wir uns auch als dessen Verächter fühlen, – wahrscheinlich inficirt er auch noch *uns*" (GM III 20; KSA 5, 387).

Diese Frage, wie man gleichzeitig „unmoralisch" (so wie es echtes „Moralisiren" erfordert) und moralisch motiviert sein kann, ist das Problem, das Nietzsche im siebten Hauptstück von *Jenseits von Gut und Böse* zur Sprache bringt. Die Antwort, die er hier suggeriert, wird schon am Ende des ersten Hauptstücks angezeigt und sie wird plakativ zusammengefasst in der berühmten Formel einer „Selbstüberwindung der Moral" (JGB 32; KSA 5, 51), womit Nietzsche „jene lange geheime Arbeit [der] feinsten und redlichsten [...] Gewissen von heute" benennt (ebd.). Diese „Selbstüberwindung der Moral" besagt nicht, dass die Moral aus ihrer Selbstkritik gleichsam wie ein Phönix aus der Asche wieder aufersteht, sondern dass sie selbst ihren eigenen Untergang bewirkt. In der Moralkritik wird ihr eigener moralischer Ausgangspunkt selber untergraben. Die „Selbstüberwindung" muss daher als eine „Selbstaufhebung" verstanden werden: „In uns vollzieht sich, gesetzt, dass ihr eine Formel wollt, – *die Selbstaufhebung der Moral*. – – " (M Vorrede 4; KSA 3, 16).

Aus diesem Grunde ist die Redlichkeit die *letzte Tugend:* sie überlebt ihre eigene Untergrabungstätigkeiteit nicht: „– Ach! Wenn ihr wüsstet, wie es bald, so bald schon – anders kommt! ..." (JGB 214; KSA 5, 152). Die Redlichkeit wirft ihr „Abendlicht über [eine] alternde Cultur" (JGB 227; KSA 5, 162), sie bringt uns an die „Schwelle einer Periode [...], welche, negativ, zunächst als die *aussermoralische* zu bezeichnen wäre" (JGB 32; KSA 5, 51). Die Tugend der Redlichkeit gehört zum Bereich des Begriffspaares „Gut und Böse"; darüber hinaus kommt ihr keine eigentliche Bedeutung mehr zu. Wenn sie die Verlogenheit der Moral enthüllt hat, befinden wir uns „jenseits von Gut und Böse", wo die Redlichkeit, als moralische Tugend, selbst wirkungslos bleibt. Sie stellt den Wahlspruch eines Denkens dar, das „auf eine gefährliche Weise den gewohnten Werthgefühlen Widerstand" leistet (JGB 4; KSA 5, 18). Sie hat dieses Denken in Gang gebracht, dessen Ausgangspunkt gebildet. Doch sobald die Kritik einmal aus dem sicheren Hafen ausgelaufen ist, treibt sie davon. Die Reise führt uns über den Horizont unseres Ausgangspunktes hinaus: „ist man einmal mit seinem Schiffe hierhin verschlagen, nun! wohlan! jetzt tüchtig die Zähne zusammengebissen! die Augen aufgemacht! die Hand fest am Steuer! – wir fahren geradewegs über die Moral *weg*, wir erdrücken, wir zermalmen vielleicht dabei unsren eignen Rest Moralität" (JGB 23; KSA 5, 38).

Die Redlichkeit ist „ein spöttisches Abendlicht" (JGB 227; JGB 5, 162), sie parodiert die Moral, die sie überwindet. Das Schicksal, das sich in der Moralkritik ereignet, das tragische Schicksal, in dem sich der Übergang vom Moralischen zum Außermoralischen tatsächlich als ein Untergang zeigt und durch welches der tugendhafte Forscher die ihn motivierende Tugend verliert, zeigt sich mittels einer Parodie. Wir werden an das Ende des fünften Buches der *fröhlichen Wissenschaft* erinnert, wo Nietzsche über „das Ideal eines Geistes" schreibt, „der naiv, das heisst ungewollt und aus überströmender Fülle und Mächtigkeit mit Allem spielt, was bisher heilig, gut, unberührbar, göttlich hiess; [...] das oft genug *unmenschlich* erscheinen wird, zum Beispiel, wenn es sich neben [...] alle Art Feierlichkeit in Gebärde, Wort, Klang, Blick, Moral und Aufgabe wie deren leibhafteste unfreiwillige Parodie hinstellt – und mit dem, trotzalledem, vielleicht *der grosse Ernst* erst anhebt, das eigentliche Fragezeichen erst gesetzt wird, das Schicksal der Seele sich wendet, der Zeiger rückt, die Tragödie *beginnt*..." (FW 382; KSA 3, 637). An anderer Stelle heißt es: „Incipit *tragoedia* [...] incipit *parodia*" (FW Vorrede 1; KSA 3, 346).

9.6 Tragödie und Parodie

Vielleicht können wir diese beiden Termini als Ausgangspunkt und Leitfaden für die Interpretation des letzten und in gewissem Sinne schwierigsten Teils des siebten Hauptstücks nehmen. Zunächst ist ja durchaus unklar, warum Nietzsche das Hauptstück mit einer Reihe von Aphorismen „über das ‚Weib an sich'" (JGB 231; KSA 5, 170) beendet.

Dieser letzte Teil, die zweite Hälfte des Hauptstücks nach dem zentralen Aphorismus 227, umfasst die Aphorismen 228 bis 239, wobei die Nummer 237, wie oben schon erwähnt, zweimal benutzt wird. Aphorismus 228 haben wir bereits wegen Nietzsches These, dass das Nachdenken über Moral („Moralisiren") „unmoralisch" sein sollte, bei der Interpretation von Aphorismus 227 herangezogen. Der Text schließt aber in einer Art und Weise an das Ende von JGB 227 an, die für die Interpretation des ganzen letzten Teils wichtig sein dürfte. Aphorismus 227 schließt mit der Warnung, die Redlichkeit sollte uns nicht zu tugendhaften „Langweiligen" machen (KSA 5, 163).[5] Aphorismus

5 Nietzsche erweitert die Langweiligkeits-Warnung damit, dass er das Leben „zu kurz" nennt, um „sich in ihm – zu langweilen" und fügt dann noch hinzu: „man müsste schon an's ewige Leben glauben, um ..." (JGB 227; KSA 5, 163). Burnham (2007, 164) weist darauf hin, dass dies ein spöttischer Verweis

228 beginnt und schließt mit einem Verweis auf diese Langeweile. Am Anfang schreibt Nietzsche noch mehr oder weniger ernsthaft: „man vergebe mir die Entdeckung, dass alle Moral-Philosophie bisher langweilig war“ (ebd.). Am Ende spottet er aber deutlich über die Utilitarier und sagt, dass ihre Utilität nur darin besteht, dass „sie langweilig sind“ (165). Er ermutigt sie dann zu dieser Langeweile mit parodierenden Reimen. Er macht den Übergang vom Ernst zum Spott am Anfang des zweiten Teils des Hauptstücks, in welchem er zeigen wird, wie eine Philosophie die „*Langweiligkeit*“ (163) vermeiden kann. Denn zumindest das Folgende ist gewiss: auch die Texte über das Weib kann man nicht langweilig nennen.

Am Ende des Hauptstücks finden wir einen Verweis auf die Tragödie, die der Langweiligkeit entgegengesetzt wird: „Furcht und Mitleiden: mit diesen Gefühlen stand bisher der Mann vor dem Weibe, immer mit einem Fusse schon in der Tragödie, welche zerreisst, indem sie entzückt –. Wie? Und damit soll es nun zu Ende sein? Und die *Entzauberung* des Weibes ist im Werke? Die Verlangweiligung des Weibes kommt langsam herauf?“ (JGB 239; KSA 5, 178). Nietzsche will mit seinen Texten über das Weib offenbar sowohl dieser „Entzauberung“ als auch der Langeweile entgegentreten.

Wie die Langeweile am Anfang des zweiten Teils des Hauptstücks eingeführt wird und am Ende noch einmal auftaucht, so können wir vielleicht auch die Tragödie, die am Ende ausdrücklich zur Sprache kommt, am Anfang dieses Teils wiederfinden. Sie wird nicht nur in Aphorismus 229 kurz erwähnt, sondern auch, und wichtiger, scheint sie im Aphorismus 230 impliziert zu sein. Wenn in JGB 239 die Wirkung des Weibes mit der der Tragödie verglichen wird, geschieht das auf Grund der Natur des Weibes: „Das, was am Weibe Respekt und oft genug Furcht einflösst, ist seine *Natur*, die ‚natürlicher‘ ist als die des Mannes“ (JGB 239; KSA 5, 178). Wenn Nietzsche dasjenige, was er in den Aphorismen 229 und 230 unternimmt, auf eine Formel bringt, tut er das folgendermaßen: „Den Menschen [...] zurückübersetzen in die Natur“ (JGB 230; KSA 5, 169). Er sieht es als seine „Aufgabe“, dazu beizutragen, „dass auch unter solcher schmeichlerischen Farbe und Übermalung [d. h. unter dem moralischen „Wort-Prunk“, der von „Redlichkeit“ und „Liebe zur Wahrheit“

auf Kant ist, der in seiner *Kritik der praktischen Vernunft* sagt, dass der Glaube an Unsterblichkeit im Bewusstsein des Menschen in seiner moralischen Unvollkommenheit impliziert ist.

spricht] der schreckliche Grundtext homo natura wieder heraus erkannt" wird (ebd.). Vielleicht darf man im „Schrecklichen" dieses Grundtexts, wie auch in den „unerschrocknen Oedipus-Augen und verklebten Odysseus-Ohren" (ebd.), die man braucht, um diese Natur anzusehen, sogar einen Hinweis auf die Tragödie vermuten. Aber gewiss ist für Nietzsche die Natur mit dem Tragischen verbunden und er versucht zu der Erfahrung dieses Tragischen dadurch zurückzufinden, dass er die Natur von der moralischen Übermalung befreit.

Spott und Parodie sind Mittel, um die Natur sowohl vor Entzauberung und Verlangweiligung als auch vor moralischer Übermalung zu schützen und ihre tragische Wirkung zu sichern. Was hat das aber mit Redlichkeit zu tun und wie passt es in ein Hauptstück hinein, das „unseren Tugenden" gewidmet ist?

9.7 Die Tugenden des Denkers

Die Tugenden, von denen das siebte Hauptstück spricht, sind Tugenden des freien Geistes, d. h. des Denkers. Daher steht die Redlichkeit an zentraler Stelle, die Tugend-Gestalt der Wahrheitsliebe des Denkers. So wie die Wahrhaftigkeit im ersten Hauptstück wird jetzt, im siebten Hauptstück, die Redlichkeit gegen sich selber ins Feld geführt. Am Anfang des zweiten Teils dieses Hauptstücks, in den Aphorismen 229 und 230, geschieht das mittels einer Naturalisierung der Redlichkeit.

Was „eine ‚ausschweifende Redlichkeit'" und daher „tugendhaft" genannt werden könnte, erscheint in Nietzsches Analyse als Grausamkeit, und zwar als eine Grausamkeit, auf der auch „die schmerzliche Wollust der Tragödie" und überhaupt „[f]ast Alles, was wir ‚höhere Cultur' nennen, beruht" (JGB 229; KSA 5, 166). Wenn die Redlichkeit sich auf sich selber richtet, verschwindet ihre Tugend-Verhüllung. Als Grausamkeit wird sie gegen ihre Tugend-Gestalt ins Feld geführt: „Es sind schöne glitzernde klirrende festliche Worte: Redlichkeit, Liebe zur Wahrheit, Liebe zur Weisheit, Aufopferung für die Erkenntniss, Heroismus des Wahrhaftigen, – es ist etwas daran, das Einem den Stolz schwellen macht. Aber wir Einsiedler und Murmelthiere, wir haben uns längst in aller Heimlichkeit eines Einsiedler-Gewissens überredet, dass auch dieser würdige Wort-Prunk zu dem alten Lügen-Putz, -Plunder und -Goldstaub der unbewussten menschlichen Eitelkeit gehört“ (JGB 230; KSA 5, 169).

So wie die Selbst-Befragung der Wahrhaftigkeit im ersten Aphorismus dazu führt, dass wir den Ursprung unseres Fragens verlieren und nicht länger wissen, „[w]er von uns [...] hier Oedipus [ist]? Wer Sphinx?“ (JGB 1; KSA 5, 15), so führt auch die Selbst-Befragung der Redlichkeit in eine Aporie. Nachdem Nietzsche die grausame Zurückübersetzung des Menschen in die Natur als seine Aufgabe benannt hat, schreibt er: „Warum wir sie wählten, diese tolle Aufgabe? Oder anders gefragt: ‚warum überhaupt Erkenntniss?‘ – Jedermann wird uns danach fragen. Und wir, solchermaassen gedrängt, wir, die wir uns hunderte Male selbst schon ebenso gefragt haben, wir fanden und finden keine bessere Antwort ...“ (JGB 230; KSA 5, 169f.). Es kommt zu keiner Antwort, denn es gibt keinen sicheren Grund des Fragens.

Das hält aber das Fragen nicht auf und macht auch die Freude am Fragen nicht geringer: wie die Tragödie, „welche zerreisst, indem sie entzückt“ (JGB 239; KSA 5, 178). Nur hat sich das Fragen geändert; es hat sich von der Zwangsjacke der Tugend befreit; jetzt wird es möglich, zu „tanzen [...] in unsern ‚Ketten‘ und zwischen unsern ‚Schwertern‘“ (JGB 226; KSA 5, 162). Dieses neue Denken, das seine eigene Grausamkeit kennt, wird zum Schluss des Hauptstücks anhand eines Beispiels dargestellt, und zwar mit Bezug auf „das ‚Weib an sich‘“ (JGB 231; KSA 5, 170). Die Bezeichnung des Themas verrät schon den parodierenden Stil dieses Denkens.

Die Texte über das Weib werden mit Aphorismus 231 eingeleitet, in welchem die Verbindung zum Titel des Hauptstücks und zu der Tugend-Thematik noch in einer anderen Weise angezeigt wird. Hier wird klar, dass das befreite Fragen des freien Geistes kein anonymes Denken ist, sondern der Ausdruck eines sich selbst bewussten Denkers, d. h.: einer Person. „Bei jedem kardinalen Probleme redet ein unwandelbares ‚das bin ich‘; über Mann und Weib zum Beispiel kann ein Denker nicht umlernen, sondern nur auslernen, – nur zu Ende entdecken, was darüber bei ihm ‚feststeht‘“ (ebd.). Tugenden sind bekanntlich keine Handlungen, sondern Dispositionen, sie verweisen nicht auf universalisierbare Pflichten, sondern zeigen optimale Charakterzüge einer Person.[6] Für Nietzsche bedeutet das auch, dass die Tugenden individuell sind: „‚deine Tugend ist die Ge-

6 Vgl. hierzu Solomon (2001, 123–148), der dieses Merkmal der Tugend zu Recht betont.

sundheit deiner Seele'. Denn eine Gesundheit an sich giebt es nicht" (FW 120; KSA 3, 477). Dies ist gerade das, was Nietzsche in der Einführung zu seinen Texten über das Weib betont, wo er nochmals ausdrücklich die Voraussetzung formuliert, „dass man es von vornherein nunmehr weiss, wie sehr es eben nur – *meine* Wahrheiten sind. –" (JGB 231; KSA 5, 170). Ganz im Einklang mit der Tugendethik, zeigt er seine naturalisierte Tugend an einem Beispiel.

Wer das Buch *Jenseits von Gut und Böse* von Anfang an gelesen hat, wird kaum darüber staunen, dass Nietzsche die Thematik des Weibes wählt, um das (grausam-redliche) Denken dieses Denkers zu zeigen. Die Philosophie hat sich immer um die Wahrheit bemüht. Nietzsche beginnt die Vorrede seines Buches, das ein Vorspiel einer Philosophie der Zukunft sein will, folgendermaßen: „Vorausgesetzt, dass die Wahrheit ein Weib ist" (JGB Vorrede; KSA 3, 11). In Aphorismus 220 hat er, in Verbindung mit einer Anspielung auf die zu vermeidende Langeweile, nochmals daran erinnert. Der Denker muss verhindern, dass die Wahrheit zu gähnen anfängt!

Das erklärt auch den polemischen Ton dieser Texte über das Weib: sie werden eher aufregen als langweilen! Philosophie ist Liebe zur Weisheit. Nietzsche lässt Zarathustra sagen: „Muthig, unbekümmert, spöttisch, gewaltthätig – so will uns die Weisheit: sie ist ein Weib, sie liebt immer nur einen Kriegsmann" (Za I Lesen; KSA 4, 49).[7] Der Kriegsmann ist immer parteiisch. Er ist kein „objektiver Mensch"; aber ein solcher Mensch ist „auch Nichts für Weiber" (JGB 207; KSA 5, 137). Ein Kriegsmann kämpft und prügelt. Wie sollte er seine „Wahrheiten" anders als polemisch äußern können?

Wenn wir heutigen Leser in diesen polemischen und scheinbar anti-feministisch voreingenommenen Texten kaum noch eine Tugend entdecken können, geschweige denn die Tugend der „Redlichkeit", könnte das bedeuten, dass wir uns – wenigstens aus Nietzsches Sicht – „im Grundprobleme ‚Mann und Weib' [...] vergreifen" (JGB 238; KSA 5, 175). Es könnte – um zum Schluss den roten Faden des siebten Hauptstücks noch einmal aufzugreifen – bedeuten, dass wir noch den Zopf unserer Großväter tragen (vgl. JGB 214), dass unsere Tugendhaftigkeit tatsächlich „unsre Grenze, unsre Dummheit" geworden ist (JGB 227;

7 Nietzsche entnimmt diesem Text auch das Motto am Anfang der dritten Abhandlung von *Zur Genealogie der Moral*, d. h. des Buches, das im Untertitel „Eine Streitschrift" genannt wird. Er bezeichnet das Zitat aus dem *Zarathustra* als „ein Aphorismus", dessen Kommentar die Abhandlung sei (GM Vorrede 8; KSA 5, 225).

KSA 5, 163), eine Dummheit, unter der „kein Gott versteckt [ist], nein! nur eine ‚Idee‘, eine ‚moderne Idee‘! ...“ (JGB 239; KSA 5, 178).

Literatur

Burnham, Douglas 2007: Reading Nietzsche. An Analysis of *Beyond Good and Evil*, Stocksfield

Acampora, Christa Davis/ Ansell-Pearson, Keith 2011: Nietzsche's *Beyond Good and Evil*. A Reader's Guide, London

Heidemann, Ingeborg 1972: Nietzsches Kritik der Moral, in: Nietzsche-Studien 1, 95–137

Lampert, Laurence 2001: Nietzsche's Task. An Interpretation of *Beyond Good and Evil*, New Haven

Miller, C.A. 1973: Nietzsche's „Daughters of the Desert“. A Reconsideration, in: Nietzsche-Studien 2, 157–195

Pütz, Peter 1974: Nietzsche im Lichte der Kritischen Theorie, in: Nietzsche-Studien 3, 175–191

Solomon, Robert 2001: Nietzsche's Virtues, in: Richard Schacht (Hrsg.): Nietzsche's Postmoralism. Essays on Nietzsche's Prelude to Philosophy's Future, Cambridge, 123–148

van Tongeren, Paul 1989: Die Moral von Nietzsches Moralkritik, Bonn

White, Alan 2001: The Youngest Virtue, in: Richard Schacht (Hrsg.): Nietzsche's Postmoralism. Essays on Nietzsche's Prelude to Philosophy's Future, Cambridge, 63–78

Zibis, Alexander-Maria 2007: Die Tugend des Mutes. Nietzsches Lehre von der Tapferkeit, Würzburg

10

Enrico Müller

Die Sprache des Ressentiments, die Musikalität der Sprache und der „Europäer der Zukunft“

Das achte Hauptstück: „Völker und Vaterländer“

10.1 „dass *Europa Eins werden will*“: Die Logik des Nationalen und Nietzsches Subversion des vaterländischen Diskurses

Deutet man *Jenseits von Gut und Böse* im Sinne einer die Disziplinen umfassenden philosophischen Programmatik – und die äußere Anlage des Werks legt einen solchen Zugang durchaus nahe –, so wäre das achte Hauptstück „Völker und Vaterländer“ als deren politischer Teil anzusehen. Erwogen wird in ihm nicht mehr und nicht weniger als die Richtung Europas im Ganzen, und dies im Spannungsfeld zwischen den gemeinsamen griechisch-römisch-christlichen Wurzeln der Vergangenheit über die nationalstaatlich sich organisierende und voneinander abgrenzende Realpolitik der Gegenwart des ausgehenden neunzehnten Jahrhunderts bis hin zur unbestimmten, aber emphatisch erwogenen Möglichkeit eines kommenden, sich einenden Europas.

Die letzten drei Bücher von JGB thematisieren nicht zufällig dieselbe Trias noch einmal im Großen und scheinen eben darum auch eine übergreifende Einheit zu bilden. Bereitet das siebte Hauptstück „unsere Tugenden“ das Thema Europa als Kulturgemeinschaft bis hin zur Entstehung der modernen Ideen auf, so nimmt „Völker und Vaterländer“ den allgemeinen Tenor der zeitgenössischen nationalstaatlichen Politik auf, während das abschließende Buch von JGB mit der leitenden Frage nach der Vornehmheit gleichermaßen durch die „modernen

Ideen“ wie durch die „nationalen Tugenden“ hindurchgeht. Dass Europa jenseits der politisch gezogenen Grenzlinien hinausgehende Grundzüge hat, die über die aussagbare religiöse, kulturelle und politische Selbstlegitimation hinaus bis in das Wertungs- und Wahrnehmungsmuster der Individuen hineinreichen, ist hierbei nicht allein Nietzsches Anspruch, sondern vielmehr der eigentliche Ausgangspunkt seiner Ausführungen. Das ihn umtreibende Problem scheint eher darin zu bestehen, die sichtbar und insofern ideologisch gewordenen Deutungsmuster der europäischen „Tugenden“ in eine neue Kardinaltugend zu überführen: jene „Vornehmheit“ gegenüber vorschnell Identität stiftenden Zuschreibungen überhaupt, deren Darstellung nicht zufällig das letzte „Jenseits“ innerhalb von *Jenseits von Gut und Böse* bildet. Schon „unsere Tugenden“ ist offenkundig keine Tugendlehre im vertrauten moralphilosophisch motivierten Sinn mehr, sondern eine Bestandsaufnahme jener moralischen, ästhetischen und religiösen Zutaten, aus denen die europäische Kultur und der europäische „Geist“ der Gegenwart zu bestehen scheinen, ohne jedoch in diesem Bestehen zu einer Form gefunden zu haben: Vielmehr kostümiert sich der „europäische Mischmensch“ (JGB 223; KSA 5, 157), ausgestattet mit „historische[m] Geist“ bei gleichzeitigen „schnellen Vorlieben und Wechsel der Stilmaskeraden“, fortwährend um. Er betreibt nach Nietzsches ironisch vorbereitender Analyse im siebten Hauptstück einen nihilistischen Identitäts-Fasching mit all den wechselnden Kleidern und Maskeraden „der Moralen, Glaubensartikel, Kunstgeschmäcker und Religionen“, geriert sich dabei wahlweise „romantisch oder klassisch oder christlich oder florentinisch oder barokko oder ‚national'“ (ebd.) – und macht doch ständig die Erfahrung, dass keines dieser Kostüme mehr zu ihm passt.

Aus ebendieser halb indifferenten, halb eklektizistischen Grundhaltung einer noch unterbestimmten Moderne heraus hat sich innerhalb des neunzehnten Jahrhunderts mehr und mehr das realpolitisch machtvoll sich manifestierende Gegen-Konzept des Nationalen als scheinbar verbindliches Identitätskriterium herausgebildet. Ein Konzept, das seinerseits in der Öffentlichkeit, zumal der reichsdeutschen, von einer immer stärker an Bedeutung gewinnenden Volks- und Rassenideologie begleitet wurde. Es ist exakt diese Gegenwart der „Völker und Vaterländer“ innerhalb eines Europa an der Schwelle zur Moderne, in die sich Nietzsche mit dem achten Hauptstück auf subversive Weise einschreibt: Er nimmt das Thema insgesamt überhaupt nur auf, um es durch fortlaufende Übertreibung, Entgrenzung und Unterwanderung so stark zu variieren, dass es in seiner Beschränkung und Beschränktheit erfahrbar wird.

Nietzsches semantisches und performatives Spiel mit den Völkern und Vaterländern wird vorgenommen aus der Perspektive eines kommenden Europas – also eines Europas, das noch nicht da ist. Was da ist und den Ausgangspunkt des Autors bildet, ist die „krankhafte Entfremdung, welche der Nationalitäts-Wahnsinn zwischen die Völker Europa's gelegt hat" (JGB 256; KSA 5, 201). In den sich zunehmend radikalisierenden und gegeneinander organisierenden Nationalismen werden in Nietzsches Lesart fatalerweise ebenjene Anzeichen „willkürlich und lügenhaft umgedeutet, in denen sich ausspricht, dass *Europa Eins werden will*" (ebd.). Während sich in den „umfänglicheren Menschen dieses Jahrhunderts" die „geheimnisvolle Arbeit ihrer Seele" dergestalt kundgebe, „den Weg zu jener neuen *Synthesis* vorzubereiten und versuchsweise den Europäer der Zukunft vorwegzunehmen" (201f.), bilde der Nationalismus demgegenüber ein vordergründiges und retardierendes, aber eben ein auf fatale Weise reales Gegenmoment. Es kann und darf darum auch nicht übergangen werden. Denn auch wenn die „auseinanderlösende Politik" der „Politiker des kurzen Blicks und der raschen Hand" zwar „nothwendig nur Zwischenakts-Politik" (201) sei, so ist sie in ihren faktischen, letztlich kriegerischen Konsequenzen verhängnisvoller als alles geistige Bestreben und Antizipieren. Er könne sich „dumpfe zögernde Rassen denken, welche in unserm geschwinden Europa halbe Jahrhunderte nötig hätten, um solche atavistischen Anfälle von Vaterländerei und Schollenkleberei zu überwinden" (JGB 242; KSA 5, 182) – doch im „Prozess des werdenden Europäers" sei der Sturm und Drang des National-Gefühls nur einer der „Rückfälle im Tempo" (ebd.).

Um dies zu demonstrieren, treibt Nietzsche die nationalstaatliche Machtpolitik seiner Zeit mit denkbar anderen, ebenso subtilen wie subversiven Mitteln: Als Philosoph äußert er sich über „Völker und Vaterländer", indem er der „deutschen Musik" zuhört – einer Musik, deren „grösste Gefahr" wiederum darin besteht, *„die Stimme für die Seele Europa's* zu verlieren und zur blossen Vaterländerei herabzusinken" (JGB 245; KSA 5, 188). Die Musik als Inhalt und Wahrnehmungserlebnis bildet im achten Hauptstück den Horizont für die polemisch inszenierte Sichtung nationaler Eigenheiten und Grenzen: Philosophie, Literatur, Wissenschaft und Politik werden demgegenüber nachrangig behandelt und als stilistische Ausdrucksformen vom musikalischen Sprachspiel der Tempi und Rhythmen, des Taktes und Klanges aus erschlossen.

Der Autor von JGB macht hinsichtlich des von ihm gewählten Sprachspiels seine strategischen Ausgangspunkte mitunter überdeutlich und eben damit transparent: Auch er kenne durchaus die „Stunden nationaler Wallungen, patriotischer Beklemmungen" (JGB 241; KSA 5, 180) und gestattet sich von Zeit zu Zeit selbst eine „herzhafte Vaterländerei, einen Plumps und Rückfall in alte Lieben und Engen" – ja, er gibt ausdrücklich „eben eine Probe davon" (ebd.). In seiner je nach Standpunkt wechselnden Kritik, Verachtung und Bewunderung „der Deutschen", „der Engländer", „der Franzosen" bzw. „der Juden" wird der typisierende Umgang mit verschiedenen Völkern bereits auf der performativen Ebene des Textes als offensichtlich zeitgemäße ideologische Stereotypie inszeniert. Hyberbolisch zelebriert der Autor den vaterländischen Diskurs lediglich auf der Textoberfläche, um ihn zugleich fortwährend in Aporien zu führen, zu paradoxieren oder ironisch zu destabilisieren.

Als argumentationslogische Typen und rhetorische Strategien des Textes lassen sich in Nietzsches Spiel mit nationalen Vorurteilen durchgängig drei Muster rekonstruieren:

a) Axiologische Ambiguität: Der scheinbare „Wert" eines Volkes entpuppt sich innerhalb der Ausführungen sowohl als positiv und zukunftsfähig als auch als beschränkt und rückwärtsgewandt. So etwa erweisen sich „Tiefe" und „Reichtum" der „deutschen Seele" als Unfähigkeit zur Form und politische Indifferenz, die auf gefährliche Weise vereinnahmt werden kann. Nicht zufällig bilden Bezugnahmen auf Richard Wagner Auftakt und Ausklang und damit den Rahmen des achten Hauptstücks. An dessen Beginn steht ein offenkundig eindringliches Musikerlebnis, in dem „etwas Deutsches im besten und schlimmsten Sinne des Wortes" (JGB 240; KSA 5, 180) fassbar wird: „wieder einmal zum ersten Male" (179) hört Nietzsche die Ouvertüre der Meistersinger. Hier ist das „Deutsche" noch „tief", weil es ein „Vielfaches, Unförmliches und Unausschöpfliches" (180) hat, eine „Mächtigkeit und Überfülle der Seele" und ebendarin noch eine „Zukunft". Das „Deutsche" hat Zukunft, weil es die Verschiedenartigkeit seiner Ursprünge in Gestalt der eigenen „Widerspruchs-Natur" ausagiert. Mit anderen Worten: Es ermöglicht Perspektiven, weil es sein eigenes „Deutsch-Sein" nicht auf den Begriff bringt. Am Ende des Hauptstücks rekurriert der Autor dann auf die „alten trüben Tage[ ]" (JGB 256; KSA 5, 204) Wagners: Der „Parsifal-Musik" wird vorgehalten, sie sei „einen Geschmack vorwegnehmend, der inzwischen Politik geworden ist" (ebd.) – sie wird in dem Maße autoritär, in dem sie die eigene „Tiefe" im Dienst einer alten „römischen" Autorität zu predigen beginnt. Jetzt verkörpert Wagner exemplarisch die christliche, antisemitische und national sich gerierende Dimension politischer Ansprüche: er wird zur Chiffre aller Untugenden des Deutschen Reiches.

b) Semantische Supplementarität: Reklamieren Deutsche für sich Idealismus sowie „Tiefe" des Geistes und Franzosen die „Fähigkeit zu artistischen Leidenschaften" (JGB 254; KSA 5, 199) sowie eine „alte vielfache moralistische Cultur", wird die „englisch-mechanistische Weltvertölpelung" (JGB 252; KSA 5, 195) demgegenüber als dezidiert unphilosophisch ausgewiesen. Dies aber heißt im gleichen Atemzug, dass zwischen deutscher „Krankheit des Geschmacks" (ebd.) und den französischen „Fanatikern der Form" die vom Autor konzedierte Herrschaft des englischen Geistes in Gestalt des Utilitarismus, Liberalismus und Pragmatismus als gegenwärtig unanzweifelbare „Nützlichkeit" wiederkehrt. Gerade diese Argumentationsstrategie macht den ideologischen Vordergrund des Textes als solchen transparent: Jedes Urteil bzw. Vorurteil gegenüber einem Volk gewinnt seine Plausibilität überhaupt erst auf dem Boden eines korrespondierenden Urteils oder Vorurteils gegenüber einem anderen. Die Hyperbolik nationaler Emphase relativiert sich auf diese Weise jeweils notwendig in der internationalen Perspektivierung.

c) Ubiquität und Atopie des Autors: Mit den beiden genannten Mustern deutet Nietzsche eine transitorische auktoriale Position an, die sich immer schon jenseits der „Völker und Vaterländer" bewegt und damit in Form textueller Performanz bereits den Europäer der Zukunft präfiguriert. Dieses Jenseits bleibt seinerseits ortlos und tritt lediglich als wechselnder, stets neu konturierbarer Zwischenraum zwischen den zuvor verorteten Bereichen in Erscheinung. Im Durchwandern der nationalen Stereotypien wird der Autor zum europäischen Nomaden, der auf jede staatliche und ideologische Heimat zu verzichten lernt und ebendies als die eigentliche und neue Bestimmung ansieht. In dieser freigeistigen Übergängigkeit zeigt sich das Europäische.

10.2 Zur musikologischen Erziehung Europas und des Lesers: der a-horistische Stil der Nietzscheschen Aphoristik

Es ist bereits angedeutet worden: der performative Rahmen des achten Hauptstücks ist ein musikologischer. Nietzsches Typisierungen sind eingelassen in eine Hermeneutik, die Europa als Hörerlebnis erschließt und erst von diesem Hören aus „nationale" Kennzeichnungen als willkürliche Begrenzungen in die philosophischen, wissenschaftlichen und künstlerischen Gegenwartsfragen einträgt. Bezugspunkt einer solchen Verfahrensweise ist das *„dritte Ohr"* (JGB 246; KSA 5, 189), das der typisch deutschen Unfähigkeit zum Schreiben und Lesen entgegengehalten wird: eine als Denkstil gefasste Sensibilität, die jenseits ideologischer Bekenntnisse, intellektueller und ästhetischer Positionen die Ausdrucks-Formen des Textes in ihrer jeweiligen Geformt- und Ereignishaftigkeit musikalisch aufnehmen und annehmen kann. Leitbild dieses Stilbegriffs wiederum ist die antike Periode als „vor Allem ein physiologisches Ganzes" (JGB 247; KSA 5, 190). Vor dieser in vollem Bewusstsein der Rhetorizität der Sprache aus vorgenommenen Architektur-Kunst des Satzbaus sind „wir Modernen" die „Kurzathmigen in jedem Sinne" (ebd.). Der Autor, der „deutsch geschriebene Bücher" als „Marter" empfindet, entwirft aus diesem Anlass sein Verständnis vom Verstehen eines Satzes als stilistisches Erziehungsprogramm mit weitreichenden Folgen: „ein Missverständnis über das Tempo: und der Satz ist missverstanden" (JGB 246; KSA 5, 189). Es gelte, die „rhythmisch entscheidenden Silben" zu erkennen, „die Brechung der allzustrengen Symmetrie als gewollt und als Reiz" zu empfinden, den „Sinn in der Folge der Vocale und Diphtonge[ ]" zu erraten und gleichzeitig zu sehen „wie zart und reich sie in ihrem Hintereinander sich färben und umfärben können" (ebd.). Die Intentionen, die sich mit einem derartigen Erziehungsprogramm verbinden, sind naheliegend: Wer „solchergestalt Pflichten und Forderungen anzuerkennen und auf so viel Kunst und Absicht in der Sprache hinzuhorchen" (ebd.) gewillt ist, der wird das Verhältnis der propositionalen und nichtpropositionalen Anteile des Satzes selbst bedenken müssen. Er wird die Fixierungen des indoeuropäischen Satzschemas, das nach Subjekt, Prädikat und Objekt unterscheiden und in dieser Gestalt denken muss, als Grenze anerkennen, sich aber als Künstler der Sprache zu dieser Grenze verhalten wollen. Er wird folgerichtig die notwendig im apophantischen Satz angelegte Verdinglichung und Objektivierung als

„ideologische" Begrenzung von Ausdrucksmöglichkeiten verstehen. Er wird die abstrakt-äußerliche Unterscheidung von (akzidenteller) Form und (substantiellem) Inhalt nicht mehr akzeptieren. Er wird demgegenüber den „Stil" selbst als ein Denken begreifen, das sich seiner Limitierung durch Sprache bewusst ist und ihr durch künstlerische, performative, strategische Mitteilungstechniken entgegenzuwirken versucht. Die Form und Inhalt neu bestimmende Musikologie im achten Hauptstück macht in ihrem Mittelteil (JGB 246 und JGB 247) zu den entscheidenden Defiziten des deutschen Stils nur explizit, worum die schriftstellerischen Praktiken und Absichten von JGB und Nietzsches sogenannte Aphoristik insgesamt kreisen: um die Möglichkeit eines musikalischen Stils. Die Musik bildet mithin nicht nur das inhaltliche Medium für Nietzsches Rekurs auf die nationalen und volksspezifischen Eigenheiten Europas, sie scheint die kompositorischen Eigenarten von Nietzsches Denken, vor allem die seiner eigenen Darstellungspraxis anzeigen zu wollen. Das musikologische Sprachspiel der Phrasierung beschreibt die eigene bzw. als Stil eingeforderte Textualität offensiv in Begriffen der Rhythmik und Motivik, der Pausensetzung und Betonung. Die „Sätze" innerhalb dieser Form dürften folgerichtig eher der Komposition als einem bestimmten argumentationslogischen Schema zugehörig vorgestellt sein. Das „Thema" wiederum wäre dementsprechend auch keine verhandelbare Sache innerhalb eines Traktates oder einer klassischen Monographie mehr: Anstelle der definitorischen oder exegetischen Sacharbeit tritt hier der kompositorische Effekt der „Variation" einer Themendurchführung in den Vordergrund. In der Tat entwickeln Nietzsches spätere Aphorismen Gedanken eher über fortgesetzte perspektivische Brechungen, Aposiopesen, Unterbrechungen und überraschende Neuaufnahmen eines Themas als über begrifflich rekonstruierbare Begriffsentfaltung. Stellt man ferner in Rechnung, dass die Aphorismen innerhalb eines Buchs oder Hauptstückes offenbar zueinander gehören, einander ergänzen, vor- oder nachbereiten, variieren oder konterkarieren (bzw. kontrapunktieren) können, dann wird die Gattungsbezeichnung „Aphoristik" für die schriftstellerische Verfahrensweise Nietzsches insgesamt problematisch. Schon seiner Ausgangssemantik nach ist der Aphorismus von der Begrenzung eines Problem-Felds gedacht. Auch wenn der antike auf definitorische Kürze abzielende Ursprungsgebrauch im Sinn eines Lehrsatzes schnell die Dimension des Gnomischen und Sentenzenartigen in sich aufnahm, bleibt für die Aphoristik bis in die Moderne dennoch eine andere

Dimension der Konturierung leitend: jene der treffenden Beobachtung, der entlarvenden Pointiertheit, der paradoxen Wendung. Nietzsche hat diese Form des pointierten Sinnspruchs vorzugsweise in seiner – in weiten Teilen durch Paul Reé vermittelten – Auseinandersetzung mit der französischen Moralistik kennen- und schätzen gelernt und sich vergleichsweise schnell anverwandelt. Er praktiziert sie bekanntlich von *Menschliches, Allzumenschliches* an und gibt auch in den „Sprüchen und Zwischenspielen" von JGB eine diesbezügliche Probe. Was die Komposition jener durchnummerierten Textteile in Nietzsches sogenannten Aphorismenbüchern anbelangt, die je nach Gusto kurzessayistisch oder langaphoristisch anmuten und spätestens ab der *Fröhlichen Wissenschaft* von einer schwer anzweifelbaren formalen Eigenständigkeit gekennzeichnet sind, so muss die Frage aufgeworfen werden, ob deren stilistische Eigenheiten durch die Semantik des Ap-horistischen nicht eher verzeichnet als bezeichnet sind. Denn inhaltlich und formal ist demgegenüber eher die entgrenzende und insofern a-horistische Dimension der Nietzscheschen Form offenkundig dominierend – die Textstücke sind in ihrer Interdependenz, ihrem wechselseitigen Verweisungs- und Ergänzungscharakter immer schon semantisch und kompositorisch kontextualisiert. Auch textintern und interpretativ ist eher die sukzessive Entgrenzung und Brechung einer Perspektive für Nietzsches Verfahrensweise kennzeichnend, als deren effektvolle Herausarbeitung und Konfirmierung durch topologisierbare Argumente. Bestimmungen werden in dieser Interpretationspraxis meist nur vorgenommen, um sie dann in ihrer Vorläufigkeit, Zeitlichkeit und Eindimensionalität sogleich wieder in die Bewegung des Textes zurückzunehmen.

Die vermeintlichen Aphorismen von JGB sind, wie es die musikologische Stilistik in der Mitte des achten Hauptstücks nahelegt, ihrerseits das Produkt einer jahrelangen reflektierten Auseinandersetzung mit dem inhaltlichen und formalen Möglichkeitsspielraum schriftstellerischer Aphoristik. Im Verlauf dieser Auseinandersetzung scheint der Gattungsbegriff Aphorismus bestenfalls noch einen Hintergrund abzugeben, von dem sich Nietzsches an Meisterschaft und Eigenständigkeit gewinnende Kurztexte bereits deutlich emanzipiert haben. Je mehr man, wie es in der Forschung seit Längerem geschieht, auf die rhetorischen, performativen, metaphorologischen und perspektivischen Eigenheiten dieser genuin Nietzscheschen Form abhebt, desto mehr empfiehlt es sich auch, von der allgemeinen Gattungsbezeichnung abzusehen. Will man wiederum jener allgemeinen Flüssigkeit des Sinns Rechnung tragen, mit der Nietzsches „dionysisches" Philosophieren interpretativ und schriftstellerisch gegen die immer schon internalisierte Sprachmetaphysik antritt, so scheint die hier infrage stehende Form mit dem Etikett des Ahorismus, also der formalen Ent-Grenzung, vorläufig angemessener bezeichnet als mit der nivellierenden Gattungsbezeichnung des Aphorismus.

10.3 Europäer ohne Ort: Der Autor, „die Juden" und die moderne Gesellschaft

Nietzsche deutet den „werdenden Europäer" als „die langsame Heraufkunft einer wesentlich übernationalen und nomadischen Art Mensch" (JGB 242; KSA 5, 182). Er betont hierbei einerseits „die wachsende Loslösung von den Bedingungen, unter denen klimatisch und ständisch gebundene Rassen entstehen" und andererseits die „zunehmende Unabhängigkeit von jedem *bestimmten* milieu, das Jahrhunderte lang sich mit gleichen Forderungen in Seele und Leib einschreiben möchte" (ebd.). Durch die allmähliche Distanzierung von sozialen, ethnischen, klimatischen, politischen und psychologischen Determinanten vollzieht sich hier durch die Individuen hindurch „ein ungeheurer *physiologischer* Prozess, der immer mehr in Fluss gerät – der Prozess einer Anähnlichung der Europäer" (ebd.).

Einen solchen Europäisierungs-Vorgang aktiv vollzogen, durch schmerzhafte Loslösungen und Selbst-Erziehung einen über-nationalen Erfahrungs- und Aktionsspielraum gewonnen zu haben, gesteht Nietzsche in seiner Zeit nur einigen Künstlern zu – und dem jüdischen Volk. Die zwischen Flucht und Einladung, Vertreibung und Ghettoisierung sich seit Jahrhunderten durch Europa bewegenden Juden werden im Hauptstück „Völker und Vaterländer" gezielt als das Volk ohne Vaterland eingeführt. Sie bilden darin die inhaltliche Alternative zur ideologischen Verknüpfung von Volk, Nation und Raum – im Textgewebe selbst nomadisieren sie wie das auktoriale Ich zwischen der etablierten nationalstaatlichen Ordnung einerseits und den völkischen Befindlichkeiten andererseits herum. Innerhalb der experimentellen Sichtung „vaterländischer" Eigenheiten, die je nach Kontext als Befähigung oder Begrenzung einer Nation in Erscheinung treten, bildet Nietzsches Umgang mit den Juden Europas im achten Hauptstück einen irritierenden und provozierenden Subtext.

Der Autor bietet nur zwei konkrete Stellungnahmen zu den historischen Vorgängen im Europa des ausgehenden 19. Jahrhunderts: Neben der bereits angeführten Kritik an der „auseinanderlösende[n] Politik" des „Nationalitäts-Wahnsinn[s]" ist dies der Rekurs auf das vielverhandelte Juden-Problem (JGB 256; KSA 5, 201). Nietzsche nimmt die zeitgenössische Frage nach Assimilation, Ausgrenzung oder Vertreibung der Juden in dezidierter Auseinandersetzung mit den „antisemitischen Schreihälse[n]" (JGB 251; KSA 5, 194) auf seine Weise auf – und löst damit die wohl aggressivste Reaktion auf eines seiner Werke während seiner Lebenszeit aus.[1] Statt philosemitische Gegnerschaft zur antisemitischen Agenda zu bieten, zielt er auf die unhaltbare Logik der antisemitischen Position selbst und provoziert diese bis aufs Äußerste: Die Juden seien „ohne alle Zweifel die stärkste, zäheste und reinste Rasse, die jetzt in Europa lebt" (JGB 251; KSA 5, 193), während die Deutschen als ein Volk der „Mischung und Zusammenrührung von Rassen, vielleicht sogar mit einem Übergewichte des vor-arischen Momentes" (JGB 244; KSA 5, 184) in Erscheinung treten. Die Sprache des Antisemitismus wäre dann ihrerseits Ausdruck für den „Instinkt eines Volkes, dessen Art noch schwach und unbestimmt ist, so dass sie leicht verwischt" werden könne (JGB 251; KSA 5, 193). Der kulturellen, politischen und letztlich auch ethnischen Instabilität des Deutschen hält Nietzsche mit den Juden ein Volk entgegen, welches „selbst noch unter den schlimmsten Bedingungen sich durchzusetzen" versteht – und dies „vermöge irgend welcher Tugenden, die man heute gern zu Lastern

1 Theodor Fritsch (1852–1933), wirkungsmächtiger antisemitscher Publizist und Politiker, dem zu Ehren als „Vater und Altmeister der Bewegung" 1935 das erste antisemitische Denkmal Deutschlands errichtet wird, widmet unter dem Pseudonym Thomas Frey *Jenseits von Gut und Böse* eine ausführliche Besprechung (s. Frey [d. i. Fritsch] 1887). Nietzsches Umwertungspraxis wird in ihr als paradigmatisch jüdischer Relativismus ausgewiesen und der arischen Sittenlehre gegenübergestellt. Bezeichnenderweise rezensiert Fritsch ausschließlich das achte Hauptsstück, diagnostiziert angesichts der aufgefundenen Verhöhnung des Politischen und der unmännlichen bzw. impotenten Verachtung allen National-Bewusstseins die Infizierung Nietzsches mit jüdischem Geist, erkennt die Seelenverwandtschaft des Textes zum Talmud und empfiehlt zuletzt dem Autor die Beschneidung. Der Text bietet zur Widerlegung des Autors die gesamte Bandbreite judenfeindlicher Topik auf, ist von kaum zurückgehaltenen, durchaus zukunftsweisenden Vernichtungsphantasien durchsetzt – und bestätigt die Zielgenauigkeit der Analysen Nietzsches eindrucksvoll.

stempeln möchte" (JGB 251; KSA 5, 193). Offenbar dient das jüdische Volk über die vordergründige Verhandlung der zeitgenössischen Judenfrage hinaus als markantestes Beispiel einer lern- und zukunftsfähigen Kultur, die in der, ihr immer wieder aufgenötigten Auseinandersetzung mit neuen, stets anderen Umwelten und Widerständen ihren kulturtechnischen Handlungsspielraum ausweiten musste, konnte und eben darum, ohne es zunächst zu wollen, „stark" wurde. Um diese Stärke jenseits von Einheits- und Reinheitsattitüden geht es dem Autor: Stark ist eine einverleibte Überlebenspraxis, in der sich ein zur permanenten Veränderung gezwungenes Volk gleichzeitig anzupassen und zu bewahren wusste. In den Erfahrungen der Diaspora bildete sich heraus, was bei Nietzsche gleichermaßen als modern und protoeuropäisch ausgewiesen ist: höhere Differenzierungs-, Reaktions- und Anschlussfähigkeit angesichts einer sich dramatisch wandelnden Umwelt. Folgerichtig tritt dasjenige, was im „kulturellen Code" des Antisemitismus stereotyp als Geiz und Geldgier, als Starrsinn und Trotz sowie als Täuschungs- und Manipulationsfähigkeit als spezifisch jüdisch denunziert wird – und in der Rezension von Theodor Fritsch postwendend hervorbrechen wird – in Nietzsches Rekonstruktion gezielt als dasjenige in Erscheinung, was dem „neuen Deutschthum" abgeht: „Genie des Geldes und der Geduld" sowie „vor allem etwas Geist und Geistigkeit" (194). Für den Autor sei es interessant zu sehen, ob sich ebendiese Vorzüge auch der deutschen „erblichen Kunst des Befehlens und Gehorchens" „hinzuzüchten" lassen – mit dieser ironischen Spitze lässt Nietzsche seine „heitere Deutschthümelei und Festrede" abbrechen. Denn mit der Umwertung vermeintlich genuin jüdischer Laster zu europäischen Tugenden werde das so verhandelte Judenproblem zuletzt zum „‚europäische[n] Problem'" (195).

Nietzsches politisches Denken präsentiert sich in seinem demonstrativen Nomadisieren, in der perspektivischen Brechung einer Kultur durch eine andere als weder völkisch noch vaterländisch – es steht im Dienst jener Arbeit der Seele, die den „guten Europäer" nur vorbereiten kann. Das, „worin jetzt die Auszeichnung der Europäer" gesucht wird, nennt der Autor „ohne zu loben und zu tadeln, mit einer politischen Formel die *demokratische* Bewegung Europa's" (JGB 242; KSA 5, 182). Sie nimmt nach seiner, unserer Gegenwart nicht eben schmeichelnden Prognose einen gleichzeitigen Verlauf in zwei verschiedene Richtungen: Zum Einen bringt die gewünschte und tatsächliche „Ausgleichung" des Menschen einen Typus von „geschwätzigen willensarmen und äusserst anstellbaren

Arbeitern“ (183) hervor, Menschen, die ihren individuellen Wert, ihre Würde, ihre Rechte und Pflichten maßgeblich vom gesellschaftlichen Wert ihrer Arbeitskraft her bestimmen. Die von der demokratischen Kultur gewollte „Sklaverei im feinsten Sinne“ folgt damit einer Anpassungskraft, aus der heraus der Mensch im „Einzel- und Ausnahmefall“ aber auch „stärker und reicher“ geraten kann. Die Demokratisierung der europäischen Gesellschaft ist aufgrund der in ihr angelegten individuellen Entfaltungsmöglichkeiten, „Dank der ungeheuren Vielfältigkeit von Übung, Kunst und Maske“ für den Autor „zugleich eine unfreiwillige Veranstaltung zur Züchtung von *Tyrannen*, das Wort in jedem Sinn verstanden, auch im geistigsten“ (ebd.). Nietzsches „Tyrannen“ sind angesichts der Erfahrungen des 20. Jahrhunderts vermutlich keine megalomanen Machtpolitiker mehr, die eine Gesellschaft beherrschen und beliebig lenken können. Eher noch sind es jene Einzelnen, die ihr Selbst nicht nur gesellschaftlich verwirklichen wollen, sondern sich, jenseits vom neuen Gut und Böse, darin entäußern, eine sich selbst als alternativlos beschreibende Gesellschaft wenigstens noch „geistig“ tyrannisieren zu können.

Literatur

Benne, Christian (2010): Good Cop, bad cop. Von der Wissenschaft des Rhythmus zum Rhythmus der Wissenschaft, in: H. Heit/G. Abel/M. Brusotti (Hrsg): Nietzsches Wissenschaftsphilosophie. Hintergründe, Wirkungen und Aktualität. Berlin/Boston, 189–212

Frey, Thomas [d. i. Theodor Fritsch] (1887): Der Antisemitismus im Spiegel eines „Zukunfts-Philosophen“, in: Antisemitische Correspondenz Nr. 19, Leipzig, 10–15

Müller, Enrico (2005): Die Griechen im Denken Nietzsches. Berlin/New York

Ottmann, Henning (1999): Philosophie und Politik bei Nietzsche. Berlin/New York, 2. Aufl.

Schank, Gerd (2000): „Rasse“ und „Züchtung“ bei Nietzsche. Berlin/New York

Simon, Josef (1997): Nietzsche on Judaism and Europe, in: J. Golomb (Hrsg.): Nietzsche and Jewish Culture. London/New York, 101–116

Stegmaier, Werner (2000): Nietzsche, die Juden und Europa, in: Ders. (Hrsg.): Europa-Philosophie. Berlin/New York, 67–91

11

Werner Stegmaier

Eine Frage zum Schluss

Das neunte Hauptstück: „was ist vornehm?"

11.1 Überblick

11.1.1 Stellung des neunten Hauptstücks in *Jenseits von Gut und Böse*, Titel, Thema, Methode, leitende Begriffe und schriftstellerische Form

Das Problem der Rangordnung, das Nietzsche in der Vorrede zur Neuausgabe von MA zu seiner „*Aufgabe*" (MA I, Vorrede 7; KSA 2, 21) erklärt, dominiert schon das neunte Hauptstück von JGB. Er führt JGB, nach der neuerlichen Bearbeitung der Metaphysik-, Religions- und Moralkritik in den ersten fünf Hauptstücken, auf die Rangfrage hinaus.

Er stellt sie zunächst als Frage nach dem Rang der Philosophie gegenüber den Wissenschaften. Im sechsten Hauptstück „wir Gelehrten" spricht er noch als Wissenschaftler, der er von Hause aus auch war, als Glied einer imaginären Gemeinschaft von Wissenschaftlern, die gemeinsamen Plausibilitäten und methodischen Standards folgen, um diese dann im Blick auf „eine neue Art von Philosophen" zu überschreiten (vgl. Stegmaier 2013). Im siebten Hauptstück „unsere Tugenden" gibt er sich noch immer als Glied einer Gemeinschaft, legt das Schwergewicht aber auf die Vielfalt und den Wandel der Moralen, die sehen und ertragen zu können wenige freie Geister auszeichnet, die, die sich Schritt für Schritt von festem Halt, auch von der Orientierung aneinander, lösen können. Und besonders von politischen Bindungen: im achten Hauptstück geht Nietzsche gegen die Nationalismen der „Völker und Vaterländer" Europas an, warnt aber zugleich vor einer neuen Einbindung des philosophischen Denkens in die nun zur Herrschaft kommende „demokratische Bewegung" (vgl. JGB 202 und 203). Er hebt ausdrücklich die Leistung der notorisch heimatlosen, auf sich gestellten Juden für „unsere europäische Cultur" hervor, vor allem ihren „grossen Stil in der Moral" (JGB 250; KSA 5, 192; vgl. Stegmaier 2000). Diese Gedankenlinie bringt das neunte Hauptstück zum Abschluss: Moral ist nichts für alle gleich Gültiges und nichts an sich Bestehendes; es gibt in der äußersten Konsequenz, die Nietzsche auch hier zu ziehen bereit ist (vgl. NL 1888, 14[25]; KSA 13, 230), überhaupt nichts Allgemeines, alles Allgemeine ist aus moralischen Gründen erfunden worden, um den Einzelnen einen Halt in ihrer Orientierung zu bieten. Wer diese Illusion durchschaut, blickt in eine unendlich komplexe Welt, in der alles auf unabsehbare Weise wechselseitig bedingt ist und in der sich jeder auf eigene Verantwortung orientieren muss. Es bestimmt dann seinen Rang, wie viel oder wie wenig Allgemeines, wie viel oder wie wenig Moral er braucht. Wer sein Allgemeines nicht auch anderen zumutet und es nicht von ihnen erwartet, ist „vornehm".

Der Titel des neunten Hauptstücks „was ist vornehm?" ist unter allen Titeln von JGB die einzige Frage, eine sehr einfache und scheinbar ganz klare, eine Definitionsfrage, damit aber die Frage nach einer allgemeinen Bestimmung. Wenn vornehm die sind, die Allgemeines weniger und anders als andere nötig haben, ist die Titelfrage paradox, und an dieser Paradoxie arbeitet sich das neunte Hauptstück ab. Es ist nicht ambivalent, nicht ungewollt widersprüchlich, es nutzt die Paradoxie methodisch, um ein neues philosophisches Denken auf den Weg zu bringen.[1]

Nietzsche macht sie handhabbar, indem er schon in JGB 30 den „Exoteriker" vom „Esoteriker" unterscheidet. Der Exoteriker hält sich an das für jedermann leicht Einsehbare, also an Allgemeines, der Esoteriker nimmt das Allgemeine nur als Vordergrund und Oberfläche und tastet sich von hier aus zum schwerer Einsehbaren, den Hintergründen und Tiefen, vor, die nur noch wenigen zugänglich sind. Nietzsche fragt nach den Hintergründen und Tiefen des Allgemeinen überhaupt, muss dabei aber vom Allgemeinen ausgehen, auch beim Vornehmen,

1 Die bisher eindringlichste Interpretation zum neunten Hauptstück von JGB hat van Tongeren 1999, 174–249 vorgelegt. Sein Fragehorizont ist das Paradox der Moral von Nietzsches Moralkritik, in das ihn seine Bereitschaft bringe, immer auch seine eigenen Voraussetzungen der Kritik zu unterwerfen.

mit dem alles Allgemeine in Frage gestellt wird. Nietzsche will niemanden nötigen, hier mitzugehen. Mit Hilfe der „feineren Gesetze [s]eines Stils" (FW 381; KSA 3, 634), wie er im fünften Buch von FW sagen wird, gibt er jedem Gelegenheit, ratlos, unmutig oder entrüstet dort stehen zu bleiben, wo *er* nicht mehr weiterkann: „Unsre höchsten Einsichten müssen – und sollen! – wie Thorheiten, unter Umständen wie Verbrechen klingen, wenn sie unerlaubter Weise Denen zu Ohren kommen, welche nicht dafür geartet und vorbestimmt sind" (JGB 30; KSA 5, 48).

Im neunten Hauptstück von JGB macht er davon den stärksten Gebrauch. Er bietet verführerisch leicht einsehbare Vordergründe an, gleich im ersten Satz: „Jede Erhöhung des Typus ‚Mensch' war bisher das Werk einer aristokratischen Gesellschaft – und so wird es immer wieder sein: als einer Gesellschaft, welche an eine lange Leiter der Rangordnung und Werthverschiedenheit von Mensch und Mensch glaubt und Sklaverei in irgend einem Sinne nöthig hat" (JGB 257; KSA 5, 205). Nietzsche wird mit seiner gesellschaftspolitischen Sprache, seiner Rede von Aristokratie und Sklaverei, die meisten von Anfang an so abschrecken, dass für sie alles über diesen Nietzsche schon entschieden ist, und bis heute erscheinen umfangreiche Bände, die an solchen „Thorheiten", die „wie Verbrechen klingen", hängengeblieben sind.[2] Dennoch: das neunte Hauptstück von JGB gehört auch für den Rest zum Befremdlichsten und Gefährlichsten, was Nietzsche geschrieben hat, und es ist heute, nach dem so lange verzögerten Erfolg der „demokratischen Bewegung" auch in Deutschland, den man nur begrüßen kann, noch schwerer, ihm zu folgen. Nietzsche aber irritierte und schockierte nicht aus Übermut. Wolle man hinter dem Sollen des Allgemeinen wieder die „Realität" (JGB 259; KSA 5, 208) sehen lernen, müsse man, meinte er, „ohne Schonung" (JGB 257; KSA 5, 205) „gründlich auf den Grund denken und sich aller empfindsamen Schwächlichkeit erwehren" (JGB 260; KSA 5, 207). Man muss dazu heute nicht mehr Anti-Demokrat sein (vgl. Siemens 2001).

Mit seiner faszinierenden Kunst philosophischer Schriftstellerei hat Nietzsche trotz aller Irritationen viele dazu gebracht, sich tiefer in seine Philosophie des

2 Vgl. zuletzt Losurdo 2009 [2002] und die Kritik von Gentili 2004. Kurz zuvor hatte Fossen im Anschluss an van Tongeren 1989 einseitig gesellschaftspolitische Lesarten des neunten Hauptstücks in einer sorgfältigen Lektüre insbesondere von JGB 257–260 klar zurückgewiesen: „Nietzsche's thought is radically aristocratic, not because it proposes an alternative political theory but because it seeks to promote an ethic that is hostile to democratic civilty" (Fossen 2008, 300).

Vornehmen einzulesen (ohne – wie Schlaffer 2007 meint – Gefallen an faschistischen „Führern" zu finden). Noch in JGB 257 führt Nietzsche auf den tieferen Grund der Vornehmheit jenseits des gesellschaftspolitischen Vordergrunds hin: das „Pathos der Distanz". Mit „Vornehmheit" und „Rangordnung" gehört es zu den Spitzenbegriffen von Nietzsches Neuorientierung – und Steigerung – der Moral. Ihr Sinn ist, da nicht allgemein festzulegen, von jedem selbst zu entdecken, zu erraten, freizulegen, und ihre Verdeckung durch die herrschende, allgemein gültige Moral ist nur durch starke Irritationen aufzubrechen. Hat man das Vornehme aber erst gesehen, glaubte Nietzsche, wird man es auch schätzen, und das könnte in der Tat so sein.

Philosophisch geht es dabei um ein anderes Verstehen, ein anderes Denken, ein anderes Begreifen als das der Philosophie bisher vertraute und zuletzt, Nietzsche wagte auch nach Kant so zu sprechen, um ein anderes „Sein". Maßstab des Rangs im Philosophieren war für ihn die „Geistigkeit", und Geistigkeit bedeutete für ihn wie für Hegel, Probleme zu vertiefen, die Unterscheidungen, die man gebraucht, wieder unterscheiden zu können und darin bis zum Äußersten, zum Nihilismus zu gehen. Solche Geistigkeit aber führt, wo andere ihr nicht mehr folgen können, in Einsamkeit, und dort macht sie Masken nötig, für den Einsamen, um sich vor den entrüsteten Einsprüchen der anderen, für die anderen, um sie vor seinen Zumutungen zu schützen. Das neunte Hauptstück von JGB spricht auch vom Intimsten, das Nietzsche erfahren hat; einige seiner Aphorismen teilen Erlebnisse und Einsichten mit, die ihn selbst spürbar mitnahmen, sie gehören zu den ergreifendsten in seinem Werk. Er rechnet damit, hier von den meisten missverstanden, und fürchtet, von ihnen verstanden zu werden, und er sagt das, zur Empörung der meisten.

Er wechselt zuletzt entschieden vom „wir" zum „ich", schließt sich nicht mehr in eine imaginäre Gemeinschaft ein, auch dies, wie er es nennt, ein „Zeichen der Vornehmheit" (JGB 272; KSA 5, 227). Er geht von allgemeinen Lehren zu „Zeichen" über, die Spielräume lassen, sich so oder anders oder gar nicht an ihnen zu orientieren (vgl. Simon 1989 und Stegmaier 2010). Leser sehen sich so dem „ich" des Autors gegenüber, in der Distanz von Gesprächspartnern, die frei – und gefordert – sind, ihm zuzustimmen oder ihm zu widersprechen. Sie können dabei über ihn hinausgehen oder hinter ihn zurückfallen; im Spielraum ihrer Orientierung, die immer ihre eigene ist, müssen sie sich dabei aber vorsehen, die Orientierung des Autors auf ihre eigene zu beschränken und sich dadurch, mit Nietzsches Wort, als „gemein" zu kompromittieren. Es geht, zunächst kaum merklich, auch um die Vornehmheit der Leser.

11.1.2 Textbestand, Forschungsstand, Methode der Interpretation

Das neunte Hauptstück umfasst 40 Aphorismen von sehr unterschiedlicher Länge: von mehrseitigen Abhandlungen bis zur Sentenz. Ursprünglich hatte Nietzsche zuvor noch ein Hauptstück „Masken" geplant, dessen 18 Aphorismen er dann in vier Gruppen größtenteils hier einordnete, wodurch ein überlanges Hauptstück entstand (vgl. Röllin 2013).[3] Dass es dann insgesamt gerade 40 wurden – Nietzsche liebte symbolische Zahlen –, dürfte hier Zufall sein; die Aphorismen der übrigen Hauptstücke summieren sich nicht auf runde Zahlen. Vielleicht wollte Nietzsche eine Parallele zu den neun Hauptstücken von MA I schaffen, deren Überarbeitung er zunächst geplant hatte, vielleicht hatte die Einordnung aber auch thematische Gründe: Einige der „Masken"-Aphorismen, die kleine feine Beobachtungen im Stil der großen französischen Moralisten mitteilen, wirken gegenüber den für „was ist vornehm?" vorgesehenen auffällig leichter, oberflächlicher, ihrerseits maskenhafter; sie machen darauf aufmerksam, dass auch die übrigen Aphorismen Masken und als solche zu verstehen sind. Dass Nietzsche am Ende alle 40 Aphorismen unter den Titel „was ist vornehm?" und nicht „Masken" stellte, hieße dann, dass das Vornehme wohl Masken einschließt, aber nicht in ihnen aufgeht (nicht umgekehrt).

Nietzsche verfasste seine Aphorismen zumeist einzeln, um sie dann sorgfältig zusammenzustellen. So schuf er gezielt Kontexte unter ihnen, in denen sie einander auf vielfache Weise perspektivieren – *seine* Methode, philosophische Zusammenhänge zu schaffen, da sich ihm das System im Sinne Hegels als Durchreflexion des philosophischen Allgemeinen aus „Rechtschaffenheit" verbot (vgl. Stegmaier 2011, 98–113, 120–140). Die Gründe seiner Kontextualisierungen hat er nicht mitgeteilt, sie können nur erschlossen werden; hier bleiben große Spielräume der Interpretation. Wie zumeist auch in den anderen Hauptstücken von

3 Röllin führt mit dankenswerter philologischer Präzision anhand der Vorstufen und Druckmanuskripte Nietzsches Schritte bei der Komposition von JGB vor Augen. Vgl. zum größeren Kontext Röllin 2012. Aufgrund seiner Arbeit lassen sich die ursprünglichen „Masken"-Aphorismen im jetzigen neunten Hauptstück genau identifizieren: JGB 269–270, 277–283, 288–292, 295–296. Zur Übersicht vgl. Röllin 2013, 66f.

JGB hat Nietzsche den einzelnen Aphorismen mit zwei Ausnahmen (JGB 274 und JGB 294) keine Titel gegeben. Viele sind aufgrund ihres besonderen Gewichts immer wieder in Interpretationen herangezogen worden, die in der Regel aber nicht ihnen selbst galten.[4]

Da Nietzsche es sich verweigert, eine allgemeine Theorie des Vornehmen zu geben, und man sich an seinen Zeichen dafür orientieren muss, setze ich in meiner Interpretation bei der Orientierung selbst an (vgl. Stegmaier 2008).[5] In der Orientierung geht es zunächst darum, in einer unübersichtlichen Situation Übersicht zu gewinnen und darin Kontexte herzustellen, mit denen man, wie man sagt, „etwas anfangen" kann. Übersicht entsteht anhand von Anhaltspunkten, die für andere andere sein können, für die jede Orientierung sich in jeder Situation entscheidet; Kontexte bilden sich aus Mustern, zu denen sich Anhaltspunkte formieren und in denen etwas wiedererkennbar wird. Bei (mündlichen) Reden und (schriftlichen) Texten kommt es, auch im Alltag, nicht nur darauf an, welche Zeichen, sondern auch, wie sie und wem sie gegeben werden; darin wird das Zeichen-Verstehen individuell. In Interpretationen unterscheidet man hier zwischen thematischem Gehalt und schriftstellerischer Gestalt oder „Inhalt" und „Form", bis dahin, dass die Form, wie Nietzsche zuletzt notierte, zum Inhalt werden kann: „Man ist um den Preis Künstler, daß man das, was alle Nichtkünstler Form nennen, als Inhalt, als die Sache selbst empfindet. Damit gehört man freilich in eine verkehrte Welt" (NL 1888/89, 18[6]; KSA 13, 533). Eine Interpretation der Kontexte, die Nietzsche geschaffen hat, eine kontextuelle Interpretation, wird auf diesen Kontext von Form und Inhalt achten. Auf dem hier vorgegebenen engen Raum ist das nur in sehr groben Ansätzen möglich.[6] Ich

4 Von den vorliegenden vier Werkinterpretationen, alle aus dem angelsächsischen Sprachraum, fassen Lampert 2001, Burnham 2007 und Southwell 2009 die Inhalte von Nietzsches Aphorismen weitgehend ohne Rücksicht auf ihre schriftstellerische Form zu mehr oder weniger kohärenten Lehren zusammen, heben darunter bestimmte hervor und weisen auf Parallelstellen hin; sie gliedern das Hauptstück unterschiedlich; Rangordnung wird zumeist als soziale Hierarchie verstanden. Acampora/Ansell-Pearson 2011 befragen Nietzsche auch kritisch. Vom neunten Hauptstück erwarten sie eine Auflistung von vornehmen Tugenden und sind enttäuscht, sie nicht zu finden. Nietzsche hatte, gleichsam als *brainstorming*, eine solche Auflistung unter dem Titel „Was ist vornehm?" versucht (NL 1885, 35[76]; KSA 11, 543–545), dann aber nicht in das Buch aufgenommen.

5 Die Philosophie der Orientierung schließt ihrerseits in vielem an Nietzsche an.

6 Vgl. Stegmaier 2012, 75–82. Für die ebenfalls 40 + 1 Aphorismen des fünften Buchs der FW reichten kaum viele hundert Seiten aus.

gehe der Reihenfolge, in die Nietzsche seine Aphorismen gebracht hat, entlang, greife dabei vor und zurück, wo es die jeweiligen Anhalts- und Gesichtspunkte nahelegen, und umreiße zunächst den thematischen Interpretationsrahmen, den Kontext von Nietzsches leitenden Begriffen im neunten Hauptstück, Pathos der Distanz, Vornehmheit, Rangordnung, in seiner Diagnose des Nihilismus.

11.2 Kontexte des neunten Hauptstücks

11.2.1 Pathos der Distanz, Vornehmheit und Rangordnung als Antwort auf den Nihilismus (JGB 257)[7]

Beim „*Pathos der Distanz*", das Nietzsche gleich im Eingangs-Aphorismus JGB 257 ins Spiel bringt, in dem er auch an die Unterscheidung des Exoterischen und Esoterischen erinnert, geht es mehr als um den „eingefleischten Unterschied der Stände" um „jenes andre geheimnissvollere Pathos" im „Verlangen nach immer neuer Distanz-Erweiterung innerhalb der Seele selbst" (JGB 257; KSA 5, 205). Nietzsche stellt das griechische „páthos", „Empfindung, Erfahrung, Leiden, Leidenschaft", gegen das griechische „eídos", „Begriff", und die lateinische „distantia", „Auseinanderstehen, Abstand", gegen die lateinische „differentia", „begrifflich bestimmter Unterschied": das Pathos der Distanz ist der persönlich erlebte Abstand zur begrifflichen Bestimmtheit. Wer es einverleibt hat, gebraucht seine Begriffe nicht, weil auch andere sie so gebrauchen, sondern unter Zurückhaltung gegen allgemeine Begriffe überhaupt aus eigener Entscheidung und Verantwortung. Er braucht dafür keine Rechtfertigung durch andere, keine für alle gleichbedeutenden Begriffe, keine Theorien, sondern hat einen sicheren Sinn für das Richtige, seine eigene Orientierung. Er hat es auch nicht nötig, andere den eigenen Begriffen zu unterwerfen, um sie sich gleichzustellen und so leichter mit ihnen zurechtzukommen. Tragen andere solche Begriffe an ihn heran, wehrt er sie seinerseits nicht ab, sondern nimmt sie als die der anderen hin und schweigt dazu. So wird er inmitten der Gesellschaft einsam. Er erlebt sich getrennt von ihr, sei es, in guten Zeiten, beglückt, sei es, in schlechten Zeiten, leidend.

7 Vgl. zu diesem Abschnitt auch Stegmaier 2013b. Die Rangfrage wird dort von Hegel her entwickelt und auf Luhmann hinausgeführt.

Ein *Begriff* der *Vornehmheit* als allgemeine Bestimmung des Pathos der Distanz ist dann die begriffliche Differenz zur begrifflichen Differenz und als solche paradox. Nietzsche benutzt den allgemeinen Begriff „Vornehmheit" häufig: in der Kommunikation mit andern hat man allgemeine Begriffe nötig, um überhaupt verstanden zu werden, und das gilt auch, wenn man vom Vornehmen spricht. „Vornehm" nennt man auch heute noch einen Menschen, der nicht nur moralisch handelt, wenn andere es auch tun, der anderen ihre Wertungen zugesteht, ohne sich ihnen oder sie den seinen zu unterwerfen, der geben kann, ohne etwas, und sei es nur Dank, dafür zu erwarten, kurz: der auf Gegenseitigkeit und damit auf Allgemeinheit verzichten kann (vgl. Stegmaier 1994, 21f. u. ö. und Stegmaier 2008, 607 u. ö.). Das Vornehme in diesem Sinn wird moralisch hoch geschätzt und als beglückend erfahren, auch und gerade von denen, die nicht dazu fähig sind. Es ist nichts, was man durch hartnäckige Anstrengungen, durch „Askese", erwerben könnte, es ist noch nicht einmal Gegenstand eines Wollens. Eine vornehme Persönlichkeit *will* nicht vornehm sein, schätzt sich nicht nach allgemeinen Kriterien der Vornehmheit ein, ist sich ihrer Vornehmheit vielleicht nicht einmal bewusst.

Dass sie vornehm *ist*, zeigt sich in dem höheren *Rang*, der ihr zukommt. Nietzsche spricht, eben weil es kein Gegenstand eines Wollens oder Sollens ist, keine Leistung und darum auch kein Verdienst, vom Vornehmen als einem „*Sein*", und, weil es in der Gesellschaft zu einer „höheren Aufgabe" befähigt, von einem „höheren *Sein*" (JGB 258; KSA 5, 207).[8] Als ein Sein ist es kontingent, es fällt jemandem zu oder nicht. Und das gilt auch für seine Wahrnehmung. Jeder nimmt andere unwillkürlich und unvermeidlich in einer Rangordnung wahr, in der er *seinen* Platz hat, einen Platz, mit dem *er* leben kann, und so gibt es keine allgemeine Rangordnung unter den Menschen. Stattdessen ist es für jemanden bezeichnend, wie er sich und andere einschätzt, welchen Rang er sich in seiner Rangordnung gibt und ob er diese Rangordnung anderen auf „gemeine" Weise als allgemein gültige aufdrängen will oder darauf „vornehm" verzichten kann, ob er, mit einem Wort, statt Ansprüche auf ein *Wissen* über den Wert von Menschen einen „*Instinkt für den Rang*" hat (JGB 263; KSA 5, 217): Es ist, so Nietzsche, „der *Glaube*, der hier entscheidet, der hier die Rangordnung feststellt, um eine

8 Vgl. zuvor GT 21, KSA 1, 134 (die „dionysische Welt" der griechischen Tragödie erinnert „mit mahnender Hand an ein anderes Sein und eine höhere Lust") und zuletzt AC 31; KSA 6, 202 („ein ganz in Symbolen und Unfasslichkeiten schwimmendes Sein").

alte religiöse Formel in einem neuen und tieferen Verstande wieder aufzunehmen: irgend eine Grundgewissheit, welche eine vornehme Seele über sich selbst hat, Etwas, das sich nicht suchen, nicht finden und vielleicht auch nicht verlieren lässt" (JGB 287; KSA 5, 233). Eine „vornehme Seele" (ebd.) muss sich über ihren Rang nicht äußern, nur die müssen das, die eine Bestätigung durch andere brauchen, und je tiefer ihr Rang ist, desto „niederträchtiger", wie Nietzsche gerne sagt, werden sie auch im Vornehmen das Gemeine suchen: „Wer das Hohe eines Menschen nicht sehen *will*, blickt um so schärfer nach dem, was niedrig und Vordergrund an ihm ist – und verräth sich selbst damit" (JGB 275; KSA 5, 228). Nietzsche ist es in der Forschung über ihn oft genug so ergangen. Er hat damit gerechnet (vgl. JGB 285).

Nietzsche ging es bei der Vornehmheit zuletzt um den *Rang in der Philosophie*, der sich, was nahe liegt, im Grad der *Geistigkeit* zeigt: „Es giebt zuletzt eine Rangordnung seelischer Zustände, welcher die Rangordnung der Probleme gemäss ist; und die höchsten Probleme stossen ohne Gnade Jeden zurück, der ihnen zu nahen wagt, ohne durch Höhe und Macht seiner Geistigkeit zu ihrer Lösung vorherbestimmt zu sein" (JGB 213; KSA 5, 148).[9] Was Geistigkeit ist, lässt sich seinerseits nicht allgemein bestimmen. Sie besteht eben im Mut und in der Kraft, allgemeine Bestimmungen in Frage stellen zu können, in der „Feinheit" und der „Tiefe" im Umgang mit Begriffen, ihrer Differenzierung bis hin zu Nuancen des „Geschmacks" (vgl. JGB 43) und der Reflexion solcher Differenzierungen auf ihre Ursprünge in Lebensnöten, ihre Genealogie, hin. Mut ist besonders dort nötig, wo man Begriffe in Frage stellt, deren man sich selbst sicher zu sein scheint, von denen man, bewusst oder unbewusst, überzeugt ist, an die man, mit einem Wort, *glaubt*, Kraft besonders dann, wenn die Infragestellung die eigene Existenz bedroht, nach dem berühmten Satz aus JGB 39: „Etwas dürfte wahr sein: ob es gleich im höchsten Grade schädlich und gefährlich wäre; ja es könnte selbst zur Grundbeschaffenheit des Daseins gehören, dass man an seiner völligen Erkenntniss zu Grunde gienge, – so dass sich die Stärke eines Geistes darnach bemässe, wie viel er von der ‚Wahrheit' gerade noch aushielte, deutlicher, bis zu welchem Grade er sie verdünnt, verhüllt, versüsst, verdumpft, verfälscht *nöthig hätte*" (KSA 5, 56f.).

9 Auch und gerade beim „Recht auf Philosophie" besteht Nietzsche auf über Generationen zurückreichenden Vorbereitungen, auf eine „Abkunft" von „‚Geblüt'" (JGB 213; KSA 5, 148). Zum weiteren Spektrum von Nietzsches Gebrauch des Begriffs der Rangordnung vgl. Stegmaier 2011, 179–182.

So erregt Geist Furcht, und die „Furcht vor dem Geist" lässt, wie Nietzsche dann im fünften Buch von FW schreibt, von irgendeinem Punkt an auch und gerade Philosophen nach einem „Versteck" vor ihm suchen (FW 359; KSA 3, 606). Sie beschränken sich dann auf kleine Probleme, um sie „mit den Fühlhörnern des kalten neugierigen Gedankens anzutasten und zu fassen", aus denen sie sich selbst heraushalten, bei denen sie „selbstlos" bleiben können (vgl. FW 345; KSA 3, 577). Die „grossen Probleme" (ebd.) stellen das Philosophieren selbst in Frage, lassen sich darum nicht allen zumuten und in diesem Sinn nicht zu allgemeinen machen. Dringt die Kraft des Philosophierens aber durch, überwindet es alle Vorbehalte und Verstecke, die Verallgemeinerungen bieten, dann wird ein so befreiter Geist zur *„grosse[n] Liebe"* (ebd.) fähig: Liebe ist über alle Verallgemeinerungen hinaus (vgl. Stegmaier 2012, 163–180).

Allgemeine Begriffe beziehen sich auf allgemein zugängliche Gegenstände, die dann an sich gegeben zu sein scheinen. Ihre Infragestellung stellt auch diese Gegenständlichkeit in Frage. Die äußerste Konsequenz dieser Infragestellung ist der *Nihilismus*, die Einsicht, dass Werte, einschließlich der Werte der begrifflichen Allgemeinheit und Gegenständlichkeit und ihres Bezugs aufeinander, der Wahrheit, nicht an sich bestehen und dass es, wenn dies doch geglaubt wird, nichts (nihil) damit auf sich hat. Nach dem Tod des „moralischen Gottes" (vgl. z. B. NL 1885, 39[13]; KSA 11, 624), des Gottes, der jene Werte letztlich verbürgen und ihnen Halt geben sollte, bleibt nur, ohne irgendeinen vorgegebenen Halt über alle Werte selbst zu entscheiden, auch den der Wahrheit (Stegmaier 2012, 203–209, 216–218).

Alle scheinbar an sich bestehenden begrifflichen Allgemeinheiten und Gegenstände sich auflösen zu sehen aber braucht den höchsten Mut. „Auch der Muthigste von uns hat nur selten den Muth zu dem, was er eigentlich *weiss* ..." (GD Sprüche 2; KSA 6, 59), schrieb Nietzsche später in GD und fügte, jedoch nur für sich, hinzu: „Darüber, wo Einer stehen bleibt oder noch nicht, wo Einer urtheilt ‚hier ist die Wahrheit', entscheidet Grad und Stärke seiner Tapferkeit; mehr jedenfalls als irgend welche Feinheit oder Stumpfheit von Auge und Geist" (NL 1887, 9[52]; KSA 12, 36). An anderer Stelle heißt es: „Daß ich von Grund aus bisher Nihilist gewesen bin, das habe ich mir erst seit Kurzem eingestanden: die Energie, die Nonchalance, mit der ich als Nihilist vorwärts gieng, täuschte mich über diese Grundthatsache. Wenn man einem Ziele entgegengeht, so scheint es unmöglich, daß ‚die Ziellosigkeit an sich' unser Glaubensgrundsatz ist"

(NL 1887, 9[123]; KSA 12, 40). Nietzsche sah auf einmal, dass er, indem er den Nihilismus aufdeckte und ihn dabei unvermeidlich zu einem Gegenstand machte, darin noch einen letzten, paradoxen Halt gefunden hatte, der sich ihm nun ebenfalls auflöste. Aus der vollkommenen Haltlosigkeit aber sollte ihn wieder ein Gott retten, den er sich selbst schuf, ob ernsthaft oder fröhlich, ein neuer Gott, *sein* Gott für *sein* Philosophieren: Dionysos (vgl. JGB 295). Mit der Ausrufung des Gottes Dionysos als eines Philosophen höchsten Ranges wird er das neunte Hauptstück von JGB (fast) schließen.

11.2.2 Die Denkfiguren „Leben“, „Ausbeutung“, „Wille zur Macht“ vs. „Rechtfertigung“ (JGB 258–259)

Um das Denken des Denkens als Denken eines an sich bestehenden Allgemeinen zu durchbrechen und das eigenverantwortete vornehme Denken als Antwort auf den Nihilismus plausibel zu machen, setzt Nietzsche die Denkfiguren des „Lebens“ und der „Ausbeutung“ gegen die Denkfigur der „Rechtfertigung“ ein (JGB 259; KSA 5, 207f.). Auch die Denkfigur „Leben“ ist (konsequent) paradox. Mit ihr wird hinter das zurückgegangen, was nur gedacht, nur ausgedacht ist, zu dem, dem sich auch alles Denken verdankt. Aber auch dieses „Leben“ ist natürlich etwas Gedachtes; das Denken denkt mit dieser Figur seine eigene, mehr oder weniger unergründliche Bedingtheit. Das Leben, die Natur, die Welt überhaupt, von denen Nietzsche spricht, ist für ihn darum nichts, dessen man sich im Denken sicher sein könnte; man kann sie wohl wissenschaftlich erschließen, aber sie bleiben dabei letztlich undurchschau- und undurchdenkbare Bedingungsgeflechte. Sie sind, so Nietzsche in einem vorbereitenden Notat, „unsäglich anders complicirt“ (NL 1885, 34[249]; KSA 11, 505), anders, als wir es sagen können. Sie wirken auch in gesellschaftlichen Ordnungen fort, in denen Menschen sie zu ordnen und zu beherrschen suchen: sie lassen sich nur „transfiguriren“ (vgl. GM III 8 u. ö.). So verdeckt Moral, die Ordnung versprechen soll, das nie ganz in Ordnung zu bringende „Sein“. Nach Nietzsche muss methodisch „auch unter solcher schmeichlerischen Farbe und Übermalung der schreckliche Grundtext homo natura wieder heraus erkannt“ werden (JGB 230; KSA 5, 169), und er zeigt sich nicht in erdachten allgemeinen Ordnungen, sondern kommt in den Individuen stets anders zum Ausdruck.

Die Natur, das Leben muss für ein selbstkritisches philosophisches Denken dabei wiederum möglichst schonungslos angesetzt werden, nach Nietzsches berühmter Definition als „Aneignung, Verletzung, Überwältigung des Fremden und Schwächeren, Unterdrückung, Härte, Aufzwängung eigner Formen, Einverleibung und mindestens, mildestens, Ausbeutung" (JGB 259; KSA 5, 207). Der Ausdruck „Ausbeutung" beschönige dabei noch immer, was sich auch in wohlgeordneten und auf sozialen Ausgleich bedachten demokratischen Gesellschaften fortsetzt: die Ausbeutung des Einzelnen für eine „Funktion", die er nicht selbst bestimmt und verantwortet (JGB 258; KSA 5, 206). Nietzsche hält der „Arglosigkeit und Vertrauensseligkeit der ‚modernen Ideen'" (JGB 203; KSA 5, 127) hart die Erfahrung historisch erfolgreicher Aristokratien entgegen: „Das Wesentliche an einer guten und gesunden Aristokratie ist aber, dass sie sich *nicht* als Funktion (sei es des Königthums, sei es des Gemeinwesens), sondern als dessen *Sinn* und höchste Rechtfertigung fühlt, – dass sie deshalb mit gutem Gewissen das Opfer einer Unzahl Menschen hinnimmt, welche *um ihretwillen* zu unvollständigen Menschen, zu Sklaven, zu Werkzeugen herabgedrückt und vermindert werden müssen" (JGB 258; KSA 5, 206). „Vornehm" ist danach, was nicht Funktion eines andern ist, von ihm seinen Sinn erhält, sondern anderem Sinn gibt und es zur Funktion macht, „sklavisch" im Gegensatz dazu, also in einem sehr weiten Sinn, alles, was im Dienst von anderem aufgeht, nach Vorgaben anderer lebt, selbst noch in der Wissenschaft und der Philosophie (vgl. Fossen 2008, 307–311 und Stegmaier 2012, 555–568).

Funktionen ermöglichen Rechtfertigungen. Die Denkfigur der „Rechtfertigung", auf die die Philosophie seit Sokrates gepocht hat und weiterhin pocht, setzt ihrerseits schon eine gesellschaftliche Ordnung voraus, sei es des Rechts, der Politik, der Religion, der Moral, der Wissenschaft, der Kunst, der Erziehung, innerhalb derer jedem eine „Funktion" zugewiesen wird; im Zug der demokratischen Bewegung wird dabei Gegenseitigkeit im Funktionieren erwartet. Nietzsche setzt dem ein Gleichnis aus der lebendigen Natur entgegen, den Sipo Matador, die Mörder-Liane, die an Bäumen hinauf über sie hinauswächst und sie dabei schließlich abtötet (JGB 258, zu Nietzsches Quelle vgl. Fornari 2010). So verfahren nach Nietzsche gesellschaftliche Ordnungen mit den einzelnen Menschen, aber so könnten auch einzelne Menschen wieder mit den gesellschaftlichen Ordnungen verfahren, im beständigen Prozess wechselseitiger Erneuerung der Ordnungen und der Einzelnen, der seinerseits kein vorgegebenes Ziel, keine Ordnung hat, durch die er sich rechtfertigen ließe. Er ist insofern ein „*Ur-Faktum*" (JGB 259; KSA 5, 208), „das letzte Factum, zu dem wir hinunterkommen" (NL 1885, 40[61]; KSA 11, 661). Nietzsche hat es in JGB 36 als wiederum hypothetische Denkfigur „Wille zur Macht" eingeführt. Mit ihr paradoxiert er alles Denken von an sich bestehendem Allgemeinem, sie ist seine esoterische Anti-Lehre gegen alle exoterischen Lehren (vgl. Stegmaier 2011, 160–170).

11.2.3 Der Denkweg der Typisierung (JGB 260–262)

Im Aphorismus JGB 260, der in vielem seine „Streitschrift" GM vorbereitet (vgl. van Tongeren 1999, 193–197), versucht Nietzsche dem Vornehmen, das sich nicht auf Begriffe bringen lässt, auf andere Weise näher zu kommen. Er definiert es nicht, sondern kreist es in mehreren tastenden Anläufen (die Nietzsche durch Punkte und Gedankenstriche trennt) im eigenen Namen („ich") ein – er zeigt, wie er sich *orientiert* und sich dabei Spielräume offenhält. Das Ergebnis ist eine vorläufige *Typisierung* („bis sich mir endlich zwei Grundtypen verriethen", JGB 260; KSA 5, 208). Der Typus ist der vorläufige, noch orientierende, nicht schon feststellende Begriff, der seinerseits Spielräume lässt, eine Verallgemeinerung, die das Individuelle, immer Andere, nicht nach schon vorgebenen Merkmalen subsumiert, sondern sich von neuem Individuellen wieder in Frage stellen und verschieben lässt (Stegmaier 1994, 88–91). Wer typisiert, bildet nicht ab, was, wie er weiß, in seiner Komplexität gar nicht abgebildet werden könnte, sondern vereinfacht, verkürzt es bewusst, zeichnet Konturen im Komplexen und überzeichnet sie, um Übersicht darin zu gewinnen, probeweise, bis auf Weiteres (Bertino 2011, 207–210). Typisierung ist in der alltäglichen und philosophischen Orientierung der Anfang aller Begriffsbildung.

Nietzsche beschreibt den Vorgang sehr prägnant. Er nennt seine Orientierung in der Welt des Moralischen eine „Wanderung durch die vielen feineren und gröberen Moralen, welche bisher auf Erden geherrscht haben oder noch herrschen", beobachtet sich selbst dabei, wie er, ohne vorab zu wissen, was er eigentlich suchte, etwas „fand", nämlich „gewisse Züge regelmässig mit einander wiederkehrend und aneinander geknüpft", also Typen (JGB 260; KSA 5, 208). Als er sich wiederum über diese Typen zu orientieren suchte, sie durchwanderte, „verriethen“ sich ihm „endlich zwei Grundtypen“, kam er noch einmal mehr oder weniger unfreiwillig zu einer *ihm* hinreichend Übersicht schaffenden einfachen Kontrastierung unter den aufgefundenen Typen, zu der sich *ihm* wiederum Begriffe anboten, „ein Grundunterschied heraussprang“, die Unterscheidung von „*Herren-Moral* und *Sklaven-Moral*“ (ebd.). Es ist *seine* Unterscheidung; sie gibt nicht wieder, was ist, und darf auch nicht so verstanden werden, sondern was *ihm* aufgefallen ist, weil es für *ihn* besonders bedeutsam, hilfreich für *seine* Orientierung ist. Er unterscheidet aus eigenem Recht, mit einem Wort: vornehm. Er macht auch ausdrücklich darauf aufmerksam, dass hier etwas unterschieden wird, was sich nicht wirklich trennen oder, wie er an anderer Stelle sagt, „isoliren“ lässt (FW 112; KSA 3, 473): „ich füge sofort hinzu, dass in allen höheren und gemischteren Culturen auch Versuche der Vermittlung beider Moralen zum Vorschein kommen, noch öfter das Durcheinander derselben und gegenseitige Missverstehen, ja bisweilen ihr hartes Nebeneinander – sogar im selben Menschen, innerhalb Einer Seele“ (JGB 260; KSA 5, 208).

In der Sache typisiert Nietzsche die Moral nicht mehr wie gewohnt von der Selbstlosigkeit, sondern von der Selbstachtung, zugespitzt der „Selbstverherrlichung“ (209) her. Das Vornehme ist danach etwas, was der Vornehme, so wie Nietzsche es hier vorführt, an sich erlebt, ohne es zu begreifen und begreifen zu wollen, ein „Gefühl der Fülle, der Macht, die überströmen will, das Glück der hohen Spannung, das Bewusstsein eines Reichthums, der schenken und abgeben möchte“ (ebd.), nicht nur, aber auch im Philosophieren, ein Glücksfall, der den auszeichnet, dem er zufällt, und für den er nur dankbar sein kann. Entgegen der philosophischen Gewohnheit der Rechtfertigung nach allgemeinen, verallgemeinerten Normen lässt es sich am ehesten durch „die *Liebe als Passion*“ (212) plausibel machen, die in Europa durch die Romantik heimisch und durch Stendhal berühmt wurde. Jeder und jede erlebt sie als einzigartig, als etwas, das gerade ihn, gerade sie auszeichnet und das einem oder einer wiederum einzigartigen Anderen gilt. Auch und vielleicht gerade in modernen demokratischen Gesellschaften wird der Liebe als Passion ein Freiheitsspielraum jenseits (fast) aller bindenden Ordnungen zugestanden, sie braucht keine Rechtfertigung und entschuldigt (fast) alles (vgl. Luhmann 1982). Zur vornehmen Liebe steigert sie sich, wenn sie keine Gegenseitigkeit und keine Gegenleistung mehr erwartet, so wie sie die „provençalischen Ritter-Dichter[ ]“ und Minne-Sänger des Hochmittelalters kultiviert haben (JGB 260; KSA 5, 212; vgl. Stegmaier 2012, 35–39). In

JGB 269 wird Nietzsche die vornehme Liebe noch weiter zurückverfolgen, bis zur Liebe Jesu.

Eine solche Liebe bedarf auch keiner Typisierungen mehr. Typisierungen sind als solche, auch wenn sie als eigene, persönliche auftreten, nicht vornehm, sondern lieblos – sie diskriminieren. Dies trifft zumal auf eine so überspitzte Typisierung wie „Herren-Moral“ und „Sklaven-Moral“ zu, die sich laut JGB 261 nach und nach erübrigen könnte. Denn wenn vornehme Menschen es nicht nötig haben, bei anderen „eine gute Meinung über sich zu erwecken [...], welche sie selbst von sich nicht haben“ (212), während „der gewöhnliche Mensch auch jetzt noch immer erst auf eine Meinung über sich *wartet* und sich dann derselben instinktiv unterwirft“ (213), so müsste gerade die demokratische Bewegung die Chancen des Vornehmen steigern: „Thatsächlich wird nun, gemäss dem langsamen Heraufkommen der demokratischen Ordnung der Dinge (und seiner Ursache, der Blutvermischung von Herren und Sklaven), der ursprünglich vornehme und seltne Drang, sich selbst von sich aus einen Werth zuzuschreiben und von sich ‚gut zu denken‘, mehr und mehr ermuthigt und ausgebreitet werden“ (213f.).

Typen und so auch Typen der Moral haben ihre Zeit, und Nietzsche zeigt das in JGB 262 an den historischen Beispielen der aristokratischen Gesellschaften des alten Athen und des mittelalterlichen Venedig. Wie moralische Vornehmheit aus moralischem Mittelmaß, so kann auch moralisches Mittelmaß aus moralischer Vornehmheit entstehen: Gerät, so Nietzsches Genealogie, eine aristokratische Gesellschaft, die unter harten Bedingungen starke Typen herangezüchtet hat, in eine andauernde „Glückslage“ (215), in der sich die Starken nun jegliche Schwäche erlauben können, werden Prediger und „Moral-Philosophen“ (216) Normen und Werte für alle und also für den großen Durchschnitt ausrufen, eine allgemeine Moral, der sich jeder unterwerfen soll, ohne selbst für sie verantwortlich zu sein.

11.2.4 Zeichen der Vornehmheit (JGB 263–287)

Im Groß- und Mittelteil des neunten Hauptstücks unternimmt Nietzsche nach vielen Seiten ausschweifende Streifzüge zur Erkundung weiterer Anhaltspunkte oder, wie Nietzsche sie nennt, „Zeichen der Vornehmheit“ (JGB 272; KSA 5,

227), erprobt weitere Unterscheidungen zur Einkreisung des Vornehmen, nun weitgehend losgelöst von Gesellschaftsordnungen, und bezieht auch Erfahrungen anderer ein, darunter Goethesche und chinesische Spruchweisheiten (vgl. JGB 266 und 267). Streifzüge zur Orientierung sind naturgemäß nicht systematisch angelegt und darum auch nicht nachträglich zu systematisieren. Dennoch zeichnen sich drei Gruppen ab: Anhaltspunkte im Verkehr mit anderen (JGB 263–276), Erfahrungen „innerhalb der Seele selbst" (JGB 277–283) und die Lust souveräner Selbstbeherrschung im Umgang mit sich und anderen (JGB 284–287).

Zu den Anhaltspunkten der Vornehmheit im Verkehr mit anderen zählt Nietzsche zunächst „Instinkt", „Rasse", „Egoismus" und „Sprache" (vgl. JGB 263–268): sie sind, wiewohl auf andere bezogen, dem Wissen, Sollen und Wollen weitgehend entzogen. Das lässt sich, so Nietzsche, beobachten: daran, wie jemand unwillkürlich, aus „*Instinkt*" auf etwas oder jemand Ranghöheres reagiert, dessen Rang *noch nicht* öffentlich beglaubigt, bei dem das Urteil also noch offen ist. Versucht er instinktiv das Ranghöhere niederzumachen oder horcht er respektvoll auf? Ein „unwillkürliches Verstummen, ein Zögern des Auges, ein Stillewerden aller Gebärden" (JGB 263; KSA 5, 217) kann ein Zeichen dafür sein, „dass eine Seele die Nähe des Verehrungswürdigsten *fühlt*" (218). Auf solche Zeichen nichts zu geben, stattdessen normative Kriterien für das Vornehme einzufordern und sich mit ihnen über es stellen zu wollen, ist dann ein Zeichen mangelnder Vornehmheit.

Doch wenn das Vornehme keine Sache des Wissens, Sollens und Wollens ist, kann man seine Verkennung niemandem anlasten. Man kann auch nicht zu ihm erziehen, sondern würde damit nur Oberflächen verändern. Nietzsche untermauert das durch den inzwischen schwer belasteten, zu seiner Zeit jedoch noch unbefangen gebrauchten Begriff der „Rasse" (JGB 264; KSA 5, 219). Rassen sind im damaligen, für Nietzsche nicht in erster Linie biologischen Sinn Menschentypen, die sich über lange Zeit hinweg unter spezifischen Lebensbedingungen ausgeprägt haben; so kann Nietzsche in JGB auch von „lateinischen Rassen" (JGB 48; KSA 5, 69), „arbeitsamen Rassen" (JGB 189; KSA 5, 110) und sogar von „philosophischer Rasse" (JGB 252; KSA 5, 195) sprechen (vgl. Schank 2000 und Stegmaier 2012, 364).

Wird der Begriff „Egoismus" (vgl. JGB 265; KSA 5, 219f.) nicht schon moralisch verstanden, besagt er, dass jeder Zentrum seiner Welt ist, jeder in seiner Orientierung nur von seinem Standpunkt ausgehen kann, sich dabei aber, wenn er mit anderen zurechtkommen will, auch auf deren Vorstellungen von der Welt einstellen muss. Man kann in diesem vormoralischen Sinn nicht nicht-egoistisch, sondern nur mehr oder weniger egoistisch sein. Weniger ist man es, wenn man sich auf „Feinheit und Selbstbeschränkung im Verkehre" (220) mit anderen und vornehm sich an der rechten Stelle zurückzunehmen oder auf den anderen einzugehen versteht, ohne dass man darin allgemeinen Normen folgt. Es kann dann ein Vergnügen für beide sein, im anderen den eigenen Rang zu entdecken; Aristoteles hatte darin den Kern der Freundschaft gesehen, und Nietzsche blieb dabei. Soweit in der Freundschaft aber ein *gemeinsamer* Rang erfahren wird, schließt sie unvermeidlich andere aus und wird moralisch anstößig. Nietzsche provoziert den moralischen Anstoß ausdrücklich („Auf die Gefahr hin, unschuldige Ohren missvergnügt zu machen", 219) mit dem Ziel, moralische in Orientierungsunterscheidungen zu überführen: Die „vornehme Seele" empfindet sich nicht als moralisch besser, „– *sie weiss sich in der Höhe.* – " (220).

Sie kann sich dort aber nicht ohne Weiteres aufhalten. Die Sprache, die, auch wenn sie fein differenzieren kann, zunächst eine weitgehend gemeinsame sein muss, lässt das nicht zu. In JGB 268, einem der gewichtigsten und berühmtesten seiner Aphorismen, legt Nietzsche den Zwang zur (All-)Gemeinheit durch den bloßen Gebrauch der Sprache frei (vgl. García 2011 und Stegmaier 2012, 274–277). Er betrachtet die scheinbar außermoralische Sprache nun in einer Umkehrung der Perspektive moralisch. Er geht von der plausiblen Vermutung aus, dass es gemeinsame „Lebensbedingungen" (222) und gemeinsame Gefahren sind, die zu einer gemeinsamen Sprache nötigen („sich in der Gefahr nicht misszuverstehn, das ist es, was die Menschen zum Verkehre schlechterdings nicht entbehren können", 221). In einer solchen Sprache muss sich zwangsläufig die „Rangordnung" (222) der Werte niederschlagen. Das fällt in ihrem weiteren Gebrauch nicht mehr auf und wirkt eben dadurch „unter allen Gewalten, welche über den Menschen bisher verfügt haben," als „die gewaltigste". Sie trifft die „Ausgesuchteren, Feineren, Seltsameren, schwerer Verständlichen" (ebd.), moralisch betrachtet zu Unrecht. Das wird aber wiederum kaum bemerkt, da das Vornehme so in der gewöhnlichen Sprache kaum zum Ausdruck kommt. Nach Nietzsche soll es das auch gar nicht: Eine allgemeine, jedermann verständliche Theorie des Vornehmen würde es schon „gemein" machen.

Nietzsche hat hieran zwei der letzten und gewichtigsten Aphorismen (JGB 269 und JGB 270) aus dem ursprünglich vorgesehenen „Masken"-Hauptstück angeschlossen, die von seinem sehr persönlichen Leiden daran handeln, wie sehr das Vornehme verkannt wird. Der erste mündet in die Klage um „einen der schmerzlichsten Fälle vom Martyrium des *Wissens um die Liebe*" (JGB 269; KSA 5, 225), den Fall des „Typus Jesus", den Nietzsche später in den Mittelpunkt von AC stellte, um von ihm aus das auf Dogmen festgelegte Christentum seiner schonungslosen Kritik zu unterwerfen. Hier hält er sich damit noch (vornehm) zurück: „– Aber warum solchen schmerzlichen Dingen nachhängen? Gesetzt, dass man es nicht muss. –" (ebd.). Im zweiten nimmt er jenes Leiden seinerseits als Zeichen der geistigen Rangordnung („es bestimmt beinahe die Rangordnung, *wie* tief Menschen leiden können", JGB 270; KSA 5, 225) – und muss nun seine Verwechslung mit dem gewöhnlichen, gemeinen, „zudringlichen" Mitleiden abwehren („Das tiefe Leiden macht vornehm; es trennt", ebd.). So werden Masken notwendig und wiederum die Vornehmheit, Masken zu achten.

Vom Stichwort „trennt" aus sieht sich Nietzsche nach anderem Auszeichnendem und Trennendem, nicht von jedermann gleich Nachvollziehbarem um (JGB 271–276) und findet:

- den „Sinn und Grad der Reinlichkeit" (226), vom Leiblichen bis in die „Höhen" des Geistigen (JGB 271 – den Aphorismus hat Nietzsche erst später hier eingeordnet);
- „die eigne Verantwortlichkeit" (227) für eigene Pflichten (JGB 272);
- die „eigenthümliche hochgeartete *Güte* gegen Mitmenschen", die jedem *das* Gute zugesteht, das *er* dafür hält, die ihrerseits aber nur in der „*Einsamkeit*" jener „Höhe" (227) über den Menschen möglich ist und immer ihre Zeit hat (JGB 273);
- das Warten-Müssen eines solchen höheren Menschen auf „‚die rechte Zeit'", den „kairós" (228), bis seine Vornehmheit zum Zug kommt, ein Warten, das oft vergeblich ist, weil es von „Glücksfällen" und „vielerlei Unberechenbare[m]" (227) abhängt und von dem er oft nicht einmal weiß (JGB 274); vornehme Menschen können ihr Leben lang gar nicht auf ihr Auszeichnendes und Trennendes aufmerksam werden, weil sie keine Gelegenheit dazu finden;

- die schon erwähnte Niedertracht der Nicht-Vornehmen, mit der alles Vornehme rechnen muss (JGB 275);[10] es ist Rang nötig, um Rang zu erkennen;
- die höhere Gefährdung, durch solche Niedertracht verletzt zu werden (JGB 276); Nietzsche hatte sie, um ein Beispiel zu nennen, in seiner Zeit mit Lou von Salomé massiv durch Schwester und Mutter erfahren.

Mit JGB 277–283 folgt wieder eine Aphorismengruppe aus dem „Masken"-Hauptstück. Sie bringt Anhaltspunkte der Vornehmheit in Erfahrungen mit „immer neue[n] Distanz-Erweiterung[en] innerhalb der Seele selbst" (JGB 257; KSA 5, 205): JGB 277 nimmt den Topos des kairós wieder auf, nun mit der Erfahrung, dass man sich mit einem Werk selbst überholen kann, so dass man es rückblickend anders hätte anfangen müssen. In JGB 278 inszeniert Nietzsche einen Dialog mit einem von seiner Suche enttäuschten Wanderer (verweist also auf JGB 260 zurück), der dennoch nicht „Erholung", sondern „eine zweite Maske" (229) für seine Enttäuschung will, um weiter wandern und sich auf seiner Suche überraschen lassen zu können. In JGB 279 erzählt er vom „Glück" von „Menschen der tiefen Traurigkeit" (ebd.), das auch nur solche Menschen nachvollziehen können. Er zeigt nun immer deutlicher, was ihn selbst auch von den meisten seiner Leser(innen) trennen wird, spricht sie unmittelbar darauf an („ihr versteht ihn schlecht", JGB 280: KSA 5, 229), um sich dann demonstrativ in ein Gespräch mit sich selbst über seinen „Widerwillen" zurückzuziehen, „etwas Bestimmtes über mich zu *glauben*" (JGB 281; KSA 5, 230). Über einen kurzen Dialog und die Erzählung und Auslegung einer Zeitungsanekdote über ein plötzliches Sich-selbst-nicht-mehr-Kennen und Ausrasten einer „hohen wählerischen Seele", die voll „Ekel" in „ein lärmendes und pöbelhaftes Zeitalter hineingeworfen" ist (JGB 282; KSA 5, 230), kehrt er im nächsten Aphorismus (JGB 283) zur gewohnten auktorialen Mitteilung zurück. Auch dies, selbst die Grobheiten und der Ekel, aber auch das Loben (wer darf sich so über einen anderen stellen, dass er ihn loben darf?), so weiß man nun, könnten Masken eines Vornehmen sein, und man wird immer vorsichtiger werden, beim Deuten der Zeichen der Vornehmheit noch mitzureden und zu urteilen.

10 Der Bruch, den Acampora/Ansell-Pearson 2011, 204 mit Walter Kaufmann in der Komposition des Hauptstücks zwischen JGB 274 und 275 sehen, ist unwahrscheinlich, da JGB 273–281 schon im ursprünglichen Hauptstück „Masken" in dieser Reihenfolge zusammenstanden.

Die dritte Aphorismengruppe JGB 284–287 führt die Anhaltspunkte der Vornehmheit im Verkehr mit anderen und mit sich selbst in der souveränen Beherrschung des Umgangs mit sich und anderen zusammen und zieht ein vorläufiges Resümee, zunächst in der Sache, dann in deren Wahrnehmung. JGB 284 bringt das Vorige auf eine Reihe von Maximen, die ein Vornehmer ständig beherzigt, ohne sie zu Pflichten auch anderer zu machen. Aus Maximen, Vorsätzen, gut zu handeln (wie immer auch „gut" verstanden wird), bilden sich Tugenden, bleibende Eigenschaften, die wiederum zu anspruchsvolleren Maximen befähigen. Die anspruchsvollste ist dann, „Herr" seiner Tugenden zu bleiben, es nicht auf ihnen beruhen, sondern zur rechten Zeit die eine, dann die andere zum Zug kommen zu lassen und so zu immer neuer moralischer Neuorientierung fähig zu bleiben. Nietzsche hat sich in seinem Werk denn auch nicht auf bestimmte Tugenden festgelegt, keine Sorgfalt darauf verwendet, sie zu systematisieren (vgl. Stegmaier 2012, 442–444).

Für all diese Maximen und Tugenden aber muss man einen Blick haben. Nietzsche sagt vom Vornehmen, was er sonst von „grossen Ereignissen" sagt: dass es wie das „Licht der fernsten Sterne" lange braucht, bis es bei den Menschen ankommt: „und bevor es nicht angekommen ist, leugnet der Mensch, dass es dort – Sterne giebt" (JGB 285; KSA 5, 232). Es ist seine Metapher dafür, dass alles schwer Einzusehende erst über lange Zeit „ins Gefühl eingehen", „einverleibt" werden muss, bevor es sich in der Orientierung auswirkt (vgl. Stegmaier 2012, 105–112); spät erkannt und verstanden zu werden, kann so ein „Maassstab" der „Rangordnung" sein (JGB 285; KSA 5, 232). Anhaltspunkte sind als solche vielfach deutbar. JGB 287 nimmt die Titel- und Definitionsfrage des Hauptstücks noch einmal auf, jetzt mit einem vorangestellten Gedankenstrich, „– Was ist vornehm?" (ebd.). Wie sich gezeigt hat, ist das Vornehme an nichts „Äußerem", allen gleich Zugänglichem festzumachen, nicht an „Handlungen" und nicht an dem, was man „‚Werke'" (233) nennt. So bleibt es zuletzt ein „*Glaube*" (ebd.). Das Vornehme ist nur von Vornehmen und vielleicht noch nicht einmal von ihnen wahrzunehmen und prägt doch die Orientierungen. Es führt die Allgemeinheit und Allgemeingültigkeit des Verstehens, Erkennens und Begreifens an seine Grenze. Besteht man auf Allgemeingültigkeit, wird man es leugnen, muss man es leugnen.

11.2.5 Masken des Geistes (JGB 288–292)

Die Aphorismengruppe JGB 288–292 stammt wieder aus dem Hauptstück „Masken". Sie zieht Konsequenzen für vornehme Seelen und für eine Philosophie des Vornehmen beim Gang in die Öffentlichkeit: er ist, gewollt oder ungewollt, nur hinter Masken, Oberflächen, Vordergründen möglich. Die Öffentlichkeit, wenn man sie denn aufsucht, fordert ihr Recht, und Nietzsche selbst hat dem mit seiner bis heute faszinierenden philosophischen Schriftstellerei durchaus Genüge getan. Wenn er von Masken des Vornehmen und, mehr oder weniger deutlich, seines eigenen Philosophierens schreibt, und zwar für die Öffentlichkeit schreibt, so geschieht das, so offen und unverstellt es erscheinen mag, wieder unter Masken. Nietzsche steht nicht an, auch dies öffentlich zu sagen, was hier, gegen Ende des neunten Hauptstücks von JGB, denkbar deutlich wird. Man mag es für eine kokette Pointe halten, wenn er in JGB 288 schreibt, es gebe „Menschen, welche auf eine unvermeidliche Weise Geist haben, sie mögen sich drehen und wenden, wie sie wollen", so dass sie diejenigen, die weniger davon hätten, durch „Begeisterung" (233) darüber hinwegtäuschen (oder vornehm hinwegtrösten) müssten. Doch ein Geist wie Nietzsche, der außer vielleicht Lou von Salomé kaum jemanden gefunden hatte, der mit seinem Denken mit-, geschweige denn über es hinausgehen konnte, mag es so erlebt haben.

Aber auch Bücher sind Masken des Philosophierens, eines Philosophierens jedenfalls, das immer weiter in die „Tiefe" denkt und die Voraussetzungen auch seines eigenen Denkens in Frage stellt, in Nietzsches Bild von einer „Höhle" in eine „tiefere Höhle" vordringt und immer weiter in unabsehbare Ungewissheiten hinein.[11] Denn Bücher fordern einen Abschluss, und so muss auch der kritischste und selbstkritischste Philosoph, wenn er Bücher schreibt, irgendwo stehen bleiben, um sie abzuschließen, muss „so stehen lassen", was er bis dahin erkundet hat, auch wenn er weiß, dass hier noch weiter zu gehen wäre, und darauf vielleicht eben dadurch gestoßen ist, dass er beim Schreiben einen Überblick darüber gewonnen hat, was er bisher erkundet hat (vgl. Derrida 1972 102–120 und 422–442 sowie Derrida 1974, 15 und 35). Es ist, wie Nietzsche in der Maske

11 Im Notat NL 1885, 34[66]; KSA 11, 440, spricht Nietzsche von den Seelen hinter den Seelen eines Sokrates oder Platon, in JGB 44 von „Vorder- und Hinterseelen" freier Geister, „denen Keiner leicht in die letzten Absichten sieht, mit Vorder- und Hintergründen, welche kein Fuss zu Ende laufen dürfte" (62).

eines Einsiedlers schreibt, „etwas Willkürliches daran, dass *er* hier stehen blieb, zurückblickte, sich umblickte, dass er *hier* nicht mehr tiefer grub und den Spaten weglegte, – es ist auch etwas Misstrauisches daran" (JGB 289; KSA 5, 234). Bezeichnend ist dann, *wo* er den Mut verliert, wenn er entdeckt, dass „hinter jedem Grunde, unter jeder ‚Begründung'" sich wieder „ein Abgrund" (ebd.) auftut. Der Zwang zum Abschluss im Buch kann ihm dann willkommen sein, sich selbst über seine Angst hinwegzutäuschen und zu -trösten. Aber nicht erst das Niederschreiben, schon das Aussprechen von Gedanken schließt ihre Bewegung ab. So kann selbst der, der sich wie Nietzsche eine feinere Sprache geschaffen hat, die „tiefer blicken" lässt, immer nur auf einer Oberfläche verstanden werden und auch sich selbst verstehen, und so gilt: „Jede Philosophie ist eine Vordergrunds-Philosophie" (ebd.).

Der oft angegriffene Satz im folgenden Aphorismus JGB 290, ein Denker fürchte „mehr das Verstanden-werden, als das Missverstanden-werden", gilt ebenfalls für „tiefe Denker" (JGB 290; KSA 5, 234), und hier geht es noch weniger um eine kokette Pointe. Wenn Nietzsche in JGB 289 vom „Schrei" des Einsiedlers aus seiner Höhle schreibt, dessen Klang „jeden Vorübergehenden kalt anbläst" (234), so wird er in GM vom „Schrei *Liebe*" des Jesus von Nazareth als einem „Schrei des sehnsüchtigsten Entzückens, der Erlösung in der *Liebe*" sprechen (oder „schreien"), dem Schrei in einer „Nacht von Marter und Widersinn", von dem jeder, der ihn „noch zu hören vermag", sich abwende, „von einem unbesieglichen Grausen erfasst …" (GM II 22; KSA 5, 333). Die Abgründe des Nihilismus, in die Nietzsche geblickt hat, könnten in ihm ein ähnliches Grausen erweckt haben, und es wäre dann vornehm, andere nicht ebenfalls einem solchen Grausen auszusetzen und sie vor einem Philosophieren zu verschonen, dem sie nicht gewachsen sind oder doch nur so, dass sie es missverstehen. Nietzsche anerkennt, wie er im folgenden Aphorismus JGB 291 bekräftigt, dass Menschen an Oberflächen leben und vor einem schonungslosen Philosophieren, wie er es betreibt, verschont werden müssen, und die stabilste Oberfläche ist die Moral, in der man einander in Ordnungen bestätigt, in denen man sich gemeinsam halten kann.

JGB 292 schließt die Aphorismengruppe ab mit einer zusammenfassenden exoterischen Bestimmung des esoterischen, „tiefen" Philosophen, der sich keinen Halt erlaubt, wo keiner ist, der eben dafür lebt, Halt, wo er sich anbietet, zu hinterfragen, nicht nur den Halt im Wissen wie einst Sokrates, sondern den

Halt im Leben überhaupt. Philosoph ist danach nicht nur einer, der Übersicht und Ordnung im Denken schafft und dazu vielleicht auch Theorien begründet und Moralen rechtfertigt, sondern auch und viel mehr einer, der heimgesucht wird von Fragen, vor denen andere sicher sind und denen er darum vornehm Masken anbietet. Es werden wenige sein, die das von sich sagen können und sagen wollen, die anderen aber werden sich hüten müssen, diese Wenigen an ihrem Maß zu messen, sich in Nietzsches Sprache mit ihnen gemein zu machen.

11.2.6 Das Vornehme ohne Scham: Dionysos als Philosoph (JGB 293–295)

Zuletzt wendet Nietzsche das Leiden an seinem Philosophieren („ach"), das er aus „Mitgefühl" (JGB 290; KSA 5, 234f.) anderen nicht zumuten, aber auch nicht mit dem zudringlichen „Mitleiden" verwechselt sehen will (vgl. JGB 270 und JGB 293), in Fröhlichkeit um. Fröhlichkeit befreit zu unbefangenen neuen Orientierungen, auch in der Philosophie, macht sie zur „‚fröhliche[n] Wissenschaft'" (JGB 293; KSA 5, 236). Die „Rangordnung der Philosophen" folgte dann nicht nur ihrem Leiden-, sondern auch ihrem Lachen-Können, einem Lachen-Können über das eigene Leiden. Nietzsche spricht nun sehr persönlich („wie ich meine", „würde ich mir [...] erlauben", „zweifle ich nicht", (JGB 294; KSA 5, 236). Er bringt über das berühmte Lachen der olympischen Götter *seinen* Gott, den Gott Dionysos, ins Spiel.

Der Aphorismus JGB 295 mit der „Neuigkeit", „dass Dionysos ein Philosoph" (und ein „tiefer Philosoph", wie Nietzsche ihn denkt, ein Dionysos) ist (238), war zunächst ebenfalls für das „Masken"-Hauptstück vorgesehen. Nietzsche tritt wieder aus der Einsamkeit heraus und wendet sich, im neunten Hauptstück zum ersten Mal (und dann gleich drei Mal) an „meine Freunde" (237f.). Er erinnert sich mit Blick auf sein jetzt erreichtes Philosophieren an seine frühe Begegnung mit Dionysos, um sich ihm nun neu anzuschließen; seither hatte er von ihm geschwiegen (vgl. Groddeck 1997 und Nietzsche Research Group 2004, 619f.). Im fünften Buch von FW wird er einen „*dionysischen* Pessismismus" konzipieren (FW 370; KSA 3, 622), in GD Alten 4 wird er, was er in JGB 56 nur andeutet, Dionysos mit der Lehre der ewigen Wiederkehr verknüpfen, in EH Bücher 6 wird er aus JGB 295 ausführlich zitieren.

Der Aphorismus beginnt mit einem sehr langen Eingangssatz, der vier Mal mit „Das Genie des Herzens“ ansetzt, sich zu berauschenden Klängen aufschwingt und schließlich, wie vor sich selbst erschrocken, abbricht. Der junge Gott des Weines und des Rausches, des Theaters und der Masken erscheint nun als Personifikation des Vornehmen, „dessen Stimme bis in die Unterwelt jeder Seele hinabzusteigen weiss“ (JGB 295; KSA 5, 237), so dass man ihm „immer innerlicher und gründlicher“ in die Tiefen zu folgen bereit ist, als einer, der still werden und „horchen“ und vorsichtiger urteilen, „die tölpische und überrasche Hand zögern und zierlicher greifen“ lehrt, der „Geistigkeit“ und „Güte“ ahnen lässt und mit seinen Gaben nicht verpflichtet, sondern zu eigenen Orientierungen im Denken befreit. Er will nicht begriffen, sondern „*gelobt*“ (ebd.), gefeiert sein durch eine dithyrambische, alles Dogmatische aufbrechende Sprache, wie Nietzsche sie versucht, und Nietzsche will seinerseits „mancherlei Heimliches, Neues, Fremdes, Wunderliches, Unheimliches“, das sich da auftut, nur mit „halber Stimme“ „zu kosten zu geben“ (238), nichts für jedermann Gültiges lehren. Es soll nun über alles Menschliche, Allzumenschliche hinausgehen, und dazu braucht es einen Gott, der hilft, die „Scham“ und die Masken, die sie verlangt, fallen zu lassen, auch vor sich selbst. Und dabei hellt sich nun auch das düstere Bild des Menschen auf, das der Einsiedler zuvor gegeben hat, wird freundlicher, fröhlicher, freier: Der Mensch ist nun nicht mehr „ein vielfaches, verlogenes, künstliches und undurchsichtiges Thier“ (JGB 291; KSA 5, 235), sondern „ein angenehmes tapferes erfinderisches“, ein „stärkeres“ und „tieferes“ und damit auch ein „böseres“ Tier (vgl. JGB 295; KSA 5, 239), jenseits des alten, scheinbar vorgegebenen und allgemeingültigen „Gut und Böse“. So, wie man einst glaubte, das alte „Gut und Böse“ in einem moralischen Gott einen unbedingten Halt geben zu müssen, ruft Nietzsche nun einen neuen Gott aus, *seinen* alten Gott Dionysos als Halt einer Philosophie des Vornehmen. Aber jeder ist nun frei, sich daran zu orientieren oder nicht.[12]

12 Der Gott Dionysos macht für Nietzsche nach Figal das Schwergewicht des Gedankens der ewigen Wiederkehr leicht. Aber sein Name sei auch „die Oberfläche für die Tiefe einer sich entziehenden Berührung – Oberfläche, die eine Tiefe anzeigt und verbirgt und dadurch als Tiefe sein lässt“; er führe durch bloße „Berührung“ „aus der bindenden Allgemeingültigkeit des Begrifflichen“ hinaus (Figal 2008, 59f.; vgl. auch Lampert 2001, 278). Vom Übermenschen und von der ewigen Wiederkehr des Gleichen ist allerdings nicht in JGB, sondern in Za und von Dionysos nicht in Za die Rede.

11.2.7 Die mürbe Schönheit des dionysischen Philosophierens in der Schrift (JGB 296)

Der Aphorismus JGB 296 hatte eine lange Wanderung hinter sich, bis ihn Nietzsche schließlich hierher, an das Ende des neunten Hauptstücks, versetzte, wo er nun, vor dem „Nachgesang“, das Aphorismenbuch im Ganzen abschließt.[13] Er ist auch ein dithyrambisches Nachwort zum nüchtern poetischen Schluss von Hegels berühmtem Vorwort zu seiner *Philosophie des Rechts* über die Philosophie, die Theorie von strengster Allgemeinheit sein müsse: „Wenn die Philosophie ihr Grau in Grau malt, dann ist eine Gestalt des Lebens alt geworden, und mit Grau in Grau läßt sie sich nicht verjüngen, sondern nur erkennen; die Eule der Minerva beginnt erst mit der einbrechenden Dämmerung ihren Flug“ (Hegel 1955, 17). Philosophie muss nicht graue Theorie werden und das Leben nicht erstarren lassen. Wenn Hegel sich an Athenes Athen hält, das Athen der Weisheit, so Nietzsche an Apollos Athen, das Athen der Schönheit: Er lässt das dionysische Denken, das er in vielem mit Hegel teilte,[14] weiter in kräftigen Farben leuchten, dunkleren, satteren, mürberen, nachmittäglicheren, die schöner sein können als die grellen am Mittag (vgl. M 506; KSA 3, 296f.; vgl. Stegmaier 2005, 209). Aber es sind doch nicht mehr die vollen Farben des Dionysischen, in dem auch das Vornehme aufblüht, das sich aber nicht festhalten lässt und sich *jeder* Sprache entzieht.

13 Vgl. Nietzsches Brief an Constantin Georg Naumann vom 13. Juni 1886 (KSB 7, 194) und Röllin 2013, 67.

14 Vgl. Stegmaier 1990. Mit seinem „nichtswürdige[n] Grau“, das der junge Nietzsche mehrfach monierte (NL 1873, 27[29]; KSA 7, 595; NL 1876, 15[10]; KSA 8, 281), gehöre Hegel, so auch Nietzsche noch zur Zeit der Erarbeitung von JGB (NL 1885, 34[99]; KSA 11, 454), unter „die eigentlichen Deutsch-Verderber“. Zur musikalisch-rhetorischen Kunst von Nietzsches abschließender Klausel „Einsamkeit, ihr meine alten geliebten – – *schlimmen* Gedanken!“ vgl. Wollek 2013. Acampora/Ansell-Pearson 2011, 209–211 sehen den Bezug zu Hegel nicht, sondern nur noch „Auseinanderfallen“ („things fall apart“) im „Herbst“ (autumn). Von beidem steht freilich nichts im Text.

Literatur

Acampora, Christa Davis/Ansell-Pearson, Keith 2011: Nietzsche's *Beyond Good and Evil*. A Reader's Guide, London/New York

Bertino, Andrea Christian 2011: „Vernatürlichung". Ursprünge von Friedrich Nietzsches Entidealisierung des Menschen, seiner Sprache und seiner Geschichte bei Johann Gottfried Herder, Berlin/New York

Burnham, Douglas 2007: Reading Nietzsche. An Analysis of *Beyond Good and Evil*, Montreal/Kingston, Ithaca

Clark, Maudemarie/Dudrick, David 2012: The Soul of Nietzsche's *Beyond Good and Evil*, New York

Derrida, Jacques 1972: Edmond Jabès und die Frage nach dem Buch, und: Die Struktur, das Zeichen und das Spiel im Diskurs der Wissenschaften vom Menschen, in: Jacques Derrida: Die Schrift und die Differenz, übers. von Rodolphe Gasché, Frankfurt am Main

Derrida, Jacques 1974: Grammatologie, übers. von Hans-Jörg Rheinberger und Hanns Zischler, Frankfurt am Main

Figal, Günter 2008: Nietzsches Dionysos, in: Nietzsche-Studien 37, 51–61

Fornari, Maria Cristina 2010: Nachweis aus Hermann Burmeister, „Geologische Bilder zur Geschichte der Erde und ihrer Bewohner" (1855), in: Nietzsche-Studien 39, 507–508

Fossen, Thomas 2008: Nietzsche's Aristocratism Revisited, in: Herman W. Siemens/Vasti Roodt (Hrsg.), Nietzsche, Power and Politics. Rethinking Nietzsche's Legacy for Political Thought, Berlin/New York, 300–318

García, André Luis Muniz 2011: „Vermoralisirung" e „Entmoralisirung". Da linguagem da moral ao caráter extra-moral da linguagem: as diretrizes de Nietzsche para um novo modo de pensar e escrever em filosofia, Tese de doutorada, Universidade Estadual de Campinas

Gentili, Carlo 2004: Noch einmal: Nietzsche ein politischer Reaktionär und Antisemit?, in: Nietzsche-Studien 33, 388–393

Groddeck, Wolfram 1997: Die „Neue Ausgabe" der *Fröhlichen Wissenschaft*. Überlegungen zu Paratextualität und Werkkomposition in Nietzsches Schriften nach *Zarathustra*, in: Nietzsche-Studien 26, 184–198

Hegel, Georg Wilhelm Friedrich 1955: Grundlinien der Philosophie des Rechts, hrsg. v. Johannes Hoffmeister, 4. Auflage, Hamburg

Lampert, Laurence 2001: Nietzsche's Task. An Interpretation of *Beyond Good and Evil*, New Haven/London

Losurdo, Domenico 2009 [2002]: Nietzsche, der aristokratische Rebell. Intellektuelle Biographie und kritische Bilanz, aus dem Ital. übers. von Ermute Brielmayer, Berlin

Luhmann, Niklas 1982: Liebe als Passion. Zur Codierung von Intimität, Frankfurt am Main

Nietzsche Research Group (Nijmegen) 2004 unter Leitung von Paul van Tongeren, Gerd Schank und Herman Siemens (Hrsg.): Nietzsche-Wörterbuch, Bd. 1, Berlin/New York

Röllin, Beat 2012: Nietzsches Werkpläne vom Sommer 1885: eine Nachlass-Lektüre. Philologisch-chronologische Erschließung der Manuskripte, München

Röllin, Beat 2013: Ein Fädchen um's Druckmanuskript und fertig? Zur Werkgenese von *Jenseits von Gut und Böse*, in: Marcus Andreas Born/Axel Pichler (Hrsg.), Texturen des Denkens. Nietzsches Inszenierung der Philosophie in *Jenseits von Gut und Böse*, Berlin/Boston, 47–67

Schank, Gerd 2000: „Rasse" und „Züchtung" bei Nietzsche, Berlin/New York

Schlaffer, Heinz 2007: Das entfesselte Wort. Nietzsches Stil und die Folgen, München

Siemens, Herman 2001: Nietzsche's Political Philosophy. A Review of Recent Literature, in: Nietzsche-Studien 30, 509–526

Simon, Josef 1989: Philosophie des Zeichens, Berlin/New York

Southwell, Gareth 2009: A Beginner's Guide to Nietzsche's *Beyond Good and Evil*, Malden, USA/ Oxford, UK

Stegmaier, Werner 1990: Nietzsches Hegel-Bild, in: Hegel-Studien 25, 99–110

Stegmaier, Werner 1994: Nietzsches *Genealogie der Moral*. Werkinterpretation, Darmstadt

Stegmaier, Werner 2000: Nietzsche, die Juden und Europa, in: Werner Stegmaier (Hrsg.), Europa-Philosophie, Berlin/New York, 67–91

Stegmaier, Werner 2005: Friedrich Nietzsche (1844–1900), in: Stefan Majetschak (Hrsg.), Klassiker der Kunstphilosophie. Von Platon bis Lyotard, München, 199–222

Stegmaier, Werner 2008: Philosophie der Orientierung, Berlin/New York

Stegmaier, Werner 2010: Josef Simons Nietzsche-Interpretation. Fünf Grundzüge zur Orientierung, in: Nietzsche-Studien 39, 2–11

Stegmaier, Werner 2011: Nietzsche zur Einführung, Hamburg, 2. Aufl. 2013

Stegmaier, Werner 2012: Nietzsches Befreiung der Philosophie. Kontextuelle Interpretation des V. Buchs der *Fröhlichen Wissenschaft*, Berlin/Boston

Stegmaier, Werner 2013: Nietzsches Hoffnungen auf die Philosophie und die Gegenwart, in: Marcus Andreas Born/Axel Pichler (Hrsg.), Texturen des Denkens. Nietzsches Inszenierung der Philosophie in *Jenseits von Gut und Böse*, Berlin/Boston, 205–230

Stegmaier, Werner 2013b: Rang und Reputation. Zur Theoretisierbarkeit der Persönlichkeit, in: Christian Benne/Enrico Müller (Hrsg.): Ohnmacht des Subjekts – Macht der Persönlichkeit, Basel (im Erscheinen)

van Tongeren, Paul 1989: Die Moral von Nietzsches Moralkritik. Studie zu *Jenseits von Gut und Böse*, Bonn

van Tongeren, Paul 1999: Reinterpreting Modern Culture. An Introduction to Friedrich Nietzsche's Philosophy, West Lafayette, Indiana

Wollek, Christian 2013: Homerische Einsamkeit. Zum Schluss des Schluss-Aphorismus 296 von *Jenseits von Gut und Böse*, in: Nietzsche-Studien 42, 343–345

12

Claus Zittel

„In öden Eisbär-Zonen"

Die Schlussverse „Aus hohen Bergen. Nachgesang"

12.1

Ein Ende in *Versen*. Für viele Interpreten erhebt mit den Schlusszeilen von *Jenseits von Gut und Böse* ein lyrisches Ich nicht nur weit oberhalb der Zivilisation, jenseits von Gut und Böse, sondern sogar jenseits des Textes seine Stimme.[1] Das Gedicht *Aus hohen Bergen. Nachgesang* wurde früh berühmt und immer wieder separat in Anthologien veröffentlicht. Die Wertschätzung steigerte sich gelegentlich zu hymnischem Lob und begründete früh Nietzsches Rang als Lyriker: „Hätte uns Nietzsche nur den ‚Zarathustra' und den unsagbar wundervollen Nachgesang zu ‚Jenseits von Gut und Böse', ‚Aus hohen Bergen' – das Herrlichste was seit Goethes ‚Faust' in deutscher Sprache gedichtet wurde, geschenkt, er wäre, von allen anderen abgesehen, schon unser größter Lyriker." (Goldschmidt 1899, 62, zit. n. Krummel 1998 [1974], Bd. 1, 548). Weitere frühe Rezeptionszeugnisse bei Pestalozzi 1970). Dass Nietzsche eine frühere Version unter dem Titel *Einsiedlers Sehnsucht* Ende November 1884 in einem Brief an Heinrich von Stein geschickt hatte (vgl. KSB 6, 565), hat die Forschung dazu verlockt, das

1 In der Reprise des *Nachgesangs* in Nietzsches Gedicht *Sils Maria* lautet der entsprechende rückbezügliche Vers: „Hier sass ich, wartend, wartend, – doch auf Nichts, / Jenseits von Gut und Böse..." KSA 3, 649). Eine Reproduktion des Nachgesangs in der Fassung der Erstausgabe findet sich am Ende dieses Aufsatzes. Ich danke Marcus Andreas Born für zahlreiche hilfreiche Hinweise beim Verfassen dieser Studie.

Gedicht weitgehend unabhängig von seiner Stellung im Erstdruck und vorwiegend biographisch zu deuten (Bertram 1918, 324f.; Jaspers 1936, 61–64; Benn 1991 [1950], 209; Pestalozzi 1970, 198–246;[2] Montinari 1991, 96f.; Bernauer 1998, 166–184).

Geht man mit diesen Interpreten davon aus, dass das später von Nietzsche zum Druck beförderte Gedicht vor dem Hintergrund der früher im Brief versandten Version (vgl. KSB 6, 565f.) zu deuten ist, unterstellt man zugleich, dass durch das nachfolgende Umstellen und Hinzufügen von Strophen, die Veränderungen im Text und bei den Satzzeichen sowie durch dessen Verortung in einer neuen Konstellation nichts Entscheidendes geschehen sei, als ob das gleiche Gedicht lediglich etwas erweitert unter neuem Titel am Ende von JGB abgedruckt worden wäre (vgl. Bernauer 1998, 179). Dies ist jedoch, wie wir sehen werden, eine falsche Voraussetzung. Dagegen einzuwenden wäre zuerst, dass sogar das semantische Material einzelner Verse revidiert wurde: So wird aus „des Lichtes Abgrund-Fernen“ später „des Abgrund grausten Fernen“ und: „ein Kind kann jetzt den Pfeil drauf legen“ wird geändert in: „Gefährlich ist *der* Pfeil, wie kein Pfeil“ (Z. 39f.). Außerdem entstammen die sogenannten „Vorstufen“ oder früheren „Fassungen“ dieses Gedichts einer Gruppe von Gedichtentwürfen und Notaten aus dem Herbst 1884 (vgl. NL 1884, 28; KSA 11, 297–332), sie wurden somit bereits vor dem Brief an Stein konzipiert, was der biographischen Lesart die Grundlage entzieht. Einige Entwürfe aus diesem Gedichtkonvolut überarbeitete Nietzsche dann für seine lyrischen Publikationen der Jahre 1885–1887, darunter auch *Aus hohen Bergen. Nachgesang*. Wenn man hierzu das in diesem Notizheft versammelte Material näher studiert, stellt man fest, dass manche Zeilen sowohl für *Aus hohen Bergen* als auch für andere Gedichte, insbesondere für die Lieder aus Za IV, die *Lieder des Prinzen Vogelfrei* aus der FW, die DD und für den gesamten Motivkomplex des „Bergsteigens“ im *Zarathustra* verwendet wurden.[3] Entsprechend steht das Gedicht in einem dichten Geflecht an Bezügen zu den unmittelbar zuvor publizierten *Zarathustra*-Büchern sowie zum später pu-

2 Pestalozzi bezog sich explizit auf die Brieffassung „Einsiedlers Sehnsucht“ , brachte jedoch über den biographischen Bezug hinausgehend viele Kontextstellen und legte die bislang wichtigste Deutung des Gedichts vor.

3 Vgl. u. a.: „Wer auf den höchsten Bergen steigt, der lacht über alle Trauer-Spiele und Trauer-Ernste“ (Za I Lesen; KSA 4, 49), „Dazu warte ich hier, listig und spöttisch auf hohen Bergen“ (Za IV Honig-Opfer; KSA 4, 297), „Meine Gäste, ihr höheren Menschen [...] Nicht auf *euch* warte ich hier in diesen

blizierten fünften Buch von FW und den DD und natürlich zu JGB selbst, das insgesamt als „eine Art von Commentar" zum *Zarathustra* gelesen werden soll (KSB 7, 270), wobei diese letzte Anweisung nicht allzu wörtlich gemeint ist, sondern primär als Hinweis auf das dichte intertextuelle Gespinst, das beide Texte verflicht. Weitere intertextuelle Verweise führen zu Montaigne, zur *Zueignung* aus Goethes *Faust I*, zu den gespenstischen Szenen im Eis auf dem Jungfraugipfel mit dem Gemsenjäger (I. Akt, 2. Auftritt; II. Akt, 1. Auftritt) und den Schicksalsschwestern (II. Akt, 3. und 4. Auftritt, vgl. Hüser 2003, 192) aus Byrons *Manfred*, zu Sophokles' *Philoktet* und zur Bibel.

Die biographische Deutung ergibt in geraffter Form, dass der unter Einsamkeit leidende Nietzsche in seiner Sehnsucht nach einem Freund und Jünger das Gedicht an Heinrich von Stein sandte, um ihn für sich zu gewinnen. Stein habe ihn jedoch abgewiesen und stattdessen Wagner die Treue gehalten. *Einsiedlers Sehnsucht* sei daher Dokument einer Werbung, der *Nachgesang* reagiere hingegen auf eine Zurückweisung (Bernauer 1998, 156ff.). Die beiden letzten, später hinzugefügten Strophen rechneten „mit dem Stein-Erlebnis endgültig ab, in ihnen ist Zarathustra an die Stelle getreten, die Nietzsche Heinrich von Stein zugedacht hatte' (Pestalozzi [1970], 241). Zarathustra aber ist ein Kopfprodukt des Philosophen, biographisch gesehen sein Doppelgänger." (Bernauer 1998, 180). Schnell bei der Hand ist dann die Diagnose, hier liege die Selbstbespiegelung eines narzisstischen Autors vor. Nun sind alle literarischen Figuren „Kopfprodukte", dadurch jedoch keineswegs Doppelgänger der Autoren, das gilt auch für die Zarathustra-Gestalt und ebenso für das lyrische Ich unseres Gedichts, das man stets allzu flugs mit dem Autor identifizierte. Da es sich herumgesprochen hat, welche Rolle das Thema des Scheins, der Fiktion, der Künstlichkeit der Kunst bei Nietzsche spielt, sollte jede naive Gleichsetzung von Biographie und Dichtung ausgeschlossen sein. Warum also nur diese beständige Flucht vor der Kunst seitens der Nietzsche-Interpreten?

Vielleicht weil ein erster Gang durch das Gedicht (s. u. das Faksimile) die biographische Lesart mühelos zu unterstützen scheint: An einem Wendepunkt seines Lebens erwartet das lyrische Ich, auf hohen Bergen stehend, ungeduldig die Ankunft seiner Freunde (Strophe 1). Auch die Natur scheint auf sie vorbe-

Bergen" (Za IV Begrüssung; KSA 4, 350), „immer wenigere steigen mit mir auf immer höhere Berge" (Za III Tafeln; KSA 4, 260) sowie die Kapitel Za Wanderer, Schatten und Zauberer.

reitet (Strophe 2) und auf den Bergen der Tisch für sie gedeckt (Strophe 3). Die Freunde kommen, stutzen, finden ihren ehemaligen Freund verändert (Strophe 4). Das Ich ist mittlerweile zu einem anderen geworden (Strophe 5), hat in für andere unwirtliche Regionen zu leben ge- und den Umgang mit Menschen verlernt, ist darüber zum Gespenst geworden, „das über Gletscher geht" (Strophe 6). In dieser Todeszone können die alten Freunde nicht bleiben, hier müsse man „Jäger sein und gemsengleich" (Strophe 7). Das eingangs so erwartungsvoll-sehnsüchtige lyrische Ich verwandelt sich unversehens in einen „schlimmen Jäger", der gefährlich drohend seinen Bogen spannt, vor dem die zuvor herbeigerufenen Freunde besser fliehen sollten (Strophe 8).[4] Die alten Freunde wenden sich vom Sprecher-Ich – zumindest in dessen Wahrnehmung – ab, das sein Herz nun für neue Freunde öffnet (Strophe 9). Zugleich wird die Erinnerung an die alten Freunde verabschiedet, die Freunde sind dem Ich nur noch Gespenster aus der Vergangenheit (Strophen 10 und 11), es erkennt, dass es selbst sich mittlerweile verwandelt und verjüngt hat, während die Freunde alt geworden sind (Strophe 12). Das Gedicht kulminiert in der vermeintlichen Kernbotschaft: „Nur wer sich wandelt, bleibt mir verwandt", die zuweilen sogar isoliert als Losung für das Beschleunigen von Revolutionen in der Kunst der Moderne verwendet wurde (vgl. Däubler 1988, 208). Die 13. Strophe nimmt den Anfang wieder auf, die Erwartung gilt nun jedoch den *neuen* Freunden. Formal ist durch diese Reprise das Gedicht hier bereits abgeschlossen. Die darauf folgenden Strophen

4 Anhand der sogenannten Jäger-Strophe kann sich die biographische Lesart auf einen intertextuellen Verweis auf Philoktets Bogen stützen, da Nietzsche – allerdings in einem Brief an Köselitz (KSB 6, 535) – davon spricht, dass „nur mit dem Bogen Philoktets Troja erobert" werden könne (Bernauer 1998, 171ff.). Nietzsche rückt sich in die Position des Philoktet, Wagner ist Odysseus und Stein Neoptolemos. In der Briefversion lauten die Verse: „Ein schlimmer Jäger ward ich: seht wie steil / Gespannt mein Bogen! / Der Stärkste war's, der solchen Zug gezogen – / Doch wehe nun! Ein Kind kann jetzt den Pfeil / Drauf legen: fort von hier! Zu eurem Heil! –" (KSB 6, 565). Die Anspielung auf den Bogen, den einst der Stärkste (Herakles) gespannt hat und dem nun das Kind Neoptolemos Pfeile auflegt, wurde also in der JGB-Version entscheidend verändert, da der Bezug auf das Kind nun fehlt. In dem Vorstufenkonvolut gibt es zahlreiche Alternativformulierungen (NL 1884, 28 [9, 20, 22]; KSA 11, 302, 305, 307), auch in JGB ist das Bogenmotiv häufig präsent, – vor allem aber im DD *Zwischen Raubvögeln* wird es aufgenommen und neu gedeutet: *„Einsam!* Wer wagte es auch, / hier Gast zu sein, / *dir* Gast zu sein?.../[...] Oh Zarathustra, / grausamster Nimrod! / Jüngst Jäger noch Gottes, / [...] der Pfeil des Bösen! / Jetzt – / von dir selber erjagt" (DD; KSA 6, 389f.). In *Aus hohen Bergen. Nachgesang* ist der Bezug auf Philoktet zumindest abgeschwächt, eher ist es plausibler hier eine Anspielung auf Nimrod zu sehen.

lägen auf einer anderen Ebene, da auf die „reale“ Begegnung mit Freunden, in der sich Nietzsches Hoffnungen auf eine Verbindung mit Stein versteckten, der sich nur in der Fiktion ereignende Umgang mit dem aus einer Ich-Spaltung hervorgegangenen Doppelgänger „Zarathustra“ folge. Mit der radikalen Selbstbespiegelung vollzöge sich der endgültige Bruch mit der Vergangenheit.

Die 14. Strophe setzt sich tatsächlich klar von den vorigen ab: „*Dies Lied* ist aus“. Also scheint nun ein neues Lied anzuheben, und da nicht mehrere „Nachgesänge“ angekündigt wurden, wäre erst dieses der Nachgesang, der sich zunächst explizit auf das vorige Lied bezieht, aber auch das gesamte Buch beschließt. Ein kunstvolles Spiel mit den Rahmungen beginnt, das spätestens hier die eindeutigen biographischen Auslegungen hinter sich zurücklässt und neue Rätsel aufgibt: Dem „Vorspiel in deutschen Reimen“ (FW) entspricht ein Nachspiel in Versen, oder hier ein Nachgesang. Warum Nach*gesang* und nicht Nachspiel? Ist hier der Übergang der Rede in den adäquateren Gesang (vgl. dazu Dellinger 2012) angezeigt und umgesetzt? (Vgl. z. B. „Aber willst du nicht weinen, nicht ausweinen deine purpurne Schwermuth, so wirst *du singen* müssen, oh meine Seele! –“ (Za III Sehnsucht; KSA 4, 280)). Auch das greift zu kurz, wie wir gleich sehen werden.

12.2

Dazu ist es nötig, sich den Titel genauer anzuschauen, der im Erstdruck auf einem separaten Titelblatt in folgender Gestalt erschien:

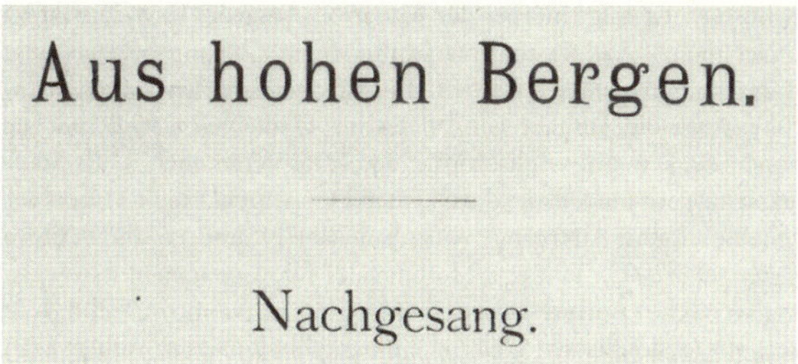
Aus hohen Bergen.

Nachgesang.

Nach einer Leerseite beginnt ohne Überschrift dann das Gedicht. Doch sind mit dieser Titelei die 15 folgenden Strophen als ein „Nachgesang“ zu JGB bezeichnet, wie immer wieder selbstverständlich (zuletzt von Pestalozzi 2012, 19, und von Benne 2013) angenommen wird? Es gibt offenbar eine alternative Lesart: Entweder sind alle 15 Strophen ein mit „Aus hohen Bergen“ betitelter „Nachgesang“ zu JGB oder es sind zwei Gedichte. Manche Editionen und Interpretationen[5] stellen gewaltsam klar, was der Erstdruck zumindest noch offen hielt. Dieser zeugt sogar eher für die letzte Variante, nämlich dass es sich – „da wurde Eins zu Zwei“ (Z. 70) – um zwei Gedichte handelt.

Im Erstdruck wurde nach JGB 296 durch drei Sternchen der ganze Text als abgeschlossen gekennzeichnet. Dann folgte das Titelblatt, auf dem „Aus hohen Bergen. Nachgesang.“ – getrennt durch einen Strich, unterschieden durch die Schriftgröße – entweder einen Titel mit Untertitel bezeichnet oder zwei Gedichte von unterschiedlichem Status ankündigt. Vergleicht man dieses Binnentitelblatt z. B. mit dem zum vierten Hauptstück, fällt auf, dass dort nach

5 Z. B. gibt Wuthenows Edition (Nietzsche 1999, 137ff.) den Titel an als „‚Aus hohen Bergen‘ Nachgesang (zu ‚Jenseits von Gut und Böse‘)“. Er folgt hierbei der Musarion-Ausgabe, lässt den Punkt zwischen den Titeln weg, setzt „Nachgesang“ kleiner und macht ihn so zur Gattungsbezeichnung, durch die alle 15 Strophen zum Nachgesang erklärt werden. Entsprechend fehlen die trennenden Sternchen nach der 13. Strophe. Auch die Ausgabe von Nietzsches Gedichten (1994) lässt die Sternchen weg. Ingeniöse Variationen denken sich englischsprachige Interpreten auch in als Standardkommentar auftretenden Werken aus, etwa indem sie durch einen Doppelpunkt die Relation der Titelzeilen klarstellen: „From High Mountains: Aftersong“ (Burnham 2007, Lampert 2001) „From High Mountains: Epode“ [sic!] (Nietzsche 2003, Tanner / Hollingdale) Die Letztgenannten legen mit der erstaunlichen Begründung „Nietzsche’s normal form of communication was prose“ (ebd. 460) eine Prosaübersetzung des Gedichts vor, andere lassen gleich die biographische Lesart in den Titel einfließen: „‚From High Mountains‘: Nietzsche’s [sic!] Aftersong“ (Acampora/Ansell-Pearson 2011, 212–216). Vgl. auch „Nietzsches Schicksalslied: Aus hohen Bergen. Nachgesang“ (Meinhold 2004).

Viertes Hauptstück:

Sprüche und Zwischenspiele.

ein langer Trennstrich den Titel abschließt, während bei „Aus hohen Bergen“ und „Nachgesang“ der Trennstrich diese mögliche Position nicht einnimmt, sondern zwischen den Titelzeilen sitzt. Auf dem Haupttitelblatt hingegen folgt der Untertitel ohne Trennstrich. Analog zu den anderen neun Zwischentiteln von JGB wäre die Variante mit Doppelpunkt: „Nachgesang: Aus hohen Bergen“ zu bilden gewesen, die offenbar bewusst verworfen wurde. Dafür wurde dieser Titel mit einer anderen Schrifttype gesetzt, und dadurch deutlich von den Ankündigungen der Hauptstücke abgesetzt. Im Manuskript, das Nietzsche zur Drucklegung einreichte, hatte er quer am Rand ausdrücklich vermerkt: „*nicht* mit den gleichen Lettern wie Erstes Hauptstück usw.“ (DM GSA 71/26, 105). Angezeigt ist hierdurch eine partielle Abkoppelung des letzten Teils, der also eher nicht als zehnter und letzter Teil eines Vorspiels oder weiteres Hauptstück anzusehen wäre, sondern als eigenständiger Anhang. Doppeldeutig bleiben die Relationen der Titelzeilen auch, da das Gedicht auf der nächsten Seite ohne Überschrift und nun nach 3x3 bogenförmig angeordneten Sternchen einsetzt, jedoch nach 13 Strophen wiederum durch 3 Asteriske unterbrochen oder auch beendet wird, bis dann abschließend wieder 9 Sternchen den Rahmen um die 15 Strophen schließen.

Dieser – von der KSA einfach weggeputzte – Rahmen spricht für die Einheit der 15 Strophen. Auch das Inhaltsverzeichnis des Erstdrucks setzt den letzten Teil durch eine zusätzliche Leerzeile von den vorigen Teilen ab, er wäre so ganz als ein gesungenes Nach-Wort zu lesen. Die Binnengliederung legt jedoch nahe, dass die Sternchen einen selbständigen Teil des Buches, der aus zwei Gedichten besteht, markant einrahmen. Das Manuskript setzt im Übrigen die Binnen-Zäsur noch deutlicher als der Erstdruck, da die letzten beiden Strophen auf einem separaten Blatt stehen, auf dem Nietzsche zudem oben über der Anfangszeile noch eine lange Trennlinie aus Punkten gezogen hat (DM GSA 71/26, 108).[6] Man hätte also zwei Gedichte, zumal drei Asteriske in Nietzsches Schriften auch sonst Gedichte voneinander trennen, z. B. in den Erstdrucken der *Idyllen aus Messina* (Nietzsche 1882) und der *Lieder des Prinzen Vogelfrei* (Nietzsche 1887). Auch diese Sternchen wurden übrigens in der KSA stillschweigend getilgt. Für die Lesart, dass es sich um zwei Gedichte handelt, spräche auch die Textgenese und dass das Schwestergedicht *Sils Maria* die beiden letzten Strophen variiert: „*Sils-Maria.* // Hier sass ich, wartend, wartend, – doch auf Nichts, / Jenseits von Gut und Böse, bald des Lichts / Geniessend, bald des Schattens, ganz nur Spiel, / Ganz See, ganz Mittag, ganz Zeit ohne Ziel. // Da, plötzlich, Freundin! wurde Eins zu Zwei – / Und Zarathustra gieng an mir vorbei ..." (FW Lieder; KSA 3, 649). Ich meine nicht, dass hier eine Entscheidung gefällt werden müsste, vielmehr wären mehrere Möglichkeiten durchzuspielen, denn was hier in den letzten Strophen inszeniert wird, ist ein Spiel mit Perspektiven und Umkehrungen.

12.3

Die Bezeichnung „Nachgesang" wirft jedoch auch auf der semantischen Ebene Fragen nach der Art der Rahmung auf: Der Untertitel von JGB deklariert die ganze Schrift zu einem „Vorspiel zu einer Philosophie der Zukunft". Dieses Vorspiel – musikalisches Präludium oder eines „auf dem Theater" (wie in *Faust I*) – besteht aus neun Haupt*stücken*, deren viertes 122 „Sprüche und Zwischenspiele" ankündigt. Erklingt nun der Nachgesang als letzter Teil dieses Vorspiels oder hebt er erst nach ihm an? Vor- und Zwischenspiel lassen eigentlich ein Nachspiel erwarten, nun folgt aber ein „Nachgesang". Was bedeutet hier „Nachgesang"? Gelegentlich wurde behauptet, hiermit sei auf die Liedform der Epode (griechisch: „epodós", Nachgesang) angespielt (Riedel 1996, 264), doch antike Epoden sind gänzlich anders komponiert. Nietzsches *Aus hohen Bergen. Nachgesang.* besteht aus 15 fünfzeiligen Strophen mit insgesamt 75 Versen mit alternierenden männlichen und weiblichen Endreimen. Der zweite Vers jeder Strophe ist jeweils auf zwei Hebungen um die Hälfte verkürzt und erhält dafür eine zusätzliche

6 Der Erstdruck weicht vom Manuskript insofern auch ab, als er in den Zeilen 15, 40, 70 und 75 jeweils 5 Pünktchen setzt, während das Manuskript in Z. 15 dem Fragezeichen einen Gedankenstrich folgen lässt und in Z. 40, 70, 75 jeweils 6 Pünktchen.

weibliche Kadenz. Die anderen Zeilen bestehen aus einem fünfhebigen Jambus, also einem Vers commun, bei dessen Mittelzäsuren das Gedicht sich jedoch einige Freiheiten erlaubt (Meinhold 2004). Das Reimschema ist dafür von apollinischer Strenge: abbaa, ein umarmender Reim mit verdoppelter Schlusszeile, wodurch jede Strophe ein Achtergewicht erhält und entschieden abgeschlossen wird, – daher gibt es auch kein Strophenenjambement. Diese Strophenform – zumal mit halbiertem zweiten Vers – ist selten, das *Handbuch für deutsche Strophenformen* (Frank 1993) führt sie nicht an, antike Vorbilder konnte ich keine finden.[7]

Das Gedicht wird von der direkten Rede beherrscht, wobei entweder die Freunde angesprochen werden oder das lyrische Ich mit sich spricht, häufig in Form rhetorischer Fragen, was es schwierig macht, sich die Situation als Gesang vorzustellen. Zwar bleibt festzuhalten, dass die ersten 13 Strophen in der 14. Strophe als „Lied" deklariert werden, aber dies wird sofort mit deren Charakterisierung als „Schrei" (Z. 66) zurückgenommen. Den zu Gespenstern gewordenen und insofern toten Freunden, könnte der „Nachgesang" als Nachruf gelten, da aber auch das lyrische Ich als „Gespenst über Gletscher geht" (vgl. Z. 30), stimmt es womöglich seinen eigenen Nachruf an.

„Nachgesang" mag die Darbietungsweise meinen (ein Nachgesang, der aus hohen Bergen erschallt), aber auch eine Gattung oder Gesangsform bezeichnen: „Aus hohen Bergen: Ein Nachgesang".

Doch mit diesen Optionen ist der Bedeutungsspielraum immer noch nicht ausgeschöpft: Johann Heinrich Voß dichtete zum Abschluss seiner 66 *Oden und Lieder* einen *Nachgesang für die Enkel* (1802, 166) und brachte damit eine weitere Bedeutungsnuance ins Spiel: Ein Nachgesang als Gesang an die Nachkommen, der sich somit nicht mehr auf ein Buch oder in die Vergangenheit zurück, sondern passend zum „Vorspiel einer Philosophie der Zukunft" auf die künftigen

7 Die Strophenform abbaa kennzeichnet Tiecks berühmtes Gedicht *Melancholie* aus dessen nihilistischen Roman *William Lovell*, das mit dem evozierten Geisterreich, der Gratwanderung in der öden Gebirgszone, wohin ihm „keine Freude […] zu folgen wagt", ähnliche Motive aufweist. Hier hält des „Schicksals Grausamkeit" den „Bogen […] gespannt", erst am Ende grüsst im „ausgelöschten Todesblick" das „erste Glück" (Tieck 1828, Bd. 5, 13f.). Dies, sowie die Parallele in der seltenen Strophenform und die Anspielung auf Byrons *Manfred* bildet ein intertextuelles Geflecht, das eine resignative Deutung von Nietzsches Gedicht vorbereitet.

Generationen, die neuen Freunde hin ausrichtet. Das Grimmsche Wörterbuch definiert indes:

> „nachgesang, *m. Schluszgesang,* ἐπωδός; *gesang, gedicht nach einem vorbilde: (Göthes Iphigenie)* ist zwar dem griechischen geiste verwandter als irgend ein werk der neueren, aber es ist nicht sowol eine antike tragödie, als widerschein derselben, nachgesang. A. W. Schlegel *dram. Kunst* 2, 2, 405" (Grimm 1854–1961, Bd. 13, 64).

Nach dieser Auskunft hätte man „Nachgesang" sogar als Parodie oder Nachahmung eines früheren tragischen „Ur-Gesangs" zu lesen. In diesem Sinn hatte Herder anhand der Gesänge Ossians den *Nachgesang* als eine eigene, prekäre Form entwickelt (Singer 2006). Wenn ein „Nachgesang" jedoch bedeutet, dass jemand einem anderen – wie die Gemeinde dem vorsingenden Priester – oder ein Lied nachsingt, oder zumindest ein Gesang nach einem Gesang bezeichnet, dann könnten entweder nur die beiden letzten Strophen als ein Nachgesang zum vorangehenden Lied aufgefasst werden oder alle 15 Strophen würden einem Urgesang respondieren.

12.4

Weitere Bedeutungen kommen durch inter- und intratextuelle Verweise ins Spiel, etwa wenn in *Also sprach Zarathustra* das Lied des Wanderers selbstparodistisch als „Nachtisch-Lied", „Nachtisch-Nüsse", „Nachtisch-Psalm" (Za IV Wüste; KSA 4, 380) bezeichnet wird, oder in JGB, bedeutsam als Vorausdeutung auf das Finale im Text, abwertend (JGB 25) vom Schauspielertum des Philosophen gesagt wird, es sei „– nur ein Satyrspiel, nur eine Nachspiel-Farce, nur de[r] fortwährende [...] Beweis dafür, dass die lange eigentliche Tragödie zu Ende ist". In diesem Zusammenhang gehört auch das Umschlagen von Tragödie in Parodie, die Nietzsche in der Vorrede zur FW wiederum mit Blick auf die Rahmung für seinen Text reklamiert: „‚*Incipit tragoedia*' – heisst es am Schlusse dieses bedenklich-unbedenklichen Buchs: man sei auf seiner Hut! Irgend etwas ausbündig Schlimmes und Boshaftes kündigt sich an: incipit *parodia*, es ist kein Zweifel..." (FW Vorrede 1; KSA 3, 346). Zieht man noch JGB 282 heran, wo gar von einem „*Nachtisch-Ekel*" die Rede ist, dann erklänge demzufolge ein Nachgesang entweder, nachdem das eigentliche Geschehen bereits vollendet ist und wäre eine belanglose Zugabe, eine Farce, ein Ausdruck der Enttäuschung und des Überdrusses, ein Kehraus oder Abgesang, oder aber man argumentierte, es sei eben kein Nachspiel, Nach-Ruf, sondern Gesang, und darum anders zu werten. Es gibt jedoch noch zahlreiche andere intertextuelle Verweise, die die letztgenannte Deutungsmöglichkeit unplausibel erscheinen lassen.

Tragen wir einige davon zusammen: Zu welcher Tageszeit spielt das Gedicht? In einer früheren Version, „Einsiedlers Mittag“ genannt, war dieser Mittag auf die „feierliche schöne große Jahreszeit“ der Jahresmitte bezogen, zu der Götter-Gäste zu einem Fest sich einstellen sollen, um die Einsamkeit des liebebedürftigen Einsiedlers zu beenden (vgl. NL 1884 28 [26], KSA 11, 309). Der veränderte Anruf „Oh Lebens Mittag“ greift nicht nur die klassischen Topoi von der Hälfte des Lebens als Zeit der Wende von Dante bis Hölderlin auf, sondern schließt direkt an die Formulierung vom „*Nachmittag*“ der „geschriebenen und gemalten Gedanken, für den allein ich Farben habe“ aus dem Schlusstext Nr. 296 von JGB an. In einer anderen Vorstufe des Gedichts wurde der Zeitpunkt sogar noch auf den späten Nachmittag gelegt („Der Tag [läuft weg] klingt ab, schon gilbt sich Glück und Licht/ Mittag ist ferne“, KSA 14, 375). Dieser Nachmittag steht hier für die Kunst einer Spätzeit, wo ein müdes Ich nur noch „das was eben welk werden will und anfängt sich zu verriechen“ mit buntem Pinsel abmalen und zu verewigen versucht. „Oh welkes Wort, das einst wie Rosen roch“ in Zeile 55 nimmt diesen Gedanken offenkundig auf, und evoziert den Nachmittag des Lebens, von dem aus hier der Mittag rückblickend beschworen wird. Dies erinnert an den Ausruf Zarathustras: „Oh Nachmittag meines Lebens! Einst stieg auch *mein* Glück zu Thale, dass es sich eine Herberge suche: da fand es diese offnen gastfreundlichen Seelen“ (Za III Seligkeit; KSA 4, 203). Auch sonst erscheinen manche *Zarathustra*-Stellen wie vorweggenommene Rückblicke auf die Position von *Aus hohen Bergen*, etwa wenn es, den Klageton des Beginns von JGB 296 antizipierend, heißt: „Ach, liegt Alles schon welk und grau, was noch jüngst auf dieser Wiese grün und bunt stand? Und wie vielen Honig der Hoffnung trug ich von hier in meine Bienenkörbe! […] Dass Blätter welk werden, – was ist da zu klagen! Lass sie fahren und fallen, oh Zarathustra, und klage nicht!“ (Za III Abtrünnigen 1; KSA 4, 226f.).

Die Parallele ist für diejenigen Leser, die mit dem *Zarathustra* vertraut sind, unübersehbar. Das lyrische Ich von *Aus hohen Bergen* ist jedoch offenkundig nicht bereit, das Verwelken und die unvermeidliche Velleität des Künstlertums zu akzeptieren (vgl. auch GM III 4; KSA 5, 344). Ebenso fällt auf, dass die ganze Szenerie von *Aus hohen Bergen* eine Umkehrung derjenigen Perspektiven vornimmt, wie sie im vierten Teil des *Zarathustra* eingenommen wurden, denn auch dort wartet der Protagonist auf dem Berg und wirft als Possenreißer und Menschenfischer die Angel aus, um Gäste zu sich heraufzuziehen. Spiegelverkehrt ist auch die Szenerie am Ende des vierten Teils des *Zarathustra* komponiert, wenn Zarathustra in seiner Höhle auf den Bergen müde Gäste („lauter alte Leute", Za IV Nachtwandler-Lied; KSA 4, 395) empfängt, mit ihnen nachts ein Fest feiert, während dessen die einstigen Hoffnungen Zarathustras travestiert und verabschiedet werden. Der Perspektivenwechsel markiert eine Differenz zwischen den Positionen des Ichs aus *Aus hohen Bergen* einerseits und dem prosaischen Ende von JGB sowie der Zarathustra-Figur andererseits, die es zu bemerken und zu interpretieren gilt.

12.5

Wie z. B. verhält sich die Beschwörung des Nachmittags der Gedanken, mit dem JGB endet, zur Szenerie des folgenden Gedichts? Hier wird zu Beginn, und zwar am Vormittag, des Lebens Mittag angerufen, während die letzten beiden Strophen nachmittags spielen, da in ihnen rückblickend geschildert wird, was „Um Mittag" geschah. Der Beginn des später erschienenen fünften Buches der FW bringt als mögliche Deutung ins Spiel, dass die Position des Sprechers als zeitlich wie räumlich prekär gekennzeichnet sei: „Selbst wir geborenen Räthselrather, die wir gleichsam auf den Bergen warten, zwischen Heute und Morgen hingestellt und in den Widerspruch zwischen Heute und Morgen hineingespannt" (FW 343; KSA 3, 574). Der erhöhte räumliche Standpunkt deutet somit auf eine Auszeit, die sich das Ich nimmt, während der es irgendwo zwischen Gegenwart und Zukunft eingezwängt nicht wirklich, sondern nur gleichsam wartet. Das jedoch hieße, dass mit dem „Nachgesang" die Vergangenheit verabschiedet wird, damit das Vorspiel einer Philosophie der Zukunft einsetzen kann, – und der logische Ort der Verse läge vor dem Text von JGB.

Im *Epilog* zur FW wiederum, der als „Nachwort" das formale Gegenstück zum „Nachgesang" darstellt, räumt der Sprecher jedoch ein, diese Position nicht halten zu können und bemerkt, „dass um mich das boshafteste, munterste, koboldigste Lachen laut wird: die Geister meines Buches selber fallen über mich her [...] ‚Ist es nicht rings heller Vormittag um uns? [...] Wer singt uns ein Lied, ein Vormittagslied [...]'?" (FW 383; KSA 3, 637) Es liegt nahe, hier eine rückbezügliche Anspielung auf das Vormittagslied *Aus hohen Bergen* zu erkennen, das aus dieser Sicht Geister, die das Buch gerufen hat und nicht mehr los wurde, angestimmt haben, um den Autor zu verspotten.

Die Irritation bei den zeitlichen Bezügen kehrt auf der räumlichen Ebene wieder: Warum heißt es „aus" und nicht „von" oder „auf hohen Bergen" und warum der Plural? Schon Groddeck hatte sich daran gestoßen, dass beim Vers „fangt mir, dem Fischer auf hohen Bergen" aus dem DD „Das Feuerzeichen" auf „der sprachlichen Ebene [...] die Pluralform der Ortsbezeichnung ‚auf *hohen Bergen*' [irritiere], weil im Gedicht sonst der Ort des Geschehens immer im Singular benannt wird" (Groddeck 1991a, 142). Zudem verstört Groddeck die merkwürdige „Mehrzahl der Abstrakta ‚Ferne', Höhe, Einsamkeit" (ebd.). Solche Abstrakta finden sich in *Aus hohen Bergen* sogar im Plural: „Fernen" „Zonen" „Gletscher" (Z. 13, 28, 30). Warum steht hier also die Präposition „aus", die die Herkunft eines scheinbar weithin für alle hörbaren Gesangs lokalisiert und mit der sich ein Wechsel von den „gemalten" zu den gesungenen Gedanken vollzieht? Der direkte Rückbezug auf das Goethe-Zitat in JGB 286 („Hier ist die Aussicht frei, der Geist erhoben – Es gibt auch eine umgekehrte Art von Menschen, welche auch auf der Höhe ist und auch die Aussicht frei hat – aber *hinab*blickt") den Pestalozzi (2012) hervorhob, verknüpft das Gedicht mit dem Text nur auf der visuellen Ebene. Das hilft ein Stück weiter, doch auch die dort vorgenommene Umkehrung des Blicks, der nun nicht mehr wie in *Faust II* himmelwärts, sondern hinab geht, ist in *Aus hohen Bergen* nicht mehr eindeutig, denn hier wohnt das Ich den Sternen und dem Abgrund nah. Zudem könnte man weitere Parallelstellen aus dem *Zarathustra* anführen, die die Lage verkomplizieren, denn Zarathustra wandert stets *auf* hohen Bergen herum, mit einer einzigen und daher bedeutsamen Ausnahme: Im *Honig-Opfer* steigt Zarathustra von seiner Höhle, die sich irgendwo auf mittlerer Höhe eines Berges befinden muss, noch höher hinauf, dann „oben auf der Höhe", meint er, „[h]ier oben [...] schon freier reden" zu dürfen, „als vor Einsiedler-Höhlen und Einsiedler-Hausthieren" (Za IV Honig-

Opfer; KSA 4, 296). Zarathustra stellt sich hier eine Reihe von Fragen: „Fieng wohl je ein Mensch auf hohen Bergen Fische? Und wenn es auch eine Thorheit ist, was ich hier oben will und treibe: besser noch Diess, als dass ich da unten feierlich würde vor Warten und grün und gelb – – ein gespreitzter Zornschnauber vor Warten, ein heiliger Heule-Sturm aus Bergen, ein Ungeduldiger, der in die Thäler hinabruft: ‚Hört, oder ich peitsche euch mit der Geissel Gottes!'" (297f.). Die Position desjenigen, der ewig wartet und „aus" den Bergen wie „ein Heule-Sturm" hinabruft, wird hier zurückgelassen, und die Rede mündet in eine Zukunftsvision, die die Verse „So nahe, wer des Abgrunds grauste Fernen / Mein Reich – welch Reich hat weiter sich gereckt? / Und meinen Honig – wer hat ihn geschmeckt? …" (Z. 13f.) vorzubereiten scheinen, denn der Za IV entstand vor der Publikation von JGB:

> Denn einst muss er doch kommen und darf nicht vorübergehn. […] Unser grosser Hazar, das ist unser grosses fernes Menschen-Reich, das Zarathustra-Reich von tausend Jahren – – Wie ferne mag solches „Ferne" sein? was geht's mich an! Aber darum steht es mir doch nicht minder fest –, mit beiden Füssen stehe ich sicher auf diesem Grunde, – auf einem ewigen Grunde, auf hartem Urgesteine, auf diesem höchsten härtesten Urgebirge, zu dem alle Winde kommen als zur Wetterscheide, fragend nach Wo? und Woher? und Wohinaus? Hier lache, lache, meine helle heile Bosheit! Von hohen Bergen wirf hinab dein glitzerndes Spott-Gelächter! Ködere mit deinem Glitzern mir die schönsten Menschen-Fische! (Za IV Honig-Opfer; KSA 4, 298).

Im „Nachgesang" (Z. 73) hat das lyrische Ich die Position eingenommen, die Zarathustra im „Honig-Opfer" auf Höhe der Höhle ansiedelt und zeitweilig aus höherer Warte verlacht. Vor seiner Höhle klagt Zarathustra, hier wartet er auf Gäste und hofft vergebens auf die Zukunft. Zu ihm auf den Berg kommen die Gäste, der ersehnte „grosse Mittag" kommt allerdings nicht, und die Gäste verabschieden die ehemaligen Zukunftsträume Zarathustras (vgl. dazu Zittel 2011). Im Gegensatz dazu soll im *Nachgesang* Zarathustra selbst als „Gast der Gäste" diese Zukunft verkörpern. Der logische Ort des Ichs aus dem *Nachgesang* liegt somit auch vor *Also sprach Zarathustra*. Anders formuliert: Das lyrische Ich in *Aus hohen Bergen. Nachgesang* scheint sich weder auf der Höhe Zarathustras noch auf der von JGB zu befinden, jedenfalls solange man nicht auch in ihm eine selbstreflexive Zersetzung qua Parodie des eigenen Standpunkts ausmachen kann, die den vierten Teil des *Zarathustra* kennzeichnet.

12.6

Gehen wir, derart verunsichert, das Gedicht noch einmal durch, geraten wir immer tiefer in ein literarisches Spiegelkabinett, in dem Bilder, Rollen und Masken gebrochen und vertauscht werden. So greift die fünfte Zeile „Wo bleibt ihr Freunde? Kommt! s' ist Zeit! s' ist Zeit!“ wörtlich einen Schrei auf, der im *Zarathustra* wiederholt erklungen war. Zuerst kam er aus dem Munde des fliegenden Zarathustra (Za II Ereignissen; KSA 4, 167) und wurde als Schrei eines Gespenstes („Warum schrie denn das Gespenst: es ist Zeit! Es ist die höchste Zeit?“, 171) bestimmt, zuletzt wurde er von Zarathustras Gegenspieler, dem Wahrsager ausgestoßen (Za IV Nothschrei; KSA 4, 301), dazwischen wird mit diesem Schrei Zarathustra unter anderem durch des „Wanderers Schatten“ gewarnt (Za III Seligkeit; KSA 4, 204f.). Der Schatten ist es auch, der zu Zarathustra sagt: (Za IV Schatten; KSA 4, 339): „Mit dir bin ich in fernsten, kältesten Welten umgegangen, einem Gespenste gleich, das freiwillig über Winterdächer und Schnee läuft.“ Der Schatten, im *Zarathustra* spielt er den Erznihilisten, ist also auch ein Gespenst, das über Gletscher geht und vice versa.

Gleich in der zweiten Zeile folgt die nächste Irritation: Einen „Sommergarten“ hat man sich bunt und blühend vorzustellen. Wird mit diesem Vorstellungsbild die karge Eislandschaft verklärt oder eine Metapher für die blühende Zeit der Lebensmitte geprägt? Letzteres legt die Vorstufe nahe (KSA 14, 375), doch auch der andere Bezug ist möglich, da sich die Zumutung, die mit dem folgenden Bild eines mit Rosen geschmückten Gletschers einhergeht, bei näherem Zusehen auflöst, denn Gletscherrosen sind keine Rosen, sondern graues Geröll. Im Hochgebirge schlägt sich der Wasserdampf infolge der nächtlichen Abkühlung auch im Sommer nicht als Tau, sondern nur als Reif auf der Oberfläche nieder, „die niedlichen Gletscherrosen bildend“ (Schaubach 1861, 99, vgl. von Salis-Marschlins 1988, 217). Der für die Freunde bereitete Freitisch „im Höchsten“, der vermeintliche Göttertisch, ist von Anfang an karg gedeckt, der Sommergarten liegt „in öden Eisbär-Zonen“ und über des „Abgrunds grausten Fernen“.

Dazu passt, dass das zum Trost heraufbeschworene Gartenidyll bereits im *Zarathustra* als „Geschwätz" entzaubert worden war. Das Vorstellungsbild, mit dem dort die Tiere Zarathustra zu verführen suchen („die Welt wartet dein wie ein Garten"), wird von diesem zurückgewiesen: „wo geschwätzt wird, da liegt mir schon die Welt wie ein Garten. [...] Und wenn auch der Gesunde Lieder will, will er andre Lieder doch als der Genesende" (Za III Genesende; KSA 4, 271f. und 275).

12.7

Ich kann nicht allen Motiven (Mittag, Zeit, Bergsteigen, Gletscher, Höhe, Vogel-Schau, Freund, Gespenster, Fest, Schauspiel, Eisbär, Einsamkeit, Verwandlung) einzeln nachspüren, sondern greife einige heraus, um die Art und Weise des Zusammenspiels mit den Intertexten exemplarisch vorzuführen. Der heikelste Themenkomplex wird durch das Ensemble der Motive Freundschaft, Einsamkeit und Verwandlung gebildet. Diese Motive sind sowohl in anderen Schriften Nietzsches als auch in JGB immer wieder behandelt worden, so dass sich auch hier wieder ein Spannungsgefüge ergibt, dessen Kern man in die Frage kleiden kann, was in den Schlussversen zu JGB von der hier artikulierten romantischen Sehnsucht nach dem Erkanntwerden des eigenen wahren Ichs durch die Freunde zu halten ist.[8] Im Unterschied zur Zarathustra-Figur, die früh die Hoffnung auf Gefährten aufgibt und dann mit Bosheit und Arglist Menschen fängt, leidet dieses Ich darunter, dass es sich den alten Freunden entfremdet hat, in öden Eisbärzonen zum Gespenst wurde, und die Freunde zu „Freunds-Gespenster[n]". Leicht erkennbar ist der – von Derrida (2002) und Coker (1998) ausgedeutete – Bezug auf einen kurzen Text aus MA: „*Die Freunde als Gespenster.* – Wenn wir uns stark verwandeln, dann werden unsere Freunde, die nicht verwandelten, zu Gespenstern unserer eignen Vergangenheit: ihre Stimme tönt schattenhaft-

8 Noch deutlicher in der Vorstufe: „Nun, da der Tag / Des Tages müde ward, und aller Sehnsucht Bäche / Von Neuem Trost plätschern, / auch alle Himmel, aufgehängt in Gold-Spinnetzen, / zu jedem Müden sprechen: ‚ruhe nun', –/ was ruhst du nicht, du dunkles Herz, / was stachelt dich zu fußwunder Flucht [...] Oh wärmt mich! liebt mich / gebt heiße Hände / erschreckt ob meines Eises nicht! / Zu lange gespensterhaft auf Gletschern – – –/ umhergetrieben, aufgewirbelt" (NL 1884, 28 [9]; KSA 11, 301).

schauerlich zu uns heran – als ob wir uns selber hörten, aber jünger, härter, ungereifter" (VM 242; KSA 2, 487).

Damit schien den Interpreten die Deutung des Gedichts vorgegeben. Doch wieso sollten sich die hier angerufenen Freunde überhaupt dem Ich anverwandeln, wo dieses doch selbst zum Gespenst wurde und als Untoter über Gletscher geht? Paradoxerweise haben sie sich zudem als „Freunds-Gespenster" ja dem Gespenst bereits angeglichen. In der späteren Vorrede zu MA kommt Nietzsche nochmals auf dieses Thema zu sprechen, wenn er bekennt, er habe „die ‚freien Geister' *erfunden*, denen dieses schwermüthig-muthige Buch mit dem Titel ‚Menschliches, Allzumenschliches' gewidmet ist: dergleichen ‚freie Geister' giebt es nicht, gab es nicht, – aber ich hatte sie damals, wie gesagt, zur Gesellschaft nöthig, um guter Dinge zu bleiben inmitten schlimmer Dinge (Krankheit, Vereinsamung, Fremde, Acedia, Unthätigkeit): als tapfere Gesellen und Gespenster, mit denen man schwätzt und lacht, wenn man Lust hat zu schwätzen und zu lachen, und die man zum Teufel schickt, wenn sie langweilig werden, – als ein Schadenersatz für mangelnde Freunde." Nietzsche will nicht daran zweifeln, dass es in der Zukunft „dergleichen freie Geister einmal geben könnte [...], leibhaft und handgreiflich und nicht nur, wie in meinem Falle, als Schemen und Einsiedler-Schattenspiel" (MA Vorrede 2; KSA 2, 15).

Hier bekommen wir einen deutlichen Hinweis, dass nicht nur die freien Geister, sondern auch die Gäste und Freunds-Gespenster von einem einsamen Ich als bloßes Schattenspiel imaginiert werden und die ganzen Schlussverse eine Illusion veranschaulichen. Die dazu passende Stelle, in der der Schatten erklärt, er sei mit Zarathustra „in fernsten, kältesten Welten umgegangen, einem Gespenste gleich, das freiwillig über Winterdächer und Schnee läuft" (Za IV Schatten; KSA 4, 339), kann hier nochmals als Beleg dienen. Im Eis ist kein Platz für die Lebenden, Schatten und Gespenster leben nur metaphorisch, das heißt jedoch, die Literatur gibt ihnen Leben, und ihr Dasein wird zur Allegorie auf den Text in seinem Verhältnis zur Wirklichkeit. Ebenso fällt nun auf, dass auch alle Dialoge innerhalb der Vorstellungswelt des lyrischen Ichs verbleiben, also nicht erst die letzten beiden Strophen, sondern die ganze Ankunft und heroische Abweisung der Gäste sich somit gänzlich nur in der Einbildung des Ichs abspielen, das letztlich graues, einsames, blutleeres Gespenst bleibt,[9] welches zu seiner Unter-

9 Den Kontrast zwischen den bunten Farben, die der Schlussaphorismus von JGB beschwört und dem *Grau* in *Grau* der Schlussverse könnte man kommentieren mit den Zarathustra-Worten: „Das

haltung und Selbsttäuschung Szenen entwirft. Beim ersten Lesen übersieht man leicht, dass die meisten dieser Szenen in diesem Gedicht in indirekter Frageform entworfen und insofern doppelt fragwürdig sind. Damit ist auch die ganze vermeintliche Handlung, wie sie oben referiert wurde, suspendiert, denn das lyrische Ich unterstellt lediglich, was den imaginären Freunden wohl wie erscheinen möge. Auffällig ist hierbei das Spiel mit Ausrufe- und Fragezeichen: Während z. B. in der ersten Strophe fünf Ausrufezeichen dem Warten Nachdruck verleihen, beginnt schon in Zeile 5 sich ein Zweifel in Bezug auf die Kommenden mit dem ersten Fragezeichen zu melden, der sich dann immer stärker artikuliert (Z. 5 und 6) und ab Zeile 12 in eine Kette von fünfzehn Fragesätzen mündet. Das ganze Geschehen in den Strophen 3–6 wird – im Unterschied zur Briefversion – definitiv nicht im Indikativ geschildert, selbst da nicht, wo die Satzstruktur dies verlangte, z. B. in Zeile 26: „Ich suchte, wo der Wind am schärfsten weht?" Der Leser muss aufgrund der ungrammatisch gesetzten Fragezeichen beständig zweifeln, ob das Ich „wirklich" sich selbst entsprang, bezwang, verwandelt hat, in Eisbär-Zonen wohnen lernte und sogar ob es als Gespenst über Gletscher geht. Die 13. Strophe wiederum insistiert mit ihren 8 Ausrufezeichen darauf, dass nun die neuen Freunde erwartet werden, vor allem aber betont sie die Wiederkehr der Warte-Situation. Die Pünktchen wie auch die vielen Gedankenstriche an den Versenden heischen indessen nach Ergänzung des unvollständig Gebliebenen. Mit der rhetorischen Figur der Aposiopese – am auffälligsten in Z. 35 mit nachfolgenden Doppelpunkt „– –:", wird auf der Ebene der Interpunktion die Situation des nach Gefährten sich sehnenden einsamen Ichs gestisch nachvollzogen. Der Leser hat hier zu ergänzen: Herakles! Dieser überließ jedoch seinen Bogen zusammen mit den von der Galle der Hydra vergifteten Pfeilen seinem Gefährten Philoktet zum Dank dafür, dass dieser ihm bei seiner Selbstverbrennung behilflich war, indem er den dafür vorgesehenen Scheiterhaufen in Brand setzte. Der, der jetzt den Bogen in Händen hält, gibt also vor oder wähnt, zuvor einen solchen „Stärksten" getötet zu haben und nun in Besitz von einem der unheilbare Wunden verursachenden gefährlichsten Pfeile zu sein (Z. 38–40). Die

tiefe Gelb und das heisse Roth: so will es *mein* Geschmack, – der mischt Blut zu allen Farben. Wer aber sein Haus weiss tüncht, der verräth mir eine weissgetünchte Seele. In Mumien verliebt die Einen, die Andern in Gespenster; und Beide gleich feind allem Fleisch und Blute – oh wie gehen Beide mir wider den Geschmack! Denn ich liebe Blut. Und dort will ich nicht wohnen und weilen, wo Jedermann spuckt und speit" (Za III Schwere; KSA 4, 244).

Anspielung auf das Motiv der Tötung eines Freundes als Liebesdienst bleibt unausgesprochen, und ist dennoch in der Redefigur präsent.

12.8

Diese Spur erhält weiteres Profil, wenn man das Kapitel „Vom Freunde“ aus dem *Zarathustra* und das Maskenmotiv in den Blick nimmt: „‚Einer ist immer zu viel um mich‘ – also denkt der Einsiedler. ‚Immer Einmal Eins – das giebt auf die Dauer Zwei!‘ Ich und Mich sind immer zu eifrig im Gespräche: wie wäre es auszuhalten, wenn es nicht einen Freund gäbe? [...] Unsre Sehnsucht nach einem Freunde ist unser Verräther“ (Za I Freunde; KSA 4, 71) heißt es hier, der Freund erlöse vom Selbstgespräch, doch wäre es zudringlich, sich einem Freund zu offenbaren: „Du willst vor deinem Freunde kein Kleid tragen?“ (72). Besser sei es, im Freund den Feind zu lieben und Masken zu tragen. Die letzten beiden Strophen des *Nachgesangs* kehrten somit die Reihenfolge um, enthüllten die Nöte des Einsamen, und dessen Flucht in Wunschphantasien und Selbstbespiegelungen mit Hilfe fiktiver Doppelgänger.[10]

Jedoch: „*Der Einsiedler spricht noch einmal*“ und zwar in der *Fröhlichen Wissenschaft:* „Es gibt aber auch andre Arten und Kunststücke, um unter Menschen, mit Menschen ‚umzugehn‘: zum Beispiel als Gespenst – was sehr ratsam ist, wenn man sie bald los sein und fürchten machen will“ (FW 365, KSA 3, 613). Diesen Rat versucht das Ich aus *Aus hohen Bergen* zu beherzigen, insofern es als Gespenst „umgeht“. Besser scheint es jedoch Zarathustra zu machen, der bekennt, dass er dabei täuscht und sich in den „Eisbär-Zonen“ mit „Eisbär-Mützen“ schützt: „So zeige ich ihnen nur das Eis und den Winter auf meinen Gipfeln – und *nicht*, dass mein Berg noch alle Sonnengürtel um sich schlingt! Sie hören nur meine Winter-Stürme pfeifen: und *nicht*, dass ich auch über warme Meere fahre, gleich sehnsüchtigen, schweren, heissen Südwinden. [...] Wie *könnten* sie mein Glück

10 In einem frühen Entwurf zu einem Drama „*Oedipus*. Reden des letzten Philosophen mit sich selbst. Ein Fragment aus der Geschichte der Nachwelt“ wird bereits eine ähnlich inszenierte Selbstverdoppelung des einsamen Ichs aus Schwäche skizziert: „Den letzten Philosophen nenne ich mich, denn ich bin der letzte Mensch. Niemand redet mit mir als ich selbst, und meine Stimme kommt wie die eines Sterbenden zu mir. Mit dir, geliebte Stimme [...] täusche ich mir die Einsamkeit hinweg und lüge mich in die Vielheit und die Liebe hinein, denn mein Herz [...] erträgt den Schauder der einsamsten Einsamkeit nicht und zwingt mich zu reden, als ob ich zwei wäre“ (NL 1872, 19 [131], KSA 7, 460f.).

ertragen, wenn ich nicht Unfälle und Winter-Nöthe und Eisbären-Mützen und Schneehimmel-Hüllen um mein Glück legte! [...] – wenn ich nicht selber vor ihnen seufzte und frostklapperte...“ (Za III Oelberge; KSA 4, 220f.). In dieses Sinngeflecht gehört auch das berühmte Lob der Maske aus JGB 40, das dem Maskenspiel der Schlussgedichte vorausgeht und somit als Lektüreanweisung auch für die Schlussverse verstanden werden sollte:

> Alles, was tief ist, liebt die Maske [...]. Ein solcher Verborgener, der aus Instinkt das Reden zum Schweigen und Verschweigen braucht und unerschöpflich ist in der Ausflucht vor Mittheilung, will es und fördert es, dass eine Maske von ihm an seiner Statt in den Herzen und Köpfen seiner Freunde herum wandelt. (KSA 5, 57f.; vgl. JGB 290; KSA 5, 234: „Jeder tiefe Denker fürchtet mehr das Verstanden-werden, als das Missverstanden-werden.“)

Warum gibt sich das lyrische Ich der Schlussverse nicht damit zufrieden, die Freunde mit Masken (wie der Possenreißer Zarathustra mit Bosheit und Arglist) zu täuschen oder ihn einen „Spielraum und Tummelplatz des Missverständnisses zuzugestehn“ (JGB 27; KSA 5, 46)? In JGB 278 wird dem Erholung suchenden Wanderer an gastfreundlicher Stelle zu diesem Zweck gar eine „„Eine Maske mehr! Eine zweite Maske!““ (KSA 5, 229) offeriert. Trägt das sich verwandelnde Ich eine neue Maske oder widerspricht dessen Anspruch, dass die Freunde ihn in seinen Wandlungen erkennen und begleiten sollen, Nietzsches Philosophie der Maske, da damit behauptet wäre, hinter der Maske gebe es ein eigentliches Ich?

In JGB 230 wird explizit das Verwandeln als Maskierungsstrategie empfohlen: „der Geist geniesst darin seine Masken-Vielfältigkeit und Verschlagenheit, er geniesst auch das Gefühl seiner Sicherheit darin, – gerade durch seine Proteuskünste ist er ja am besten vertheidigt und versteckt!“ (KSA 5, 168, vgl. NL 1885, 35[68]; KSA 11, 540).

Dem entgegen wirke die „Grausamkeit des intellektuellen Gewissens und Geschmacks, welche jeder tapfere Denker bei sich anerkennen wird, gesetzt dass er, wie sich gebührt, sein Auge für sich selbst lange genug gehärtet und gespitzt hat und an strenge Zucht, auch an strenge Worte gewöhnt ist“ (JGB 230; KSA 5, 168). Von hier aus betrachtet, stünde das auf seine Verwandlung pochende Ich aus *Aus hohen Bergen* im Lager der Selbstbetrüger. Entsprechend heißt es weiter:

„Aber wir Einsiedler und Murmelthiere, wir haben uns längst in aller Heimlichkeit eines Einsiedler-Gewissens überredet, dass auch dieser würdige Wort-Prunk zu dem alten Lügen-Putz [...] gehört, und dass auch unter solcher schmeichlerischen Farbe und Übermalung der schreckliche Grundtext homo natura wieder heraus erkannt werden muss“ (169).

12.9

Das Ich aus *Aus hohen Bergen. Nachgesang* erscheint im Lichte der Maskenproblematik zunehmend fragwürdig. Warum sehnt es sich nach Gästen? Montaigne, in dessen Tradition Nietzsche JGB stellt (vgl. JGB 208), führt am Ende seines berühmten Essays über die Einsamkeit aus, dass der Einsame nicht noch auf Zuhörer und Zuschauer spekulieren solle: „Es ist ein ehrloser Ehrgeiz, aus seiner Muße und Abgeschiedenheit im Schlupfwinkel noch Ruhm schlagen zu wollen. Man muß es wie die Tiere machen, die vor dem Eingang ihrer Höhle die Spuren verwischen. Worauf ihr nun zu sinnen habt, ist nicht mehr, daß die Welt von euch spreche, sondern wie ihr mit euch selbst sprechen solltet. Zieht euch in euer Inneres zurück, vorher aber macht alles bereit, euch dort empfangen zu können – wäre es doch Torheit, euch nun euch selber anzuvertrauen, wenn ihr euch nicht selber zu gebieten wißt“ (Montaigne 1998, 128).

Diskreditiert erscheint in diesem Lichte das fahle Spektakel, das der einsame Sänger von *Aus hohen Bergen* veranstaltet, um Gäste anzulocken. Bezeichnend ist dann, wie die beiden Schlussstrophen das Geschehen beleuchten. Es heißt zunächst, das vorherige Lied, „der Sehnsucht süsser Schrei / erstarb im Munde“ (Z. 66f.), dann folgt ein rätselhafter, stets unkommentiert gebliebener Vers: „Ein Zaubrer that's“. Wer ist der Zauberer und was tat er? Hat er das Lied, den Schrei erstickt? Ist er der „Mittags-Freund“? Wir (oder die Freunde?) sollen jedoch nicht fragen sollen, „wer es sei –“ (Z. 69). Das vorangehende „nein!“ könnte die vorherigen Vorschläge „Zaubrer, Mittagsfreund“ verwerfen oder die Aufforderung an uns oder die Freunde einleiten, nicht zu fragen. Doch die Frage liegt vor, mögliche Antworten werden durchgespielt, Masken gewechselt. Nun fehlen die Fragezeichen, stattdessen finden sich Gedankenstriche und Pünktchen. Wir sollen nicht fragen, sondern müssen raten, wissen dabei weder, wer angesprochen wird, noch wer das Lied abwürgte. Ebenso lässt das „Nun feiern wir“ der letzten

Strophe offen, ob wir oder das Ich und sein neuer Gast Zarathustra das „Fest der Feste" zu feiern beginnen. Wenn die alten Freunde verabschiedet und die neuen erwartet werden, zu welcher Sorte von Freunden gehört dann der Zauberer, der „Mittags-Freund" und „Freund der rechten Stunde"? Oder schlüpft „Freund Zarathustra" in dessen Rolle?[11] Der alte Zauberer ist jener, der im *Zarathustra* das „Lied der Schwermuth" anstimmt, seine Sehnsüchte „unter tausend Larven" versteckt, und bei deren Zerreißen erkennt, „Nur Narr, nur Dichter" zu sein. „Also sang der Zauberer", heißt es im Anschluss an diese Hymne der Selbstzerfleischung, in Absetzung von Zarathustra, der meist nur spricht (Ausnahmen: Za Nachtlied, Tanzlied, Grablied, Oelberge). Der Zauberer ist also ein Gegenspieler zur Zarathustra-Figur. Er ist es auch, der im *Zarathustra* das Lied „Wer wärmt mich, wer liebt mich / gebt heisse Hände" singt, das auf die gleichen Vorstufen wie *Aus hohen Bergen* zurückgreift und der dabei den „Dichter und Zauberer, der gegen sich selber endlich seinen Geist wendet, den Verwandelten" (Za IV Zauberer 2; KSA 4, 318) nur spielt (!) und dafür Prügel bezieht, dass er „in solcher Gestalt" jammerte. Wird das sich verwandelnde und ebenso jammernde Ich in *Aus hohen Bergen* auch von einem „schlimmen Zauberer", also einem Schauspieler, Falschmünzer und Lügner (317) gespielt? „Ein Zaubrer that's"! Dass die Figuren hier in der Tat wie trügerische Masken fungieren und nach Bedarf ausgetauscht werden können, stellt schließlich ein Vers klar, der anzeigt, dass alles nur ein Schauspiel auf der Gedankenbühne ist: „Der grause Vorhang riss" (Z. 74).

Der Vorhang zerreißt wie der Schleier der Maja oder die Larve des Zauberers. Zugleich ist aber überdeutlich mit diesem Bild auf die Szene angespielt, als Christus mit einem Schrei (!) am Kreuz stirbt, und dann der Vorhang des Tempels zerreißt, die Erde einstürzt und eine neue Ordnung beginnt: „Aber Jesus schrie abermals laut und verschied. Und siehe da, der Vorhang im Tempel zerriß in zwei Stücke von obenan bis untenaus. Und die Erde erbebte, und die

11 Vgl. dazu die verworfene Vorstufe, in der die Sehnsucht nach dem Freund Zarathustra deutlicher ist: „Hier saß ich wartend, wartend – doch auf Nichts / Du Zarathustra, du verläßt mich nicht, / Freund Zarathustra // Was mir entrissen / Du bleibst mir [Freund und höheres Gewissen] treu mein höheres Gewissen / Du warst mein Glück und Herbst // Freund Z. bleib, verlass mich nicht! / Was mir entrissen du [–] michs wissen? / [Du bleibst mir treu, mein höheres Gewissen!] / Und bleibst du nicht wie trüg' ich Last und Pflicht? / [Freund Zarathustra bleib, verlass mich nicht] / Schon neigt der Tag, schon gilbt sich Glück und Licht ... / Nun häng ich still und reif im Herbstes-Licht / [Nun häng ich still im Herbstes-Sonnenlicht] / Der Frucht gleich, die ein Hauch vom Baume bricht" (KSA 14, 376).

Felsen zerrissen, die Gräber taten sich auf, und standen auf viele Leiber der Heiligen, die da schliefen, und gingen aus den Gräbern nach seiner Auferstehung und kamen in die heilige Stadt und erschienen vielen“ (Matthäus 27,51; vgl. Markus 15,38). Noch dramatischer schildert Lukas das Ereignis: „Und es war schon um die sechste Stunde, und es kam eine Finsternis über das ganze Land bis zur neunten Stunde, / und die Sonne verlor ihren Schein, und der Vorhang des Tempels riss mitten entzwei“ (Lukas 23,44).[12] Ein Weltende, das alte Gottesbild stürzt ein, der Tempel ist nun offen und allen Winden ausgesetzt, eine neue Ordnung könnte kommen. Der aufgehende Vorhang verweist jedoch auch auf den Theatervorhang, der sich zweiteilt und ein inszeniertes Schauspiel in zwei Aufzügen sehen lässt. All das apokalyptische Theater um alte und neue Götter ist nur Theater, ein Spiel mit Schatten und Gespenstern, ein Schattenspiel auf der Ideenbühne. Mehr haben wir nicht, denn ein Jenseits des Scheins gibt es nicht. In einer weiteren Vorstufe wird dies noch offen ausgesprochen: „Was ich verlor, deß leist' ich frei Verzicht: Nun will ich's wissen [Du bleibst mir doch] Bleibst du mir nur, mein höheres Gewissen, Freund Zarathustra [du verläßt mich nicht] – ja du läßt mich nicht!– – – – – –Was biet ich, Zarathustra, dir? Gewiß, [Dem Freund] Dir ziemt das Beste! Ein Schauspiel erst, verwöhntester der Gäste! Und schon beginnt's – schau hin! Der Vorhang riß: Die Hochzeit ist's von Licht und Finsterniß“ (KSA 14, 376).

Als eine weitere intertextuelle Verbindung zu einem prominenten Rahmentext, die meine Lesart zusätzlich stützt, kann die dem *Faust I* (Goethe 1809, V. 1–32) vorangestellte *Zueignung* angeführt werden. Sowohl die unadressierte *Zueignung* als auch die nachfolgenden einleitenden Teile *Vorspiel auf dem Theater* und *Prolog im Himmel* werden im Erstdruck auf separaten ganzseitigen Titelblättern angekündigt, was ihre Selbständigkeit betont. Erst danach schlägt man das Titelblatt zu *Der Tragödie erster Teil* auf. Die Tragödie wird durch diese Staffelung klar zum Spiel im Spiel erklärt. Zu den Korrespondenzen bei der theatralischen Illusionsbrechung auf der formalen Ebene gesellen sich ähnliche rhetorische und stilistische Figuren und eine verwandte Thematik, da auch hier eine vergebliche Sehnsucht nach Wiederherstellung früher erlebten Glücks umschlägt in

12 Kommentar Luthers: „Hie wendet sichs / vnd wird gar ein new wesen etc.“ (Luther 1974 [1545], 2027). Vgl. aber auch: Goethes Spiel mit dem reißenden (hier im Sinne von „sich öffnenden“) Vorhang: „Der Vorhang riß sich von einander, und, in voller Rüstung, stand der alte König von Dänemark in dem Raume. ‚Ich bin der Geist deines Vaters‘, sagte das Bildnis“ (Goethe 1988, 459f.).

das Schaffen einer neuen poetischen Welt. In den selbstreflexiv auf die ganze *Faust*-Dichtung bezogenen Stanzen der *Zueignung* redet ein lyrisches Ich mit herandrängenden Gestalten, mit denen es in der Vergangenheit in „Lieb und Freundschaft" verbunden war, aber sich jetzt von ihnen entfremdet fühlt, und die nun in der Erinnerung nur mehr als Schatten auftauchen. Für die neuen Lieder fehlt ihnen nun das Gehör: „Sie hören nicht die folgenden Gesänge, / Die Seelen, denen ich die ersten sang; / Zerstoben ist das freundliche Gedränge, / Verklungen, ach! der erste Widerklang. / Mein Lied ertönt der unbekannten Menge." Das lyrische Ich wendet sich klagend von jenen alten Gestalten seines Werks ab, denen einst seine Lieder galten, die sie aber nicht mehr verstehen, um zukünftig zu einer unbestimmten „Menge" zu singen. Die Erinnerung an die inzwischen verstorbenen oder versprengten Freunde führt das Ich weg von der Wirklichkeit in das Reich der Fiktion, es wird ergriffen von einem überwunden geglaubten „Sehnen / Nach jenem stillen, ernsten Geisterreich", sein Herz wird weich. Die imaginativ-poetische Wirklichkeit tritt an die Stelle vermeintlich realer Verhältnisse, das Spiel kann beginnen: „Was ich besitze, seh ich wie im Weiten, / Und was verschwand, wird mir zu Wirklichkeiten."

12.10

Aus hohen Bergen ist ein Minidrama, ein Schauspiel, ersonnen, um eine im *Nachgesang* imaginierte Figur mit Hirngespinsten zu unterhalten. Die Schlussverse zeigen den Fiktionscharakter des Werkes auf und enthüllen zugleich die Bedingungen, denen die Fiktion unterliegt. Am Ende dieses *Nachgesangs*, und somit am Ende von JGB reißt der Vorhang und gibt den Blick frei auf die Nöte und die von ihnen erzwungenen Selbstinszenierungen des Philosophen, der dieses Buch verfasste. Zutage tritt nun, welch bittere Selbstironie in der Rede von der „Nachspiel-Farce" verborgen lag, bei der „auch die Zwangs-Einsiedler, die Spinoza's oder Giordano Bruno's – [...] zuletzt immer, und sei es unter der geistigsten Maskerade, und vielleicht ohne dass sie selbst es wissen, zu raffinirten Rachsüchtigen und Giftmischern" (JGB 25; KSA 5, 43) werden. Durchschaue man die Maske des einsamen, sich der Wahrheit opfernden Philosophen, so käme ans Licht, „was vom Agitator und Schauspieler in ihm steckte", und dass er mit „einer artistischen Neugierde" besehen als „entartet zum Märtyrer, zum Bühnen- und Tribünen-

Schreihals“ (ebd.) begreiflich werde. Der Philosoph als Märtyrer der Wahrheit ist mit seinem Schrei Christus-Parodie; singend versucht er seine Ängste zu vertreiben. Der Schrei, das Lied, wird in den letzten Strophen erstickt und sein Sänger als Schreihals und Mime decouvriert, in einer auto-subversiven Nachgesang-Farce, die nach dem Ende der „eigentlichen Tragödie“ folgt, nach der keine „wahre“ Haltung mehr eingenommen werden kann, sondern die klassischen Rollen nur noch parodiert werden, als *Götzen-Dämmerung*, *Antichrist* und *Ecce homo*. Das gilt auch für alle Gesänge und Nachgesänge: „*Dies* Lied ist aus“ (Z. 66). Nicht nur das vorige Lied, oder das alte Lied vom Tod der Götter, sondern *dieses* Lied setzt sich gerade selbst ein Ende. „Aber es gehört mehr *Muth* dazu, ein Ende zu machen, als einen neuen Vers: das wissen alle Ärzte und Dichter. –“ (Za III Tafeln; KSA 4, 259). JGB *endet* in Versen.

* * *

Oh Lebens Mittag! Feierliche Zeit!
Oh Sommergarten!
Unruhig Glück im Stehn und Spähn und Warten: —
Der Freunde harr' ich, Tag und Nacht bereit,
Wo bleibt ihr Freunde? Kommt! 's ist Zeit! 's ist Zeit!

War's nicht für euch, dass sich des Gletschers Grau
Heut schmückt mit Rosen?
Euch sucht der Bach, sehnsüchtig drängen, stossen
Sich Wind und Wolke höher heut in's Blau,
Nach euch zu spähn aus fernster Vogel-Schau.

Im Höchsten ward für euch mein Tisch gedeckt: —
Wer wohnt den Sternen
So nahe, wer des Abgrunds grausten Fernen?
Mein Reich — welch Reich hat weiter sich gereckt?
Und meinen Honig — wer hat ihn geschmeckt?.....

— Da *seid* ihr, Freunde! — Weh, doch *ich* bin's nicht,
Zu dem ihr wolltet?
Ihr zögert, staunt — ach, dass ihr lieber grolltet!
Ich — bin's nicht mehr? Vertauscht Hand, Schritt, Gesicht?
Und *was* ich bin, euch Freunden — bin ich's nicht?

Ein Andrer ward ich? Und mir selber fremd?
Mir selbst entsprungen?
Ein Ringer, der zu oft sich selbst bezwungen?
Zu oft sich gegen eigne Kraft gestemmt,
Durch eignen Sieg verwundet und gehemmt?

— 270 —

Ich suchte, wo der Wind am schärfsten weht?
Ich lernte wohnen,
Wo Niemand wohnt, in öden Eisbär-Zonen,
Verlernte Mensch und Gott, Fluch und Gebet?
Ward zum Gespenst, das über Gletscher geht?

— Ihr alten Freunde! Seht! Nun blickt ihr bleich,
Voll Lieb' und Grausen!
Nein, geht! Zürnt nicht! Hier — könntet ihr nicht hausen:
Hier zwischen fernstem Eis- und Felsenreich —
Hier muss man Jäger sein und gemsengleich.

Ein schlimmer Jäger ward ich! — Seht, wie steil
Gespannt mein Bogen!
Der Stärkste war's, der solchen Zug gezogen — —:
Doch wehe nun! Gefährlich ist der Pfeil,
Wie kein Pfeil, — fort von hier! Zu eurem Heil! .....

Ihr wendet euch? — Oh Herz, du trugst genung,
Stark blieb dein Hoffen:
Halt neuen Freunden deine Thüren offen!
Die alten lass! Lass die Erinnerung!
Warst einst du jung, jetzt — bist du besser jung!

Was je uns knüpfte, Einer Hoffnung Band, —
Wer liest die Zeichen,
Die Liebe einst hineinschrieb, noch, die bleichen?
Dem Pergament vergleich ich's, das die Hand
Zu fassen scheut, — ihm gleich verbräunt, verbrannt

Nicht Freunde mehr, das sind — wie nenn' ich's doch? —
Nur Freunds-Gespenster!
Das klopft mir wohl noch Nachts an Herz und Fenster,
Das sieht mich an und spricht: „wir waren's doch?“ —
— Oh welkes Wort, das einst wie Rosen roch!

— 271 —

Oh Jugend-Sehnen, das sich missverstand!
Die ich ersehnte,
Die ich mir selbst verwandt-verwandelt wähnte,
Dass alt sie wurden, hat sie weggebannt:
Nur wer sich wandelt, bleibt mit mir verwandt.

Oh Lebens Mittag! Zweite Jugendzeit!
Oh Sommergarten!
Unruhig Glück im Stehn und Spähn und Warten!
Der Freunde harr' ich, Tag und Nacht bereit,
Der neuen Freunde! Kommt! 's ist Zeit! 's ist Zeit!

* * *

Dies Lied ist aus, — der Sehnsucht süsser Schrei
Erstarb im Munde:
Ein Zaubrer that's, der Freund zur rechten Stunde,
Der Mittags-Freund — nein! fragt nicht, wer es sei —
Um Mittag war's, da wurde Eins zu Zwei .....

Nun feiern wir, vereinten Siegs gewiss,
Das Fest der Feste:
Freund Zarathustra kam, der Gast der Gäste!
Nun lacht die Welt, der grause Vorhang riss,
Die Hochzeit kam für Licht und Finsterniss .....

* * * * * * * * *

Literatur

Acampora, Christa Davis/Ansell-Pearson, Keith 2011: Nietzsche's *Beyond Good and Evil*. A Reader's Guide, London/New York

Benjamin, Walter 1972: Kurze Schatten, in: ders.: Schriften IV–1, Frankfurt, 373

Benn, Gottfried 1991 [1950]: Nietzsche – nach 50 Jahren, in: ders.: Sämtliche Werke, hrsg. von Gerhard Schuster, Bd. V, Stuttgart, 198–208

Benne, Christian 2013: „ihr meine geschriebenen und gemalten Gedanken!“: Synästhetische Lektüre von *Jenseits von Gut und Böse* 296, in: Marcus Andreas Born/Axel Pichler (Hrsg.): Texturen des Denkens. Nietzsches Inszenierung der Philosophie in *Jenseits von Gut und Böse*, Berlin, 305–322

Bernauer, Markus 1998: Heinrich von Stein, Berlin

Bertram, Ernst 1918: Nietzsche – Versuch einer Mythologie, Berlin, 324–325

Burnham, Douglas 2007: Reading Nietzsche. An Analysis of *Beyond Good and Evil*, Stocksfield

Coker, John C. 1998: Spectres of Friends and Friendship: A Reading of *From High Mountains. Aftersong*, in: Journal of Nietzsche Studies 16, 1–32

Däubler, Theodor 1988 [1920]: Alexander Archipenko, in: ders.: Im Kampf um die moderne Kunst und andere Schriften, Darmstadt

Dellinger, Jakob 2011: Erträumt, ersungen und erdichtet? Zur Irritation des Motivs der affirmativen Erlösung in *Also sprach Zarathustra*. Nietzscheforschung 18, 155–166

Derrida, Jacques 2002: Politik der Freundschaft, Frankfurt am Main

Frank, Horst. J. 1993: Handbuch der deutschen Strophenformen, Tübingen

Goethe, Johann Wolfgang von 1988: Wilhelm Meisters Lehrjahre, Sämtliche Werke, Bd. 5, Münchner Ausgabe, München

Goethe, Johann Wolfgang von 1808: Faust. Eine Tragödie. Tübingen

Goldschmidt, Kurt Walter 1899: Friedrich Nietzsche als Lyriker, MBI 25. Jg. Nr. 4, 1899, in: Krummel (1998), Bd. 1, 548

Grimm, Jacob und Wilhelm 1971: Deutsches Wörterbuch, 16 Bde. in 32 Teilbänden (Leipzig 1854–1961), ND München

Groddeck, Wolfram 1991a: Friedrich Nietzsche, *Dionysos-Dithyramben*. Bedeutung und Entstehung von Nietzsches letztem Werk, 2 Bde., Berlin

Groddeck, Wolfram 1991b: „Gedichte und Sprüche“. Überlegungen zur Problematik einer vollständigen, textkritischen Ausgabe von Nietzsches Gedichten, in: Gunter Martens und Winfried Woesler (Hrsg.): Edition als Wissenschaft. Festschrift für Hans Zeller, Beihefte zu Editio, Band 2, 169–180

Henne, Helmut 2010: Sprachliche Spur der Moderne in Gedichten um 1900: Nietzsche, Holz, George, Rilke, Morgenstern, Berlin

Hüser, Andreas 2003: Wo selbst die Wege nachdenklich werden. Friedrich Nietzsche und der Berg, Zürich

Jaspers, Karl 1936: Nietzsche. Einführung in das Verständnis seines Philosophierens, Berlin

Klein, Johannes 1935: Die Dichtungen Nietzsches, München

Krummel, Richard Frank (1998–2006): Nietzsche und der deutsche Geist. Ausbreitung und Wirkung des Nietzscheschen Werkes im deutschen Sprachraum bis zum Ende des Zweiten Weltkrieges. Ein Schrifttumsverzeichnis der Jahre 1867–1945, 4 Bde., Berlin/New York

Lämmert, Eberhard 1987: Nietzsches Apotheose der Einsamkeit. In: Nietzsche-Studien 16 (1987), 47–69

Lampert, Laurence 2001: Nietzsche's Task. An Interpretation of *Beyond Good and Evil*, New Haven/London, 295–300

Luther, Martin (1974 [1545]): Die gantze Heilige Schrifft/ Deudsch 1545/ Auffs new zugericht., Bd. 2, München

Meinhold, Gottfried 2004: Nietzsches Schicksalslied. Einige rhythmische Erscheinungen in dem Gedicht *Aus hohen Bergen. Nachgesang*, in: Verstehen in Wort und Schrift. Festschrift für Manfred Riedel, hrsg. von Harald Seubert, Köln: Böhlau, 150–166

Montaigne, Michel de 1998: Essais, übers. von Hans Stilett, Frankfurt am Main
Montinari, Mazzino 1999: Friedrich Nietzsche: Eine Einführung, Berlin/New York
Nietzsche, Friedrich: Sämtliche Gedichte, hrsg. von Ralph-Rainer Wuthenow, Zürich
Nietzsche, Friedrich 1882: Idyllen aus Messina. In: Internationale Monatsschrift, 1. Band. 5. Heft., 269–275
Nietzsche, Friedrich 1886: Jenseits von Gut und Böse, Leipzig
Nietzsche, Friedrich 1887: Die fröhliche Wissenschaft („la gaya scienza"). Neue Ausgabe mit einem Anhange: „Lieder des Prinzen Vogelfrei", Leipzig
Nietzsche, Friedrich 1994: Gedichte, hrsg. von Ralph Kray und Karl Riha, Frankfurt
Nietzsche, Friedrich 2003: Beyond Good and Evil. Prelude to a Philosophy of the Future, übers. von Reginald J. Hollingdale, eingeleitet von Michael Tanner, London
Pestalozzi, Karl 1970: Die Entstehung des lyrischen Ich: Studien zum Motiv der Erhebung in der Lyrik, Berlin, 198–246
Pestalozzi, Karl 2012: „Hier ist die Aussicht frei, der Geist erhoben". Nietzsche liest Goethe, in: Nietzsche-Studien 41, 17–42
Riedel, Manfred 1998: Freilichtgedanken. Nietzsches dichterische Welterfahrung, Stuttgart
Schaubach, Ernst Adolf 1861: Die deutschen Alpen. Für Einheimische und Fremde geschildert, Jena
Salis-Marschlins, Meta von 1988: Die unerwünschte Weiblichkeit. Autobiographie, Gedichte, Feministische Schriften, hrsg. von Doris Stump, Thalwil/Zürich
Singer, Rüdiger 2006: „Nachgesang": Ein Konzept Herders, entwickelt an Ossian, der popular ballad und der frühen Kunstballade, Würzburg
Tieck, Ludwig 1828: Schriften, Berlin
Voß, Johann Heinrich 1802: Sämtliche Gedichte. Sechster Teil: Oden und Lieder, Königsberg
Wuthenow, Ralph-Rainer 2002: Epigramm, Idylle und Dithyrambus. Zu Nietzsches Gedichten, in: Jörg Sader/Anette Wörner (Hrsg.): Überschreitungen. Dialoge zwischen Literatur- und Theaterwissenschaft, Architektur und Bildender Kunst. Festschrift für Leonhard M. Fiedler zum 60. Geburtstag, Würzburg
Wuthenow, Ralph-Rainer 1994: Nietzsche als Leser. Drei Essays, Hamburg
Zittel, Claus 2011 (2. Aufl.): Das ästhetische Kalkül von Friedrich Nietzsches *Also sprach Zarathustra*, Würzburg

Auswahlbibliographie

1. Ausgaben von Nietzsches Werken und Briefen

Friedrich Nietzsche: Werke. Kritische Gesamtausgabe (KGW), hrsg. von Giorgio Colli und Mazzino Montinari, Berlin/New York 1967ff.

Friedrich Nietzsche: Sämtliche Werke. Kritische Studienausgabe in 15 Bänden (KSA), hrsg. von Giorgio Colli und Mazzino Montinari, München/Berlin/New York 1999 (Neuausgabe).

Friedrich Nietzsche, Sämtliche Briefe. Kritische Studienausgabe (KSB), hrsg. von Giorgio Colli und Mazzino Montinari, München/Berlin/New York 1986.

Druckmanuskript zu *Jenseits von Gut und Böse*: Einzusehen im Goethe- und Schiller Archiv Weimar (Signatur GSA 71/26).

Handexemplar der Erstausgabe von *Jenseits von Gut und Böse*: Einzusehen in der Herzogin Anna-Amalia Bibliothek (Signatur C 4619) und unter www.nietzschesource.org/facsimiles/DFGA/JGB.

2. Periodika

New Nietzsche Studies. The Journal of the Nietzsche Society, New York 1996ff.

Nietzscheforschung. Jahrbuch der Nietzsche-Gesellschaft, Berlin 1993ff.

Nietzsche-Studien. Internationales Jahrbuch für die Nietzsche-Forschung, Berlin/New York 1972ff.

The Journal of Nietzsche Studies, University Park 1992ff.

3. Nachschlagewerke und weitere Hilfsmittel

Janz, Curt Paul: Friedrich Nietzsche. Biographie, 3 Bde., München 1978.

Krummel, Richard Frank: Nietzsche und der deutsche Geist. Ausbreitung und Wirkung des Nietzscheschen Werkes im deutschen Sprachraum bis zum Ende des Zweiten Weltkrieges. Ein Schrifttumsverzeichnis der Jahre 1867–1945, 4 Bde., Berlin/New York 1998ff.

Nietzsche-Handbuch: Leben – Werk – Wirkung, hrsg. von Henning Ottmann, Stuttgart/Weimar 2000.

Nietzsche-Lexikon, hrsg. von Christian Niemeyer, 2. Aufl. Darmstadt 2011.

Nietzsche-Wörterbuch. Bd. 1: Abbreviatur-einfach, hrsg. von der Nietzsche Research Group Nijmegen unter der Leitung von Paul van Tongeren, Gerd Schank und Herman Siemens, Berlin/New York 2004.

Nietzsches persönliche Bibliothek, hrsg. von Giuliani Campioni, Paolo D'Iorio, Maria Cristina Fornari, Francesco Fronterotta, Andrea Orsucci unter Mitarbeit von Renate Müller-Buck, Berlin/New York 2003.

Sommer, Andreas Urs: Kommentar zu Nietzsches *Jenseits von Gut und Böse* (Historischer und kritischer Kommentar zu Friedrich Nietzsches Werken, hrsg. von der Heidelberger Akademie der Wissenschaften, Bd. 5/1), Berlin/Boston 2015.

Reckermann, Alfons: Lesarten der Philosophie Nietzsches. Ihre Rezeption und Diskussion in Frankreich, Italien und der angelsächischen Welt 1960–2000, Berlin/New York 2003.

4. Ausgewählte Literatur zu *Jenseits von Gut und Böse*

Acampora, Christa Davis/Ansell-Pearson, Keith: Nietzsches's *Beyond Good and Evil*. A Reader's Guide. London/New York 2011.

Allison, David B.: A Diet of Worms. Aposiopetic Rhetoric in *Beyond Good and Evil*, in: Nietzsche-Studien 19 (1990), 43–58.

Benne, Christian: „ihr meine geschriebenen und gemalten Gedanken!“: Synästhetische Lektüre von *Jenseits von Gut und Böse* 296, in: M. A. Born/A. Pichler (Hrsg.): Texturen des Denkens, Berlin/Boston 2013, 305–322.

Blondel, Eric: Ödipus bei Nietzsche. Genealogie, Wahrheit und Geschlechtlichkeit (Über den ersten Abschnitt von *Jenseits von Gut und Böse*), in: Perspektiven der Philosophie 1 (1975), 179–191.

Born, Marcus Andreas/Pichler, Axel: Text, Autor, Perspektive. Zur philosophischen Bedeutung von Textualität und literarischen Inszenierungen in *Jenseits von Gut und Böse*, in: Born, M. A./Pichler, A. (Hrsg.): Texturen des Denkens, Berlin/Boston 2013, 15–46.

Born, Marcus Andreas: Nietzsche. El asno sobre el escenario. Hacia una lectura contextual de aforismos, in: A. Rocha de la Torre (Hrsg.): Reflexiones en filosofía contemporánea, Buenos Aires 2012, 153–173.

Born, Marcus Andreas/A. Pichler: Texturen des Denkens. Nietzsches Inszenierung der Philosophie in *Jenseits von Gut und Böse*, Berlin/Boston 2013.

Born, Marcus Andreas: Nietzsches rhetorische Inszenierung der Psychologie. Zum ersten Hauptstück von *Jenseits von Gut und Böse*, in: J. Georg/C. Zittel (Hrsg.): Nietzsches Philosophie des Unbewussten, Berlin/Boston 2012, 197–206.

Brusotti, Marco: „der schreckliche Grundtext homo natura“: Texturen des Natürlichen im Aphorismus 230 von *Jenseits von Gut und Böse*, in: M. A. Born/A. Pichler (Hrsg.): Texturen des Denkens, Berlin/Boston 2013, 259–278.

Burnham, Douglas: Reading Nietzsche. An Analysis of *Beyond Good and Evil*, Stocksfield 2007.

Clark, Maudemarie/Dudrick, David: The Naturalisms of *Beyond Good and Evil*, in: K. Ansell-Pearson (Hrsg.): A Companion to Nietzsche, Malden/Oxford/Carlton 2006, 148–167.

Clark, Maudemarie/Dudrick, David: The Soul of Nietzsche's *Beyond Good and Evil*, Cambridge 2012.

Coker, John C.: Spectres of Friends and Friendship: A Reading of „From High Mountains. Aftersong“, in: The Journal of Nietzsche Studies 16 (1998), 1–32.

Conroy, Mark: The Artist-Philosopher in Nietzsche's *Jenseits von Gut und Böse*, in: Modern Language Notes 96, Nr. 3, Baltimore 1981, 615–628.

Constâncio, João: On Nietzsche's Conception of Philosophy in *Beyond Good and Evil*: Reassessing Schopenhauer's Relevance, in: M. A. Born/A. Pichler (Hrsg.): Texturen des Denkens, Berlin/Boston 2013, 145–164.

Dalton, Stuart: Beginnings and Endings in Nietzsche's *Beyond Good and Evil*, in: Journal of Nietzsche Studies 15 (1998), 59–69.

Dellinger, Jakob: Vorspiel, Subversion und Schleife. Nietzsches Inszenierung des „Willens zur Macht" in *Jenseits von Gut und Böse*, in: M. A. Born/A. Pichler (Hrsg.): Texturen des Denkens, Berlin/Boston 2013, 165–187.

Endres, Martin: „Nicht als sein Gegensatz, sondern – als seine Verfeinerung!" Nietzsches ‚subtiles' Schreiben in *Jenseits von Gut und Böse*, in: M. A. Born/A. Pichler (Hrsg.): Texturen des Denkens, Berlin/Boston 2013, 231–242.

Görner, Rüdiger: Nietzsche, the „good European"? Or: The Praise of Prejudice in *Beyond Good and Evil* and the Will to Power, in M. A. Perkins/M. Liebscher (Hrsg.): Nationalism versus Cosmopolitanism in German Thought and Culture 1789–1914: Essays on the Emergence of Europe, Lewiston 2006, 243–256.

Heit, Helmut: Lesen und Erraten: Philosophie als „Selbstbekenntnis ihres Urhebers", in: M. A. Born/A. Pichler (Hrsg.): Texturen des Denkens, Berlin/Boston 2013, 123–143.

Heller, Edmund: „Diesseits und Jenseits von Gut und Böse", in: Nietzsche-Studien 21(1992), 10–27.

Jensen, Anthony K.: From Natural History to Genealogy, in: M. A. Born/A. Pichler (Hrsg.): Texturen des Denkens, Berlin/Boston 2013, 189–204.

Lampert, Laurence: Nietzsche's Task. An Interpretation of *Beyond Good and Evil*, New Haven/ London 2001.

Lomax, J. Harvey: The Paradox of Philosophical Education. Nietzsche's New Nobility and the Eternal Recurrence in *Beyond Good and Evil*, Lanham 2003.

Lossi, Annamaria: Philosophie als Selbstgestaltung? Umwertung und Selbstverständnis im Ausgang von Nietzsches „von den Vorurtheilen der Philosophen" in *Jenseits von Gut und Böse*, in: M. A. Born/A. Pichler (Hrsg.): Texturen des Denkens, Berlin/Boston 2013, 107–122.

Loukidelis, Nikolaos: „Es denkt". Ein Kommentar zum Aphorismus 17 aus *Jenseits von Gut und Böse*, Würzburg 2013.

Martin, Nicholas: „We Good Europeans". Nietzsche's New Europe in *Beyond Good and Evil*, in: History of European Ideas 20 (1995), 141–144.

Mauch, Philipp Silvester: Nietzsche über das Ganze. Immanenz und Differenz in *Jenseits von Gut und Böse*. Eine konzeptionelle Analyse, auf: http://edoc.ub.uni-muenchen.de/12040, abgerufen am 16. Dezember 2013.

Müller, Enrico: Geist und Liebe zur Maske. Zu Aphorismus JGB 40 und Nietzsches Personenbegriff, in: M. A. Born/A. Pichler (Hrsg.): Texturen des Denkens, Berlin/Boston 2013, 243–257.

Nehamas, Alexander: Will to Knowledge, Will to Ignorance, and Will to Power in *Beyond Good and Evil*, in: Y. Yovel (Hrsg.): Nietzsche as Affirmative Thinker, Dordrecht/Boston 1986, 90–108.

Nehamas, Alexander: „Who are ‚The Philosophers of the Future'?: A Reading of *Beyond Good and Evil*", in: R. C. Solomon/K. Higgins: Reading Nietzsche, New York/Oxford 1988, 46–67.

Pestalozzi, Karl: Nietzsche „Aus hohen Bergen", in: K. Pestalozzi: Die Entstehung des lyrischen Ich: Studien zum Motiv der Erhebung in der Lyrik, Berlin 1970, 198–246.

Renzi, Luca: Das Ohr-Motiv als Metapher des Stils und der „Zugänglichkeit". Eine Lektüre der Aphorismen 246 und 247 von Nietzsches *Jenseits von Gut und Böse*, in: Nietzsche-Studien 26 (1997), 331–349.

Röllin, Beat: Ein Fädchen um's Druckmanuskript und fertig? Zur Werkgenese von *Jenseits von Gut und Böse*, in: M. A. Born/A. Pichler (Hrsg.): Texturen des Denkens, Berlin/Boston 2013, 47–67.

Schubert, Corinna: „Wanderer, wer bist du?“ Überlegungen zu Maske und Dialog, Figur und dem Vornehmen in *Jenseits von Gut und Böse* 278, in: M. A. Born/A. Pichler (Hrsg.): Texturen des Denkens, Berlin/Boston 2013, 279–303.

Sommer, Andreas Urs: Skeptisches Europa? Einige Bemerkungen zum Sechsten Hauptstück: wir Gelehrten (Friedrich Nietzsche, *Jenseits von Gut und Böse*, Aphorismen 204–213), in: Nietzscheforschung 14 (2007), 67–78.

Sommer, Andreas Urs: „Glossarium“, „Commentar“ oder „Dynamit“? Zu Charakter, Konzeption und Kontext von *Jenseits von Gut und Böse*, in: M. A. Born/A. Pichler (Hrsg.): Texturen des Denkens, Berlin/Boston 2013, 69–86.

Southwell, Gareth: A Beginnner's Guide to Nietzsche's *Beyond Good and Evil*, Oxford/Chichester 2009.

Stegmaier, Werner: Nietzsches Hoffnungen auf die Philosophie und die Gegenwart, in: M. A. Born/A. Pichler (Hrsg.): Texturen des Denkens, Berlin/Boston 2013, 205–230.

Strauss, Leo: „Note on the Plan of Nietzsche's *Beyond Good and Evil*“, in ders.: Studies in Platonic Political Philosophy, Chicago 1983.

van Tongeren, Paul: Drei Studien *zu Jenseits von Gut und Böse*. Zur Aufgabe eines Nietzsche-Kommentars, in: Nietzsche-Studien 39 (2010), 620–627.

van Tongeren, Paul: Die Moral von Nietzsches Moralkritik. Studie zu *Jenseits von Gut und Böse*, Bonn 1989.

van Tongeren, Paul: Reinterpreting Modern Culture: An Introduction to Friedrich Nietzsche's Philosophy, West Lafayette 2000.

Westerdale, Joel: Zur Ausdifferenzierung von Sentenz und Aphorismus in „Jenseits von gut und böse“ (1882) und *Jenseits von Gut und Böse* (1886), in: M. A. Born/A. Pichler (Hrsg.): Texturen des Denkens, Berlin/Boston 2013, 87–105.

Personenregister

Sachregister

Hinweise zu den Autoren

Born, Marcus Andreas: Wissenschaftlicher Mitarbeiter an der Albert-Ludwigs-Universität Freiburg auf einer durch die DFG finanzierten „Eigenen Stelle". *Wichtigste Veröffentlichungen*: Nihilistisches Geschichtsdenken. Nietzsches perspektivische Genealogie (2010); „Nietzsches Rattenfängerei. Die Aufgabe des Philosophen im Staat", in: H.-M. Schönherr-Mann (Hrsg.): *Der Wille zur Macht und die „große Politik". Friedrich Nietzsches Staatsverständnis* (2010); „Nietzsches rhetorische Inszenierung der Psychologie. Zum ersten Hauptstück von *Jenseits von Gut und Böse*", in: J. Georg/C. Zittel (Hrsg.): Nietzsches Philosophie des Unbewussten (2012); Texturen des Denkens. Nietzsches Inszenierung der Philosophie in *Jenseits von Gut und Böse* (hrsg. 2013 mit Axel Pichler).

Brusotti, Marco: Professor für Geschichte der zeitgenössischen Philosophie an der Università del Salento (Lecce, Italien) und Privatdozent für Philosophie an der TU Berlin. Präsident der Nietzsche-Gesellschaft, Stiftungsrat der Friedrich-Nietzsche-Stiftung, Mitglied im „Editorial Board" der Forschungsplattform *Nietzsche Online*. *Wichtigste Veröffentlichungen*: „Die ‚Selbstverkleinerung des Menschen' in der Moderne. Studie zu Nietzsches *Zur Genealogie der Moral*", in: Nietzsche-Studien 21 (1992); Die Leidenschaft der Erkenntnis. Philosophie und ästhetische Lebensgestaltung von *Morgenröthe* bis *Also sprach Zarathustra* (1997); „Wittgensteins Nietzsche. Mit vergleichenden Betrachtungen zur Nietzsche-Rezeption im Wiener Kreis", in: *Nietzsche-Studien* 38 (2009); „Diskontinuitäten. Nietzsche und der ‚französische Stil' in der Wissenschaftsphilosophie: Bachelard und Canguilhem mit einem Ausblick auf Foucault", in: R. Reschke/M. Brusotti (Hrsg.): „Einige werden posthum geboren." Friedrich Nietzsches Wirkungen (2012); „Reagieren, schwer reagieren, nicht reagieren. Zu Philosophie und Physiologie beim letzten Nietzsche", in: Nietzsche-Studien 41 (2012).

Burnham, Douglas: Professor der Philosophie und Director of Graduate Studies in Philosophy an der Staffordshire University/UK. *Wichtigste Veröffentlichungen*: An Introduction to Kant's *Critique of Judgement* (2000); Kant's Philosophies of Judgement (2004); Reading Nietzsche (2006); Nietzsche's *Thus Spoke Zarathustra* (2008, mit Martin Jesinghausen); Nietzsche's *The Birth of Tragedy* (2008, mit Martin Jesinghausen); Wine and Aesthetics (2012, mit Ole Martin Skilleas); Nietzsche Dictionary (2014).

Gerhardt, Volker: Dr. h.c., Hochschullehrer in Münster, Zürich, Köln und Halle. Seit 1992 Professor für Philosophie an der Humboldt-Universität zu Berlin. Honorarprofessor an der Universität Wuhan/China; Mitgl. der Berlin-Brandenburgischen Akademie der Wissenschaften und der Europäischen Akademie Salzburg; Vorsitzender der Kant- und der Nietzsche-Kommission der BBAW; Mitglied der Nietzsche-Kommission der Heidelberger Akademie. Mitbegründer des Jahrbuchs der Nietzsche-Forschung; seit 2001 Mitherausgeber der KGW. *Wichtigste Veröffentlichungen*: Pathos und Distanz (1988); Vom Willen zur Macht (1996); Friedrich Nietzsche (^{2}2006); Die Funken des freien Geistes (2011); Klassiker auslegen: *Also sprach Zarathustra* (Hrsg., ^{2}2012); Nachworte zu: *Jenseits von Gut und Böse* (1987), *Zur Genealogie der Moral* (1987) und *Also sprach Zarathustra* (2010).

Heit, Helmut: Projektleiter (Dilthey-Fellow) am Institut für Philosophie der Technischen Universität Berlin; Initiator und Leiter des Berliner Nietzsche-Colloquiums. *Wichtigste Veröffentlichungen*: Der Ursprungsmythos der Vernunft. Zur philosophiehistorischen Genealogie des griechischen Wunders (2007); Frühgriechische Philosophie (2011); Nietzsches Wissenschaftsphilosophie. Hintergründe, Wirkungen, Aktualität (hrsg. 2012 mit G. Abel und M. Brusotti); Nietzsche und die Wissenschaften. Natur-, geistes-, und sozialwissenschaftliche Kontexte (hrsg. 2014 mit L. Heller).

Müller, Enrico: Lehrt und forscht am Internationalen Zentrum für Philosophie NRW der Rheinischen Friedrich-Wilhelms-Universität Bonn. *Wichtigste Veröffentlichungen*: Die Griechen im Denken Nietzsches (2005); Zur Genealogie des Zivilisationsprozesses. Friedrich Nietzsche und Norbert Elias (hrsg. 2010 mit A. Holzer und F. Günther); Ohnmacht des Subjekts – Macht der Persönlichkeit (hrsg. 2014 mit C. Benne).

Pieper, Annemarie: Prof. em. der Philosophie an der Universität Basel. *Wichtigste Veröffentlichungen*: „Ein Seil geknüpft zwischen Tier und Übermensch". Philosophische Erläuterungen zu Nietzsches erstem *Zarathustra* (1990, Nachdruck 2010, koreanisch 1995, chinesisch 2001); Einführung in die Ethik (^{6}2007, japanisch 1997, türkisch 1999); Gut und Böse (^{3}2008, chinesisch 2004); Selber denken. Anstiftung zum Philosophieren (^{6}2008, koreanisch 2002, chinesisch 2004); Søren Kierkegaard (2000); Glückssache. Die Kunst, gut zu leben, (^{3}2007).

Sommer, Andreas Urs: Professor für Philosophie an der Universität Freiburg im Breisgau und Wissenschaftlicher Kommentator der Werke Nietzsches an der Heidelberger Akademie der Wissenschaften, Träger des Friedrich-Nietzsche-Preises des Landes Sachsen-Anhalt 2012. *Wichtige Veröffentlichungen*: Der Geist der Historie und das Ende des Christentums (1997); Geschichte als Trost. Isaak Iselins Geschichtsphilosophie (2002); Die Kunst, selber zu denken. Ein philosophischer Dictionnaire (^{2}2003); Sinnstiftung durch Geschichte? Zur Entstehung spekulativ-universalistischer Geschichtsphilosophie zwischen Bayle und Kant (2006); Die Kunst des Zweifelns. Anleitung zum skeptischen Denken (^{3}2008); Die Kunst der Seelenruhe. Anleitung zum stoischen Philosophieren (^{2}2010); Lexikon der imaginären philosophischen Werke (2012); Kommentar zu Nietzsches Werken *Der Fall Wagner / Götzen-Dämmerung* (2012); Kommentar zu Nietzsches Werken *Der Antichrist / Ecce homo / Dionysos-Dithyramben / Nietzsche contra Wagner* (2013).

Stegmaier, Werner: Gründungsprofessor des Instituts für Philosophie der Universität Greifswald, Inhaber des Lehrstuhls für Philosophie mit Schwerpunkt Praktische Philosophie bis 2011, Mitherausgeber der Nietzsche-Studien und der Monographien und Texte zur Nietzsche-Forschung. *Wichtigste Veröffentlichungen*: Substanz. Grundbegriff der Metaphysik (1977); Philosophie der Fluktuanz. Dilthey und Nietzsche (1992); Nietzsches *Genealogie der Moral*. Werkinterpretation (1994); Levinas (2002); Philosophie der Orientierung (2008); Nietzsche zur Einführung (2011); Nietzsches Befreiung der Philosophie. Kontextuelle Interpretation des V. Buchs der *Fröhlichen Wissenschaft* (2012).

van Tongeren, Paul: Professor für Philosophie an der Radboud Universiteit Nijmegen, Professor für Ethik an der Universität Leuven (Belgien); Mitherausgeber des Nietzsche-Wörterbuchs (2004ff.). *Wichtigste Veröffentlichungen:* Die Moral von Nietzsches Moralkritik (1989); Reinterpreting Modern Culture. An Introduction to Friedrich Nietzsche's Philosophy (2000); Het Europese nihilisme. Friedrich Nietzsche over een dreiging die niemand schijnt te deren (2012); zahlreiche weitere Artikel zu Nietzsche.

Zittel, Claus: Prof. Dr., lehrt Neuere Deutsche Literaturwissenschaft und Philosophie an der FU Berlin, der Goethe-Universität Frankfurt und der UWM Olsztyn, Mitherausgeber von „Intersections. Interdisciplinary Studies in Early Modern Culture". Wichtigste Veröffentlichungen: Das ästhetische Kalkül von Friedrich Nietzsches *Also sprach Zarathustra* ([2]2011); Ludwik Fleck: *Denkstile und Tatsachen* (hrsg. 2011 mit Sylwia Werner); Theatrum Philosophicum. Descartes und die Rolle ästhetischer Formen in der Wissenschaft (2009); René Descartes: *Les Météores/Die Meteore* (Übers. und Hrsg. 2006); Selbstaufhebungsfiguren bei Nietzsche (1995).